Karl-Heinz Göttert

Einführung in die Rhetorik

Grundbegriffe – Geschichte – Rezeption

Wilhelm Fink Verlag · München

Den Freunden

CIP-Titelaufnahme der Deutschen Bibliothek

Göttert, Karl-Heinz:
Einführung in die Rhetorik: Grundbegriffe – Geschichte –
Rezeption / Karl-Heinz Göttert. – München: Fink, 1991
  (UTB für Wissenschaft: Uni-Taschenbücher; 1599)
  ISBN 3–7705–2679–1
NE: UTB für Wissenschaft / Uni-Taschenbücher

© 1991 Wilhelm Fink Verlag GmbH & Co. KG
Ohmstraße 5, 8000 München 40

Printed in Germany
Einbandgestaltung: Alfred Krugmann, Freiberg am Neckar
Herstellung: Ferdinand Schönigh GmbH, Paderborn

ISBN 3–7705–2679–1

Inhalt

Vorbemerkung

Das gegenwärtige Interesse an Rhetorik ist breit gefächert, und
nicht alles kann angesprochen werden. Die vorliegende Darstellung
richtet sich an einen Leser, der bei der Beschäftigung mit der
Literatur oder der Sprache, vielleicht auch als Kunsthistoriker oder
als historisch interessierter Soziologe auf die rhetorische Tradition
gestoßen ist und nähere Auskünfte sucht. Sie werden in der Form
einer Erläuterung von Grundbegriffen sowie eines geschichtlichen
Überblicks gegeben, der auch die gegenwärtige Rezeption anspricht. Zu zeigen ist, in welchem Rahmen und mit welchen Alternativen die Rhetorik die Probleme der Rede behandelte. Dies
schließt eine Besinnung darauf ein, wo die Bruchstellen der Tradition liegen, die sich im 17. Jahrhundert andeuten, um im 18. offenkundig zu werden, so daß die sog. Neue Rhetorik unserer Gegenwart nur über subtile Veränderungen der Fragestellung mit der
alten verbunden bleibt. Damit wird der Meinung entgegengetreten,
es handle sich bei der Rhetorik um ein zeitloses Phänomen, angesichts dessen ein ,Vergessen' einzuklagen oder zur ,Verteidigung'
zu schreiten wäre. Im Gegensatz dazu hebt der vorliegende Versuch eher den ,diskursiven' Charakter der rhetorischen Theorie
hervor: den immer in Bewegung befindlichen und auf das umgebende kulturelle wie soziale Umfeld reagierenden Prozeß der
Formulierung und Umformulierung von Grundgedanken.

Daß all das nur in Andeutungen und Auswahl vorgeführt werden
kann, versteht sich von selbst. In einem ersten Teil sind die wichtigsten rhetorischen Begriffe und Strategien anhand eines Texts von
Christoph Martin Wieland erläutert, in dem die Rhetorik in eigen-
williger ironischer Brechung zur Geltung kommt. Auf diese Weise
soll der Einstieg erleichtert, aber auch sogleich für Distanz zu jeder
Form von ,System' gesorgt werden. Im historischen Teil ist statt
einer mehr ,gleitenden' Darstellung eine mehr ,exemplarische'
angestrebt. Fünf bedeutsame Entwürfe aus der langen Entwicklung
von der Antike bis ins 18. Jahrhundert sowie zwei Hauptrichtungen
gegenwärtiger Anknüpfungen sollen Gelegenheit bieten, die
Spannweite und Differenzierungsleistung rhetorischer Problemstel-
lungen kennenzulernen. Dabei ist nicht zuletzt an eine mögliche

Eigenleistung des Lesers gedacht: in einige wenige Texte läßt sich
vielleicht auch dann einmal selbst hineinschauen, wenn man ansonsten andere Interessen hat. Für Anschluß an die Forschung sorgen
im übrigen die Anmerkungen. Der Schwerpunkt liegt in diesem
Fall beim Aktuellen; die verschlungenen Wege kann man anhand
der Spezialliteratur weiter verfolgen.

Ein kurzes Wort des Dankes: es gilt der Unterstützung bei der
Klärung der sachlichen Fragen sowie bei der Textherstellung;
Nikolaus Wegmann hat besonders beim Verständnis zeitgenössischer Ansätze geholfen, Christoph Reichwein für die Heranschaffung des Materials sowie die computergestützte Verarbeitung
gesorgt. Zur Motivation trug schließlich die freundliche Neugier
einiger Kollegen bei.

Köln, im Herbst 1990   Karl-Heinz Göttert

A. Zum Stand der Rhetorikforschung

Wer sich heute für Rhetorik interessiert, sieht sich einer weltweiten Forschung gegenüber, die – berücksichtigt man ihre Organisation in Form von Lehrstühlen und Fachliteratur – über eine beachtliche Infrastruktur verfügt. Dies ist erstaunlich, wenn man in Rechnung stellt, daß vor nur wenigen Jahrzehnten die gleiche Disziplin ein Schattendasein führte und das Etikett ‚rhetorisch‘ als Schimpfwort dienen konnte[1]. Ein wichtiger Grund für den Niedergang, der auf die Zeit um 1800 zurückgeht, lag in der Herausbildung des idealistischen Denkens, das einer zweitausendjährigen Tradition fast schlagartig ihr Ende bereitete. Mit der Betonung von Autonomie, Subjektivität oder Originalität entstand ein geistiges Klima, in dem so grundlegende rhetorische Vorstellungen wie Normativität, (erlernbare) Kunst oder (berechenbare) Wirkung verpönt waren und dazu beitrugen, die Disziplin insgesamt zu diskreditieren. Man kann heute kaum noch feststellen, was genau den erneuten Umschwung herbeiführte, aber es ist unverkennbar, daß die Ermüdung des der Rhetorik so ungünstigen Paradigmas eine entscheidende Rolle spielte. Fast gleichzeitig, aber auch weitgehend unabhängig voneinander und entsprechend mit erheblichen Akzentunterschieden setzte in den dreißiger und vierziger Jahren unseres Jahrhunderts die Rückbesinnung ein.

Sie verlief anfangs kaum spektakulär. Zu den Vorreitern in Deutschland gehört der Romanist Ernst Robert Curtius, der eine *literaturwissenschaftliche* Renaissance der Rhetorik begründete[2]. Curtius sah, daß die antike Tradition seit dem Beginn des Mittelalters nicht erloschen war, sondern im Gegenteil bis weit in die Neuzeit fortgewirkt hatte. Als systematische Lehre von der Rede- und Schreibkunst, die sich vor allem an Gesichtspunkten der Form (statt des Gehalts) orientierte, prägte sie einen ‚Stil‘ der Literatur und darüber hinaus auch etwa der Musik oder Baukunst, der an der

---

[1] Vgl. etwa St. Toulmin: Die Verleumdung der Rhetorik. In: Neue Hefte für Philosophie 26. 1986, S. 55–68.
[2] E.R. Curtius: Europäische Literatur und lateinisches Mittelalter. Bern ⁵1967.

kreativen Abwandlung von gegebenen Mustern, den sog. Topoi,
orientiert war. Die Rhetorik versah auf diese Weise ihre Schüler
mit Orientierungen, aus denen sich nicht nur immerfort schöpfen
ließ, sondern die gleichzeitig für eine gemeinsame ‚Welt' sorgten.
Curtius hat Nachfolger gefunden, die die Rolle der Rhetorik in der
euopäischen Literatur weiter erkundeten. Heinrich Lausberg legte
ein Handbuch vor, in dem die gesamte Lehre in weiter systematischer Fächerung, wenn auch mit verhältnismäßig geringer historischer Tiefenschärfe, wiedergegeben ist[3]. Arbeiten, die einzelne
Epochen und Autoren genauer untersuchten, sind rasch nachge-
folgt; vor allem das Barockzeitalter profitierte davon, ja ist als
rhetorisches Zeitalter schlechthin ins Bewußtsein getreten[4]. Marc
Fumaroli plant inzwischen eine Darstellung der gesamten europäischen Literaturgeschichte auf rhetorischer Grundlage und hat dazu
erhebliche Vorarbeiten geleistet[5]. Daß man mit der Rhetorik als
jenem zeitgenössischen Denkmuster, von dem die Herstellung der
Texte bestimmt war, auch etwas zu deren Deutung beitragen
könne, gehört mittlerweile zu den unbestrittenen Grundannahmen
der Forschung.

Aber die Literaturwissenschaft war keineswegs die einzige Disziplin, in deren Rahmen die Rhetorik neue Zuwendung fand. Wenig
später als dort, in der Wirkung aber von vergleichbarer Intensität,
erfolgte eine Aneignung im Rahmen der *Argumentationstheorie*.
Hier waren es die Schwierigkeiten der Philosophie mit dem Wahr-
heitsbegriff, speziell die Gegnerschaft zu formallogisch-szientisti-
schen, d.h. an naturwissenschaftlichen Methodenidealen angelehnten Programmen, die zur Rückbesinnung führten. Nicht die Rolle
der Rhetorik in der Geschichte der Philosophie, sondern ihr ‚philo-
sophisches' Potential selbst war damit das Thema. Chaim Perelman, einer der Väter dieser Forschungen, fand im Rückgang insbe-

---

[3] H. Lausberg: Handbuch der literarischen Rhetorik. München ²1973.
[4] Für die Entwicklung in Deutschland: L. Fischer: Gebundene Rede.
    Tübingen 1968; J. Dyck: Ticht-Kunst. Bad Homburg ²1969; W. Barner:
    Barockrhetorik. Tübingen 1970; V. Sinemus: Poetik und Rhetorik im
    frühmodernen Staat. Göttingen 1977.
[5] M. Fumaroli: L'Age de l'Eloquence. Genève 1980. Überblick zur Ent-
    wicklung in Frankreich bei V. Kapp: Rhetorik in Frankreich – die neuere
    französische Rhetorikforschung. In: Rhetorik 7. 1988, S. 93–108; G.
    Damblemont: Rhetorik und Textanalyse im französischen Sprachraum. In:
    Rhetorik 7. 1988, S. 109–31.

sondere auf Aristoteles Anregungen zur Begründung einer modernen pragmatischen Wissenschaftstheorie, wonach Wahrheit von der Zustimmung innerhalb einer Kommunikationsgemeinschaft abhängt und dabei wesentlich in einer historisch geprägten gesellschaftlichen Einbildungskraft (statt in überzeitlich-abstrakten Normen) fundiert ist[6]. Perelman durchleuchtete in diesem Sinne die Maßstäbe, die in Argumentationen ‚immer schon' benutzt werden und ohne die alle Exaktheit bzw. Verfahrensstrenge leer liefe. Wenn die Rhetorik dabei wiederum mit ihrem Begriff der Topik, und d.h. nun: eines inhaltlich (vor)geprägten Wissens, ins Spiel kam, so zeigten sich auch Anknüpfungsmöglichkeiten anderer Art. Sie liegen insbesondere auf dem Feld der Konsensbildung, bei den Problemen einer Rechtfertigung von Thesen angesichts niemals zu erreichender ‚Objektivität' des Wissens. Dies führte zu Methoden eines dialogischen, auf (intersubjektive) Einigung bezogenen Argumentierens[7]. Neuerdings hat ein weiterer klassischer Gesichtspunkt rhetorischen Denkens für neue Akzente gesorgt, und zwar das Konzept der Wahrscheinlichkeit. Gegen das Vertrauen auf die Fähigkeit zu ‚konsensuellen' Begründungen wird die Überzeugung vertreten, daß Wissen nur in der Gestalt der Vorläufigkeit, der Annäherung in Diskursen zur Verfügung steht, die selbst niemals den Blick auf ihre ‚Gründe' freigeben[8]. Rhetorik erscheint in dieser Version geradezu als Synonym für eine sich von der klassischen Philosophie des (sinnstiftenden) Subjekts absetzenden Philosophie der (das Denken beherrschenden) Strukturen.

Auf ein ähnliches Ergebnis läuft eine andere Form der Rhetorik-Renaissance hinaus, die wiederum der Literaturwissenschaft zu verdanken ist. Auch hier war statt des Rückgriffs auf die geschichtliche Wirkung der Rhetorik die Anregung in methodischer Hinsicht der Ausgangspunkt, wobei speziell die *Figürlichkeit* der (dichterischen) Rede ins Zentrum der Betrachtungen rückte. Die alte Lehre von der sprachlichen Darstellung, speziell der Steigerung des

[6] Ch. Perelman and L. Olbrechts-Tytecca: The New Rhetoric. Notre Dame (Ind.), London 1971.
[7] Neuester Stand bei J. Kopperschmidt: Methodik der Argumentationsanalyse. Stuttgart, Bad Cannstatt 1989a.
[8] Als später näher zu beleuchtendes Beispiel sei erwähnt: G.K. Mainberger: Rhetorica I und II. Stuttgart 1987 und 1988; vgl. auch ders.: Die Rhetorik in der Philosophie. In: H. Schanze und J. Kopperschmidt (Hgg.) 1989, S. 319–40.

sprachlichen Ausdrucks mithilfe etwa der Metapher, sollte den Weg zu einer Analyse des literarischen Verfahrens selbst bahnen. Statt der Interpretation von ‚Gedanken' war die Aufdeckung der geistigen Bahnen das Thema, in denen Gedanken ‚transportiert' werden[9]. Schon Ivor Armstrong Richards, einer der Gründungsväter des New Criticism, suchte in der Metapher eine besondere Geistestätigkeit zu belegen, die jenseits der Frage des Gehalts als solche von Interesse ist[10]. Daß (und wie) Sinn mit den Mitteln sinnferner ‚Verfahren' produziert wird, machte den Rückgriff auf eine Rhetorik interessant, die diese Verfahren im Mikrobereich der figürlichen Rede immer schon studiert hatte. Auch der Versuch, die Figuren insgesamt als eine ‚Grammatik' dichterischer Produktion aufzufassen und den modernen analytischen Anforderungen entsprechend zu systematisieren, gehört in den Kontext solcher Bemühungen[11]. Daß der sprachlichen Produktivität darüber hinaus eine historische Dimension eignet, belegt Hans Blumenbergs Entwurf einer Metaphorologie[12], in der die Geschichte des Denkens als eine Geschichte der Orientierungen anhand von (sich immer wieder verbrauchenden) Metaphern begriffen ist. Wenn damit der scheinbare ‚metaphorische Umweg' als der einzige Weg zur Wahrheit erscheint, so kann man mittlerweile auf Ansätze verweisen, die auch noch die Umwegigkeit des Denkens als zu optimistische Beschreibung der Vernunfttätigkeit ansehen. In der Figürlichkeit der Sprache wird nicht länger ein Anlaß zur Auslegungsbedürftigkeit von Sinn gesehen, sondern der Hinweis auf eine prinzipielle Unzuverlässigkeit *jeden* Sinns. Im Zeichen der sog. Dekonstruktion ist unter solchen Voraussetzungen die Theorie der Figürlichkeit zum Ansatzpunkt einer Literaturwissenschaft gemacht worden, die gegen die ‚Deutung' sprachlicher Erzeugnisse deren Unkontrollierbarkeit betont[13].

Neben diesen Ansätzen, die die Rhetorik als Hilfsmittel eines adäquaten Literaturverständnisses bzw. bei der Klärung von Me-

---

[9] Überblick bei H.G. Coenen: Literarische Rhetorik. In: Rhetorik 7. 1988, S. 43–62.

[10] I.A. Richards: Philosophy of Rhetoric. New York 1936; die Abhandlung über die Metapher wird später näher besprochen.

[11] Hinweise bei H.G. Coenen 1988, S. 46ff.

[12] H. Blumenberg: Paradigmen zu einer Metaphorologie. In: Archiv für Begriffsgeschichte 6. Bonn 1960, S. 7–142.

[13] Später näher besprochen: P. de Man: Allegorien des Lesens. Frankfurt 1988.

thodenfragen fruchtbar zu machen suchen, kann man schließlich auf eine breite *historische Forschung* verweisen. Hier liegt das Ziel darin, die vergangenen Zeugnisse rhetorischer Theoriebildung selbst aufzuarbeiten, sie einerseits in die große geschichtliche Bewegung, andererseits in den Kontext ihrer Zeit und Gesellschaft zu stellen. Mit den Darstellungen George Kennedys zur griechischen und römischen Rhetorik[14], mit James J. Murphys Behandlung des noch weitgehend unerschlossenen Mittelalters[15] – für die frühe Neuzeit ist bereits auf die Arbeit von Marc Fumaroli sowie die Barockforschung insgesamt verwiesen worden – sind Grundlagen geschaffen, die die Konturen einer Geschichte der Disziplin allmählich schärfer hervortreten lassen. Dabei haben auch jene Sondergattungen Beachtung gefunden, die von der Rhetorik entscheidend geprägt wurden, ja als Differenzierungsprodukte anzusprechen sind, und zwar insbesondere die Poetik, daneben die Briefschreiblehre sowie die Predigt; seit letzter Zeit kommt noch die Kunst des (privaten) Gesprächs hinzu, wie sie in der Neuzeit als Konversationstheorie ausgebildet wurde[16]. Diese Studien haben mittlerweile dank systematischer Zusammenarbeit in Zeitschriften und Bibliographien ein Fundament erhalten, das für Koordination und Orientierung sorgt[17]. In Deutschland ist soeben ein Historisches Wörterbuch der Rhetorik in Angriff genommen worden, dessen erster Band demnächst erscheinen soll[18].

---

[14] G. Kennedy: The Art of Persuasion in Greece. Princeton 1963; ders.: The Art of Rhetoric in the Roman World. Princeton 1972.

[15] J.J. Murphy: Rhetoric in the Middle Ages. Berkley u.a. 1974.

[16] K.-H. Göttert: Kommunikationsideale. München 1988a.

[17] Zeitschriften: Rhetorica 1977ff. Rhetorik. Ein internationales Jahrbuch 1980ff. Gesamtüberblicke: W. Jens: Rhetorik. In: P. Merker und W. Stammler: Reallexikon der deutschen Literaturgeschichte. Bd 3. Berlin, New York ²1972, S. 432–456; G. Kennedy: Classical Rhetoric and its Christian and Secular Tradition from Ancient to Modern Times. London, Raleigh 1980; G. Ueding und B. Steinbrink: Grundriß der Rhetorik. Stuttgart ²1986; R. Barthes: Die alte Rhetorik. In: ders.: Das semiologische Abenteuer. Frankfurt 1988, S. 15–101. Bibliographien: J. Dyck: Bibliographie der deutschsprachigen Rhetorikforschung 1945–1975. In: Wolfenbütteler Barock-Nachrichten 6. 1979, S. 262–63; R. Jamison und J. Dyck: Rhetorik – Topik – Argumentation. Stuttgart, Bad Cannstatt 1983; Forts. in: Rhetorik 1980ff..

[18] G. Ueding und W. Jens (Hgg.): Historisches Wörterbuch der Rhetorik (in Vorbereitung).

Nimmt man nach all dem die Spannweite ernst, in der heute Rhetorik verstanden bzw. rezipiert wird, so läßt sich ein einheitliches Bild kaum zeichnen. Die Zeiten, in denen man die alte Disziplin einerseits freundlich-gönnerhaft der eigenen Theorie als eine Art historisches Vorspiel einverleibte oder andererseits moderne Positionen ebenso großzügig als bloße Wiederentdeckung dessen ausgab, was man immer schon gesagt hatte, sind endgültig dahin[19]. Das Studium der Geschichte und gegenwärtigen Rezeption der Rhetorik zeigt vielmehr unterschiedliche und je für sich eigenständige Möglichkeiten einer Vergegenwärtigung, die sich im übrigen nicht unbedingt wechselseitig ausschließen. Wenn Brian Vickers am Ende seiner programmatisch als ‚Verteidigung' angelegten historischen Darstellung zum Ausdruck bringt, daß eine Durchsetzung der Thesen, wie sie im Lager der Dekonstruktion vorgebracht wurden, sich für die Einschätzung der Rhetorik insgesamt katastrophal auswirken müßten[20], so dürfte er nicht nur die Tradition über-, sondern auch den Gewinn unterschätzen, der der Perspektive des Abstands entspringt[21]. Aktualisierung muß nicht in Wiederherstellung münden, sie kann auch einen Vergleich herausfordern, der im übrigen ebenso dem Verständnis des Alten wie der Präzisierung des Neuen dient. Nicht die Rhetorik bedarf mittlerweile der Verteidigung, sondern eher die Freiheit ihrer Erben.

---

[19] Näheres bei K.-H. Göttert: Rhetorik und Kommunikationstheorie. In: Rhetorik 7. 1988b, S. 79–91.

[20] B. Vickers: In Defence of Rhetoric. Oxford 1988, S. 442ff.

[21] Entsprechende Auseinandersetzungen etwa bei R. Behrens: Problematische Rhetorik. München 1982, S. 9ff.; H. Schanze: Probleme zu einer „Geschichte der Rhetorik". In: LiLi 11. H. 43/44. 1981, S. 13–23; L. Bornscheuer: Zehn Thesen zur Ambivalenz der Rhetorik und zum Spannungsgefüge des Topos-Begriffs. In: H.F. Plett (Hg.) 1977, S. 204–12; R. Lachmann: Rhetorik und kultureller Kontext. In: H.F. Plett (Hg.) 1977, S. 167–86.

B. Grundbegriffe der Rhetorik

So klar die Aufgabenstellung der Rhetorik mit der Thematisierung der Redekunst umrissen zu sein scheint: der Blick in die Geschichte zeigt alles andere als ein einheitliches Bild. Zwar hat man von der Rhetorik zu allen Zeiten *auch* immer wieder die gleichen Rezepte zur Anleitung oder Verbesserung der eigenen Fähigkeiten erwartet und erhalten, aber gerade die großen Auseinandersetzungen mit dem ‚Fach' lassen sich darauf nicht reduzieren. Aristoteles interessierte sich für die Rhetorik unter dem Gesichtspunkt des Umgangs mit einem Alltagswissen, das über Wahrscheinlichkeit nicht hinauskommt, und zeigte Wege auf, wie man es auch auf diesem Gebiet (neben dem der ‚exakten' Wissenschaft) zu befriedigenden Ergebnissen bringen könne. Cicero, der eine verschulte Rhetorik übrigens völlig ablehnte, konzentrierte sich auf die Möglichkeiten einer Herbeiführung von Übereinstimmung unter den Voraussetzungen republikanischer Auseinandersetzungen und beschrieb entsprechende Anforderungen an die Rednerpersönlichkeit. Augustinus wollte mithilfe der Rhetorik die Auslegung und Verkündigung der Heiligen Schrift befördern. Im Mittelalter gewann die Disziplin für die Formulierung der Poetik entscheidende Bedeutung. In der Neuzeit taucht sie als Bildungsprogramm auf, in dessen Zeichen eine Kultur der ‚Form' bzw. der Variation von ‚Formen' entsteht. Hinzukommen schließlich noch fließende Übergänge zu den benachbarten Künsten (*artes*). Die Rhetorik gehörte mit Grammatik und Logik zu jenem Trivium, das zusammen mit dem Quadrivium (bestehend aus Geometrie, Arithmetik, Astronomie und Musik) die sieben freien Künste darstellte. Aber es gab ebenso Phasen, in denen rhetorische Lehrstücke als bloße Anhängsel der Grammatik behandelt wurden, wie solche, in denen die Logik ihre Dominanz errichtete – all dies schlechte Voraussetzungen für ‚Einheit' und ‚System'.

Dennoch hat es eine beachtliche Menge von Begriffen und Orientierungsschemata gegeben, die immer wieder benutzt wurden und damit alle Wandlungen überdauerten. Eine antike Rhetorik konnte auch noch im 18. Jahrhundert zur Folie der eigenen Bemühungen werden, ja es gibt kaum eine Rhetorik, die *nicht* in dieser

Weise auf Vorbilder zurückgriffe. Es ist also möglich und zur Orientierung ohne Zweifel hilfreich, ,Grundlegendes' zusammenzustellen, auch wenn dabei das unregelmäßige historische Terrain eingeebnet, manche Alternative ausgefiltert wird. Traditionellerweise hat man sich bei diesem Geschäft besonders an Quintilian angelehnt, der – am Ende des ersten nachchristlichen Jahrhunderts bereits auf eine reiche Tradition zurückblickend – erkennbar selbst an Zusammenfassung und Systematisierung interessiert war. Die folgenden Ausführungen halten sich ebenfalls an diese Strategie, wobei einerseits stark vereinfacht wird, andererseits zum besseren Verständnis gerade auch die historischen Varianten hinzugezogen werden. Danach verteilt sich der Stoff auf vier voneinander recht unabhängige Grundaspekte (mit unterschiedlicher Intensität der Behandlung): auf die drei Gattungen der Rede, auf die vier Frageweisen hinsichtlich der Anlage der Rede, auf die drei Aufgaben des Redners sowie auf die fünf Bearbeitungsphasen der Rede.

1. Die drei Redegattungen (*genera orationis*)

Redegattungen		
Gerichtsrede (*genus iudiciale*)	Beratungsrede (*genus deliberativum*)	Lobrede (*genus demonstrativum*)
Urteil fällen in der Versammlung vor Gericht		genießen
Vergangenheit	Zukunft	Gegenwart

Die Unterscheidung der drei Redegattungen Gerichtsrede, Beratungsrede, Lobrede geht auf früheste Überlegungen zurück und fand durch Aristoteles ihre Kanonisierung, auch wenn damit Alternativen nicht ausgeschlossen waren[1]. Aristoteles' Überlegungen, die fast das gesamte erste der vier Bücher seiner *Rhetorik* umfassen, orientieren sich dabei an möglichen Haltungen des Zuhörers: Man kann eine Rede hören, um sie zu genießen (Lobrede) oder um ein Urteil zu fällen; letzteres geschieht typischerweise entweder als Mitglied einer Versammlung, die über zukünftiges Handeln diskutiert (Beratungsrede) oder als Richter, der über Vergangenes befindet (Gerichtsrede). Insbesondere mit der Ausschöpfung aller drei Zeitformen – der Genuß (Lobrede) fällt ja in die Gegenwart – ist die Einteilung bestechend ‚logisch'. Kritik konnte sich damit nur als Vorwurf der Vereinfachung artikulieren, und tatsächlich berichtet Quintilian darüber, daß man für Klage oder Trost, Glückwunsch oder Empfehlung sowie vieles andere mehr eigene Gattungen vorschlug. Im übrigen sorgte vor allem die dritte Gattung, die Lobrede, für Instabilität. Schon Cicero sah in ihr eine Art Sammelbecken spezieller Redeanlässe, die sich ohne weiteres in Analogie zu den von ihm für entscheidend gehaltenen forensischen Gattungen (der Gerichts- und Beratungsrede) behandeln ließen. Als nach dem Untergang der römischen Republik die Voraussetzungen für die auf Volksentscheid berechneten Reden entfielen, schlug das Pendel allerdings um, so daß nun die Lobrede bzw. ihre verschiedenen Ausgestaltungen das Hauptinteresse beanspruchten. Die Einteilung in *drei* Redegattungen verkümmert dann zu einem mehr oder weniger konventionellen Gesichtspunkt ohne große Bedeu-

---

[1] Ausführliche Behandlung bei H. Lausberg 1973, §§ 59–65 sowie 139–254.

tung. In der modernen Rhetorikrezeption indessen ist die aristotelische Einteilung wieder mit Interesse zur Kenntnis genommen
worden. Regina Podlewski[2] etwa identifiziert die Gerichtsrede als
„juristische Rhetorik", deren Kennzeichen das argumentative bzw.
problemorientierte Element sei. Die Beratungsrede hebe sich
davon als „kommunikative Rhetorik" ab, zu der besonders die
Informationserzeugung gehöre. Schließlich erscheint die Lobrede
als „ästhetische Rhetorik", in deren Zusammenhang vor allem die
Probleme der figürlichen Darstellung als unverzichtbare Dimension
der Rede behandelt werden. Es gibt aber auch ganz andere Deutungen. Gonsalv K. Mainberger etwa sieht die alte Lobrede in den
heutigen Massenmedien fortgesetzt[3].

[2] R. Podlewski: Rhetorik als pragmatisches System. Hildesheim, New York
1982, S. 61–168.
[3] Vgl. G.K. Mainberger 1987, S. 218.

2. Die vier Frageweisen hinsichtlich der Anlage der Rede (*status orationis*)

Frageweisen			
Vermutungsfrage (*status coniecturae*)	Definitionsfrage (*status finitionis*)	Rechtsfrage (*status qualitatis*)	Verfahrensfrage (*status translationis*)
ja/nein?	was?	zu Recht?	ob überhaupt?

Auf die Bedürfnisse einer schulmäßig (vor allem für die Rechtspraxis) zu vermittelnden Rhetorik gehen die vier Frageweisen hinsichtlich der Anlage der Rede (Statuslehre) zurück[1]. Man versteht ihren Sinn, wenn man sich in die Lage des Redners versetzt, der einen Fall bearbeiten soll und sich in einer Vorbesinnung (*intellectio*) fragt, wie er diesen ‚anzufassen‘, auf welchen Standpunkt (*status*) er sich zu stellen hat. Dazu wurde ihm empfohlen, sich für eine der folgenden vier Frageweisen zu entscheiden, die besonders für den Fall des Strafprozesses einleuchten: Hat der Angeklagte die Tat wirklich getan (Vermutungsfrage)? Was genau hat er eigentlich getan (Definitionsfrage)? Hat er die Tat nicht etwa zu Recht getan (Rechtsfrage)? Ist das Verfahren womöglich schlicht unzulässig (Verfahrensfrage)? Man sieht diesen Fragen kaum an, welche Bedeutung ihnen für den Entwurf einer Rede zukommt. Orientieren wir uns deshalb an einem instruktiven Beispiel, das Christoph Martin Wieland in seinem Roman *Geschichte der Abderiten* (1774) geliefert hat[2]. Dieser Roman wird uns im übrigen auch für (fast) alle weiteren Details mit Beispielen versorgen.

Im antiken Abdera, dessen Einwohner den modernen Schildbürgern zu vergleichen sind, kommt es zu einem aberwitzigen Prozeß um einen nicht minder aberwitzigen Vorfall. Ein Zahnarzt reist in einen Nachbarort und läßt sich dazu von einem Eselstreiber auf dessen Lasttier führen. In der Mittagshitze befiehlt der Zahnarzt anzuhalten und setzt sich in den Schatten des Esels. Genau dafür verlangt der Treiber eine Bezahlung, eine Bezahlung also für den Schatten, den der Esel spendet. Da der Zahnarzt dieses reichlich

---

[1] Ausführlich bei H. Lausberg 1973, §§ 79–138 sowie 139–254.
[2] Ch. M. Wieland: Geschichte der Abderiten. München 1966 (Der Prozeß um des Esels Schatten: S. 307–387).

merkwürdige Ansinnen ablehnt, kommt es zum Prozeß, in dem
nun – vor dem versammelten Abdera, wo die Anhänger der strei-
tenden Parteien begierig auf das Urteil warten – zwei Anwälte ihre
Mandanten verteidigen. Der Anwalt des Zahnarztes tritt als erster
auf und argumentiert nach allerlei trickreichen Vorbereitungen
folgendermaßen: Der Zahnarzt hatte den Esel gemietet und damit
auch dessen Schatten. Ist der Schatten ein Zubehör des Esels, so ist
er mitvermietet; ist der Schatten kein Zubehör, so gehört er nie-
mandem, kann also auch nicht vermietet werden. In jedem Fall
lautet das Fazit: der Zahnarzt hat zu Recht die Bezahlung verweigert.

Die Pointe von Wielands Geschichte liegt nun zunächst darin,
daß kaum ein Leser sich nach dieser bestechend zwingend erschei-
nenden Argumentation vorstellen kann, wie der Prozeßgegner noch
obsiegen will. Aber dieser Gegner, der Anwalt des Eselstreibers,
ist eben ein gewiefter Rhetoriker, der sofort folgendes sieht: Sein
Widersacher hat die ‚Sache' nach der Rechtsfrage hin abgehandelt.
Da in dieser Hinsicht nichts zu retten ist, verlegt er sich auf eine
andere Frageweise – und setzt sich fast spielend durch. Denn nach
einer ebenso trickreichen Einstimmung des Publikums, wie sie sein
Gegner vorgebracht hatte, präsentiert er den Fall auf folgende
Weise: Natürlich braucht man nicht für den Schatten von Gegenständen zu bezahlen, die man gemietet hat. Aber das Ansinnen des
Eselstreibers war nur ein Scherz, den jeder Verständige dem einfältigen Treiber nachgesehen hätte. Statt dieses Ansinnen ernst zu
nehmen und sich auf diese Weise selbst zum Esel zu machen, wäre
es richtig gewesen, dem Treiber ein Trinkgeld für den Zeitverlust
zu geben und damit die ganze Angelegenheit zu erledigen. Der
Anwalt des Eselstreibers schaltet mit andern Worten von der
Rechtsfrage um auf die der Definition, von der Frage, ob zu Recht
Bezahlung gefordert wurde, zu der, worum es bei der Sache eigentlich gegangen ist. Wieland läßt die zuhörende Menge staunend ins
neue Lager umschwenken und gibt durchaus zu erkennen, daß es
die neue Frageweise ist, die die Wende bringt:

Das Licht, in welches der Sykophant Polyphonus den wahren Statum contro-
versiae gestellt hatte, tat einen so guten Effekt, daß unter den sämtlichen
Vierhundertmännern kaum ihrer zwanzig übrig blieben, die, nach Abderi-
tischer Gewohnheit, nicht versicherten, daß sie die Sache gleich vom Anfang
an eben so angesehen; und es wurde in ziemlich lebhaften Ausdrücken gegen
diejenigen gesprochen, welche Schuld daran hätten, daß eine so simple Sache
zu solchen Weitläufigkeiten getrieben worden sei.

Aber wer nun glaubt, das Spiel sei für den ersten Anwalt verloren, unterschätzt wiederum die Möglichkeiten der Statuslehre (bzw. Wielands Kennntisse). Denn dieser erste Anwalt erkennt, womit sein Gegenspieler die Oberhand gewonnen hat, reklamiert entsprechend und gewinnt sogleich sein Terrain zurück:

Ich verspreche mir also im Namen meines Klienten, daß, der gegenteiligen Luftstreiche ungeachtet, die vorliegende Sache nicht nach dem neuen und allen bisherigen Verhandlungen zuwider laufenden Schwunge, den ihr Polyphonus zu geben gesucht, sondern nach Beschaffenheit der Klage und des Beweises abgeurteilt werde. Die Rede ist in gegenwärtigem Rechtsstreite nicht von Zeitverlust und Deterioration des Esels, sondern von des Esels Schatten.

Nur – man ahnt es schon – bleibt der nächste Konterschlag seitens des Gegners nicht aus, und diesmal führt er zum endgültigen, wenn auch reichlich absurden Sieg des zweiten, also den Eselstreiber vertretenden Anwalts. Dieser Sieg aber verdankt sich dem erneuten Umschwenken auf eine andere, und zwar auf die vierte Frageweise. Denn nun erklärt der Anwalt das Verfahren für eine einzige Komödie mit ausschließlich Mitschuldigen, bestreitet also die Voraussetzungen des Verfahrens selbst. Daß die Abderiten diesen neuerlichen Schock nur noch dadurch verkraften, daß sie den Esel in Stücke reißen, belegt natürlich die Kritik Wielands an einer Rhetorik, die zu solchen Auswüchsen führt. Mit dieser Kritik werden wir uns noch andernorts beschäftigen.

Die Statuslehre ist verständlicherweise besonders hilfreich bei der Ausarbeitung der Gerichtsrede und auch immer wieder an diesem *genus* erläutert worden. Im Prinzip ist sie aber auf alle Gattungen übertragbar. Größere Bedeutung gewann dabei übrigens die Anwendung auf die Dramen-Literatur, speziell auf die dort vorliegende Konfliktbehandlung. Hier lassen sich die Vermutungs- sowie die Verfahrensfrage als Normenanwendungskonflikt deuten, bei der Definitionsfrage liegt Normeninterpretationskonflikt vor, bei der Rechtsfrage Normenstärkekonflikt[3]. Es ist im übrigen nicht ausgeschlossen, daß die Frageweisen auch gemischt bzw. abwechselnd (von *einer* Person) vorgetragen werden. Dies spielt in den Dramen Friedrich Schillers eine wichtige Rolle (ein nicht ganz ernstes Beispiel wäre die Rede der Kammerfrau in *Maria Stuart* I 4, 291ff.).

---

[3] H. Lausberg 1973, § 96.

3. Die drei Aufgaben des Redners
(*officia oratoris*)

Aufgaben des Redners		
intellektuell	affektiv	
Einsicht	Besänftigung	Erregung
Logik	Ethos	Pathos
belehren (*docere*) beweisen (*probare*)	gewinnen (*conciliare*) erfreuen (*delectare*)	bewegen (*movere*) aufstacheln (*concitare*)

Mit den vier Frageweisen werden Vorüberlegungen zur Redeherstellung behandelt. Gegeben ist lediglich der ‚Fall‘ – wie soll ich
mich ihm nähern, wie soll ich ihn anfassen? Mit den drei Aufgaben
des Redners ist etwas anderes angesprochen, allerdings ebenfalls
ein Problem, das die Anlage der Rede insgesamt betrifft. Es geht
um das Ziel des Ganzen: um die Zustimmung (das Einverständnis)
des Hörers. Sie beruht letztlich auf Überzeugung, aber die Rhetorik geht von verschiedenen Aufgabenstellungen aus, die diese
Überzeugung bewirken. Und zwar sollen sowohl die intellektuellen
wie die affektiven Kräfte des Menschen angesprochen werden,
Überzeugung also einerseits aufgrund von intellektueller Einsicht,
andererseits aber auch aufgrund von affektiver Motivation zustandekommen, wobei teils die Besänftigung, teils die Erregung der
Affekte (Leidenschaften) eine Rolle spielt. Damit liegt eine Auf-
gabentrias zugrunde, die in der antiken Tradition in einigen leicht
differierenden Begriffen wiedergegeben wird. Der Appell an die
Einsicht erscheint als informatives Belehren oder als argumentatives Beweisen (auch als ethisches Ermahnen); die Besänftigung
kommt vor als zweckgebundenes Gewinnen oder zweckfreies
Erfreuen (im 18. Jahrhundert sprach man von Ergötzung), die
Erregung schließlich als Bewegen oder Aufstacheln der Leidenschaften (wiederum im 18. Jahrhundert identisch mit der Rührung)[1]. In jedem Fall also müssen die Logik *und* das Gefühl mobili-

---

[1] Vgl. H.F. Plett: Einführung in die rhetorische Textanalyse. Hamburg
⁴1979a, S. 4ff.

siert werden, wenn das Ziel der Rede erreicht werden soll, oder anders ausgedrückt: man übernimmt eine Meinung (leichter), wenn Kopf und Herz dazu bereit sind. Die Wahrheit setzt sich nicht oder jedenfalls nicht bei jedem *als solche* durch, vielmehr muß sie dem Hörer *zugänglich* gemacht werden und deshalb auf diesen Hörer ‚eingestellt‘ sein.

Alle großen Rhetoriken behandeln also diesen Punkt, aber alle unterscheiden sich voneinander dadurch, daß hier entsprechende Gewichtsverteilungen erfolgen. In der Antike hat am ausgewogensten Aristoteles das Thema behandelt, während z.B. Cicero die Erregung der Leidenschaften deutlicher favorisierte, wenn auch nicht verabsolutierte, wie es einige Sophisten taten. Das Grundmuster aber hat sich bis ins 18. Jahrhundert erhalten und in der Ästhetik noch eine bedeutsame Weiterwirkung erfahren. Dies läßt sich am besten erkennen, wenn man zwei Begriffe heranzieht, die in diesem Zusammenhang für die Erläuterung der Aufgaben des Redners immer von großer Bedeutung waren: Ethos und Pathos. Das Ethos steht mit der Aufgabe des Besänftigens in Zusammenhang, das Pathos mit der des Erregens, beide zusammen also haben etwas mit den Leidenschaften der Zuhörer zu tun im Gegensatz zu ihren intellektuellen Kräften bzw. zum Sachbezug des behandelten Problems. Besänftigend wirkt allein schon die Gestalt eines als untadelig bekannten Redners selbst, dazu auch die (Charakter)darstellung der zu beurteilenden (angeklagten) Person als Mensch wie jeder andere, dessen humanes Gebaren die begangene (Un)tat zum Ausnahmefall, ja zum Rätsel macht. Mit dem Pathos ist demgegenüber genau Entgegengesetztes ins Auge gefaßt. Die Schilderung von Ausnahmesituationen, von schrecklichen Bedrängnissen, von aufgezwungenen Entscheidungen, von jähen Herausforderungen: all dies stachelt die Leidenschaften des Zuhörers an, regt ihn auf, erzeugt teils Schrecken, teils Bewunderung hinsichtlich des Durchhaltevermögens der betreffenden Person oder auch ihrer Ergebenheit ins Schicksal. Nach Ciceros Meinung entscheidet sich in diesem Punkt letztlich jede Rede, wenn es auch geboten ist, beide Aufgaben – die dritte, die Belehrung, wird als ebenso selbstverständlich wie letztlich als für die Wirkung nicht entscheidend vorausgesetzt – ernstzunehmen, ja in bezug auf sie geschickt Regie zu führen: nachdem die Hörer angesichts der (Un)tat mit den Mitteln des Ethos versöhnlich gestimmt sind, werden sie durch eine pathetische Darstellung der Handlungsabläufe buchstäblich hingerissen.

Bleibt nur mehr anzudeuten – darauf ist später ausführlich zurückzukommen –, daß die Lehre von Ethos und Pathos auch in
andern Zusammenhängen immer wieder große Anziehungskraft
bewies. Natürlich war das barocke Trauerspiel die große Zeit des
Pathos. Und Lessings Favorisierung des Mitleids gegenüber der
Furcht zeigt deutlich den Umschwung zu einer entgegengesetzten
Konzeption, die nicht zufällig vom Ethos des Bürgers statt von den
pathetischen Handlungen der Adligen ausging. Geneigt machende
im Gegensatz zu erregender Emotion bildet aber auch noch den
Ausgangspunkt der wohl berühmtesten Fortentwicklung des Themas: Schillers Unterscheidung von Anmut und Würde[2]. Wieweit
Wieland in der *Geschichte der Abderiten* von diesen Möglichkeiten
Gebrauch macht, ist sogleich im Zusammenhang der Behandlung
der einzelnen Bearbeitungsphasen der Rede noch näher darzulegen.

---

[2] Näher ausgeführt: oben, S. 192f.

4. Die fünf Bearbeitungsphasen der Rede (*partes orationes*)

Bearbeitungsphasen				
Gedanken (*res*)			Sprache (*verbum*)	
Erfindung der Gedanken (*inventio*)	Gliederung der Gedanken (*dispositio*)	Memorieren der Rede (*memoria*)	sprachliche Darstellung der Gedanken (*elocutio*)	Vortrag der Rede (*pronuntiatio*)

Während mit den bislang behandelten Punkten (der Redegattungen, Frageweisen und Aufgaben des Redners) das Rohmaterial oder auch die Grundkonzeption einer (bestimmten) Rede ins Auge gefaßt war, geht es im folgenden um ihre konkrete Ausarbeitung in (aufeinander aufbauenden) Schritten oder Bearbeitungsphasen. Man muß sich allerdings darüber im klaren sein, daß die im einzelnen angesprochenen und voneinander geschiedenen Punkte letztlich zusammengehören. Es handelt sich also um eine künstliche Trennung aus praktischen (didaktischen) Gründen. Dennoch ist es entscheidend, wie die Rhetorik diese Trennung vollzogen hat, wo sie Trennbares sieht. Dabei aber läßt sich eine Grundentscheidung feststellen, eine Dualität, die durch das gängige Fünferschema ein wenig verdeckt wird: und zwar die Trennung der sachlich-argumentativen Seite der Rede (der Bereich der *res*) von ihrer sprachlichen Ausgestaltung (dem Bereich der *verba*). In gewissem Sinne liegt allein in der Art, *res* und *verba* (wenn man so will: Logik und Stilistik) auseinanderzudividieren, der spezifische Ansatz dieser Form von Kommunikationstheorie überhaupt. Noch zugespitzter gesagt: die Rhetorik konstituiert sich wesentlich dadurch, daß sie das Reich der Gedanken (des Inhalts) von dem der Sprache (der Form) trennt, auch wenn dann viel dafür getan wird, beide wieder zur Einheit zusammenzufügen. Der eigentümlich ‚konkrete‘ Status der Gedanken gegenüber der sprachlichen Darstellung bildet jedoch genau den Punkt, an dem dann die modernen Sprachtheorien seit dem späten 18. Jahrhundert Anstoß nahmen.

Zerlegt man die Differenz von *res* und *verba* weiter, so zeigt sich zunächst, daß man der *res* zwei Teilgebiete zuordnen kann: die Erfindung der einzelnen Gedanken oder Gesichtspunkte, aus

denen sich der Sachverhalt ‚zusammensetzt', sowie die Gliederung
(Anordung) des Gefundenen. Mit dem *verbum* ist die sprachliche
Darstellung der Gedanken verbunden. Dieser Trias (von Erfindung, Gliederung und Darstellung) aber hat man zwei weitere
Gesichtspunkte hinzugefügt, die sich nicht ganz so konsequent auf
res und *verba* verteilen lassen (weil sie sich streng genommen auf
beides zugleich beziehen): das Memorieren (Auswendiglernen) der
Rede sowie ihren stimmlichen und gestischen Vortrag. Cicero
ordnet den Vortrag der Rede dem *verbum*, also dem darstellerischen Bereich, zu und rückt das Memorieren an die *res* und damit
an den Bereich der Gedanken heran, während z.B. die *Rhetorik an
Herennius* beides hinter die Gliederung stellt.

4.1 Erfindung der Gedanken (*inventio*)

Erfindung der Gedanken			
Einleitung (*exordium*)	Schilderung des Sachverhalts (*narratio*)	Begründung (*argumentatio*)	Schluß (*peroratio*)
aufmerksam machen lernbereit machen geneigt stimmmen schmeicheln	Kürze Klarheit Glaubwürdigkeit	Zeichen (induktive) Beispiele (deduktive) Gründe	Entrüstung Wehklage

Die Grundidee bei der Erfindung der einzelnen Gedanken liegt in
der Annahme, daß jeder ‚Vorfall' in der Welt ein Konstrukt aus
typischen Möglichkeiten darstellt. Es geschieht ein Mord: also gibt
es einen Täter, ein Opfer, einen Zeitpunkt der Handlung, Gründe
für die Tat – und vieles andere mehr. Alles, was wie immer einzigartig passiert, trägt also im letzten typische Züge; einzigartig ist nur
die Zusammensetzung. Aber genau diese Zusammensetzung ‚sieht'
man nicht ohne weiteres, sie zu ‚finden' ist Kunst, Such-Kunst.
Cicero und Quintilian haben diesen Vorgang anschaulich als Jagd
beschrieben, wobei eben der gute Jäger immer schon weiß, wo er
sein Wild findet. Man kann auch an einen Vorgang des Ans-Licht-
Ziehens oder des Auswickelns denken. So jedenfalls hat z.B.
Johann Sebastian Bach es verstanden, als er seine *Inventionen*
komponierte: (bloße) Auffindung dessen, was in einem Thema

‚drinsteckt'. Man sieht, daß mit all dem grundlegende Voraussetzungen bzw. Möglichkeiten von (geistiger) Produktivität angesprochen sind[1]. Eine Schöpfung aus dem Nichts ist nach diesem Ansatz jedenfalls nicht ‚denkbar', aber auch ein Begriff wie ‚schöpferische Intuition' unmöglich.

In der Antike hat man den Bereich der Erfindung wiederum in verschiedene (Arbeits)schritte zerlegt, wobei man jeweils die ‚Orte' angab, die für bestimmte Zwecke bzw. Teilaufgaben etwas Passendes bereit halten: und zwar für die Einleitung, für die Schilderung des Sachverhalts, für die Begründung und für den Schluß der Rede. Natürlich ist auch dieses Viererschema abgewandelt worden, ohne daß sich am Gesamtbild allzu viel ändert. Quintilian beispielsweise schob zwischen Begründung und Schluß noch die Widerlegung der gegnerischen Argumente als eigenen Teil ein, während er die Einfügung einer Gliederung, die Ankündigung des Beweisziels sowie Exkurse ausdrücklich als Unterpunkte betrachtet wissen wollte.

4.1.1 Einleitung (*exordium*)

In der Einleitung stellt sich dem Redner die Aufgabe, Kontakt mit dem Zuhörer (dem Publikum) aufzunehmen, wobei unterstellt wird, daß dieser in irgendeiner Weise eine Einstellung mitbringt. Man hat dabei verschiedene Möglichkeiten unterschieden, die sich an den sog. Vertretbarkeitsgraden orientieren, an der Art also, wie der betreffende Fall vom ‚normalen' Rechtsempfinden her eingestuft wird. Handelt es sich beispielsweise um eine klare oder harmlose (Bagatell)angelegenheit (*genus humile*: einfache Gattung), so liegt beim Hörer normalerweise wenig Interesse vor. Dem entspricht es, wenn der Redner sich ausdrücklich darum bemüht, für Aufmerksamkeit zu sorgen, den Hörer aufmerksam zu machen (*attentum parare*). Dazu wird im einzelnen empfohlen, die Wichtigkeit der Sache herauszustreichen oder notfalls vorzugaukeln. Eine in der Erzählkunst benutzte Möglichkeit stellt die Ankündigung von nie Gesagtem bzw. Gehörten dar. Andere Möglichkeiten wären die bloße Bitte um Aufmerksamkeit, ein Versprechen der

---

[1] Vgl. etwa L. Bornscheuer: Topik. Frankfurt 1976, bes. S. 11ff.; allgemein zur Topik: M.L. Baeumer (Hg.): Toposforschung. Darmstadt 1973; D. Breuer und H. Schanze (Hgg.): Topik. München 1981.

Kürze, die Unterstellung, daß das Gesagte im Interesse des Publikums selbst liegt oder affektische Mittel wie die Anrede nicht anwesender Personen.

Der Anwalt des Zahnarztes in Wielands *Geschichte der Abderiten* streicht die Größe der verhandelten Sache folgendermaßen heraus:

Wenn jemals ein Tag war, an welchem sich die Vortrefflichkeit der Verfassung unsrer Republik in ihrem größten Glanz enthüllt hat, und wenn jemals ich mit dem Gefühl, was es ist, ein Bürger von Abdera zu sein, unter euch aufgetreten bin: so ist es an diesem großen Tage, da vor dieses ehrwürdige höchste Gericht, vor diese erwartungsvolle und teilnehmende Menge des Volks, vor diesen ansehnlichen Zusammenfluß von Fremden, die der Ruf eines so außerordentlichen Schauspiels scharenweise herbei gezogen hat, ein Rechtshandel zur Entscheidung gebracht werden soll, der in einem minder freien, minder wohl eingerichteten Staate, der selbst in einem Theben, Athen oder Sparta, nicht für wichtig genug gehalten worden wäre, die stolzen Verwalter des gemeinen Wesens nur einen Augenblick zu beschäftigen.

Liegt der Fall eher kompliziert (*dubium genus*: dunkle Gattung), so entspricht es dem, wenn der Redner die Lernbereitschaft des Hörers aktiviert, ihn aufnahmebereit macht (*docilem parare*). Empfohlenes Mittel ist dabei eine kurze Aufzählung der zu explizierenden Gründe bzw. ein Hinweis auf die Hauptsache. Wiederum andere Voraussetzungen sind gegeben, wenn der Fall statt kompliziert schwer durchsichtig, verworren ist (*dubium genus* oder *anceps genus*: zweifelhafte Gattung). Hier kommt es darauf an, den Hörer gewogen zu stimmen (*benevolum parare*), sich also zunächst einmal vor jedem Bezug auf die ‚Sache‘, ja notfalls an ihr vorbei um dessen Wohlwollen zu bemühen (*captatio benevolentiae*). Vier Möglichkeiten können dabei angewandt werden: Selbstlob bzw. Lob des Klienten (bei Vermeidung von Arroganz), Lob des Publikums (speziell seiner Urteilsfähigkeit), Lob des eigenen Parteistandpunkts. Der Anwalt des Zahnarztes fährt nach der soeben zitierten Stelle folgendermaßen fort, wobei er das Publikumslob breit zur Geltung bringt:

Edles, preiswürdiges, dreimal glückliches Abdera! Du allein genießest unter dem Schutz einer Gesetzgebung, der auch die geringsten, auch die zweifelhaftesten und spitzfindigsten Rechte und Ansprüche der Bürger heilig sind, Du allein genießest das Wesen einer Sicherheit und Freiheit, wovon andere Republiken (was auch sonst die Vorzüge sein mögen, womit sich ihre patriotische Eitelkeit brüstet) nur den Schatten zum Anteil haben.

Übrigens kommt es wenig später zum korrespondierenden Teil eines Tadels der Gegenpartei, die sich zu einer Art Publikumsbeschimpfung auswächst:

... wie sehr muß ich auf der andern Seite die Abnahme jener treuherzigen Einfalt unsrer Voreltern, das Verschwinden jener mitbürgerlichen und freundnachbarlichen Sinnesart, jener gegenseitigen Dienstbeflissenheit, jener freiwilligen Geneigtheit, aus Liebe und Freundschaft, aus gutem Herzen, oder wenigstens um des Friedens willen, etwas von unserm vermeinten strengen Rechte fahren zu lassen, – wie sehr, mit Einem Worte, muß ich den Verfall der guten alten Abderitischen Sitten beklagen, der die wahre und einzige Quelle des unwürdigen, schamvollen Rechtshandels ist, in welchen wir heute befangen sind! – Wie werd ichs ohne glühende Schamröte heraus sagen können? – O du einst so berühmte Biederherzigkeit unsrer guten Alten, ist es dahin mit dir gekommen, daß Abderitische Bürger – sie, die bei jeder Gelegenheit, aus vaterländischer Treue und nachbarlicher Freundschaft, bereit sein sollten das Herz im Leib mit einander zu teilen – so eigennützig, so karg, so unfreundlich, was sag ich, so unmenschlich sind, einander sogar den Schatten eines Esels zu versagen?

Von diesen drei Fällen (bei denen die Einleitung, das *exordium*, jeweils in der Gestalt des *prooemium* auftritt) ist derjenige zu unterscheiden, bei dem auf seiten des Hörers eine direkt negative Einstellung erwartet wird, sei es aufgrund eines besonders schweren Vertretbarkeitsgrades (*admirabile genus*: bewundernswerte Gattung, auch *genus turpe*: schimpfliche Gattung), sei es aufgrund der Tatsache, daß der Gegner die Hörer zuvor gewonnen hat oder schließlich einfach deshalb, weil das Publikum besonders ermüdet ist. Dann übernimmt statt des *prooemium* die *insinuatio* die Funktion der Einleitung: also (noch über das *benevolum parare* hinaus) glatte Schmeichelei. Besonders empfohlen ist dabei das zusätzliche Attackieren, ja das Lächerlichmachen des Gegners. In einer geschickten Kombination von Publikumslob und Verachtung des Vorredners beginnt der Anwalt des Eselstreibers seine Rede, allerdings in äußerst bedrängter Situation, nachdem das Publikum gerade voll auf die Seite des Vorredners eingeschwenkt war:

Wahrheit und Licht haben das vor allen andern Dingen in der Welt voraus, daß sie keiner fremden Hülfe bedürfen, um gesehen zu werden. Ich überlasse meinem Gegenpart willig alle Vorteile, die er von seinen Rednerkünsten zu ziehen vermeint hat. Dem, der unrecht hat, kommt es zu, durch Figuren und Wendungen und Fechterstreiche und das ganze Gaukelspiel der Schulrhetorik Kindern und Narren einen Dunst vor die Augen zu machen. Gescheite Leute lassen sich nicht dadurch blenden.

Daß derselbe Anwalt ein paar Zeilen später auch von der Möglichkeit des Eigenlobs aus dem Bereich des *benevolum parare* Gebrauch macht, zeigt schließlich, wie sehr alle Fälle miteinander
kombinierbar sind und faktisch auch kaum je getrennt vorkommen:

Großmögende Herren, ich stehe hier nicht als Sachverwalter des Eseltreibers
Anthrax, sondern als Bevollmächtigter des Jasontempels, und von wegen des
erlauchten und hochwürdigen Agathyrsus, zeitigen Erzpriesters und Ober-
vorstehers desselben, Hüters des wahren goldnen Vlieses, obersten Gerichts-
herrn über alle dessen Stiftungen, Güter, Gerichte und Gebiete, und Ober-
haupts des hochedlen Geschlechts der Jasoniden, um im Namen Jasons und
seines Tempels von euch zu begehren, daß dem Eselstreiber Anthrax Genugtuung geschehe ...

4.1.2 Schilderung des Sachverhalts (*narratio*)

Mit der Schilderung des Sachverhalts wird der ‚Fall‘, der der Rede
zugrunde liegt, nun zum erstenmal direkt angesprochen. Dies
bedeutet: der ‚Fall‘ ist in einer bestimmten Weise zu ‚sehen‘, ja wird
in einer bestimmten (subjektiven, parteiischen) Sicht ‚hingestellt‘. ‚Subjektiv‘ steht dabei nicht in der Weise im Gegensatz zu
‚objektiv‘, wie wir dies heute gewohnt sind. Eher liegt die Idee
zugrunde, daß ein objektiver Fall ein reines Gedankenkonstrukt
wäre. Der Fall ist vermittelbar aber nur als Darstellung und darin
an die subjektive Präsentation gebunden. Im gewissen Sinne geht
es um ein ‚subjektives‘ Darstellen der ‚objektiven‘ Aspekte des
Falles.

Wie unterschiedlich sich gegnerische Sachverhaltsschilderungen
desselben Falles präsentieren können, mögen unsere beiden Anwälte zeigen. Beide bringen zum Ausdruck, wie es dazu kam, daß
sich der Zahnarzt in den Schatten des Esels setzte. Zunächst der
Anwalt des Zahnarztes:

Er reist in seinen Geschäften, in Geschäften seiner edlen Kunst, die es bloß
mit Verminderung der Leiden seiner Nebenmenschen zu tun hat, von Abdera nach Gerania. Der Tag ist einer der schwülsten Sommertage. Die
strengste Sommerhitze scheint den ganzen Horizont in den hohlen Bauch
eines glühenden Backofens verwandelt zu haben. Kein Wölkchen, das ihre
sengenden Strahlen dämpfe! Kein wehendes Lüftchen, den verlechzten
Wandrer anzufrischen! Die Sonne flammt über seinem Scheitel, saugt das
Blut aus seinen Adern, das Mark aus seinen Knochen. Lechzend, die dürre
Zunge am Gaumen, mit trüben, von Hitze und Glanz erblindenden Augen,
sieht er nach einem Schattenplatz, nach irgend einem einzelnen mitleidigen
Baum um, unter dessen Schirm er sich erholen, er einen Mund voll frischerer

Luft einatmen, einen Augenblick vor den glühenden Pfeilen des unerbittlichen Apollo sicher sein könnte.

Umsonst! Ihr kennet alle die Gegend von Abdera nach Gerania. Zwei Stunden lang, zur Schande des ganzen Thraciens sei es gesagt! kein Baum, keine Staude, die das Auge des Wandrers in dieser abscheulichen Fläche von magern Brach- und Kornfeldern erfrischen, oder ihm gegen die mittägliche Sonne Zuflucht geben könnte!

Der arme Struthion sank endlich von seinem Tier herab. Die Natur vermochte es nicht länger auszudauern. Er ließ den Esel halten, und setzte sich in seinen Schatten. – Schwaches, armseliges Erholungsmittel! Aber so wenig es war, war es doch etwas!

Und ‚dasselbe' aus dem Munde des Gegners, der den Eselstreiber vertritt:

Anthrax vermietete dem Zahnarzt Struthion seinen Esel auf einen Tag; nicht zu selbstliebigem Gebrauch, sondern um ihn, den Zahnarzt mit seinem Mantelsack, halben Weges nach Gerania zu tragen, welches, wie jedermann weiß, acht starke Meilen von hier entferntliegt.

Bei der Vermietung des Esels dachte natürlicher Weise keiner von beiden an seinen Schatten. Aber als der Zahnarzt mitten auf dem Feld abstieg, und den Esel, der wahrlich von der Hitze noch mehr gelitten hatte als er, in der Sonne zu stehen nötigte, um sich in dessen Schatten zu setzen, war es ganz natürlich, daß der Herr und Eigentümer des Esels dabei nicht gleichgültig blieb.

Das Beispiel demonstriert übrigens sehr schön die Umsetzung von zwei der drei Aufgaben des Redners. Der zweite Redner folgt der Devise, sich auf das Belehren (*docere*) zu beschränken und damit lediglich den Ausgangspunkt der (streng sachlich gehaltenen) Argumentation festzulegen. Der erste Redner dagegen spricht schon sehr energisch die Leidenschaften an – verständlicherweise, weil das Leiden des Zahnarztes bei ihm auch die spätere (durch und durch affektiv gehaltene) Argumentation vorbereitet.

Man unterscheidet im einzelnen drei Tugenden der Schilderung des Sachverhalts: Kürze (*narratio brevis*), Klarheit (*narratio aperta*), Glaubwürdigkeit (*narratio probabilis*). Die Kürze ist nicht unbedingt als reine Quantität zu verstehen – wenn ein Erfreuen des Hörers möglich bzw. sinnvoll ist, muß dem auch nachgegeben werden. Eher ist daran gedacht, (nur) das für die ‚Sache' Wesentliche vorzutragen, also nichts, was letztlich für die Beurteilung keine Rolle spielt. Ist ein Fall von Natur aus komplex, bedeutete jede verkürzte Fassung eine Verdunkelung. Immerhin gibt Quintilian den Rat, unter solchen Umständen die Länge vorweg (in der Einleitung) anzukündigen und im übrigen etwas dafür zu tun, keine Langeweile aufkommen zu lassen. Die Tugend der (gedanklichen) Klarheit – die zweite Tugend also – bezeugt sich besonders in der sinnvollen Anordnung (Verkettung) der Geschehenselemente. Man kann einen Fall bereits in seiner Schilderung als zwingend darstellen. Schließlich beruht die Tugend der Glaubwürdigkeit auf Wahrscheinlichkeit: liegt der Fall normal, darf er nicht unnötig vertrackt geschildert werden, liegt er eher unnormal, soll die Schilderung entsprechend gegensteuern. Aber Glaubwürdigkeit ist darüber hinaus auch aus der Sicht des Hörers (Publikums) anzugehen. Der Hörer bringt eine gewisse ‚normale‘ Vormeinung mit, die angesprochen sein will – sei es bekräftigend oder (was schwieriger ist) abschwächend. Letztlich geht es darum, daß der Hörer den Bericht ‚natürlich‘ findet, wozu er seine Kategorien bestätigt sehen muß. Unter diesem Aspekt sind auch die berühmten Fragen von Bedeutung, die die Schilderung des Sachverhalts anleiten sollen: die Frage nach der Person (*quis?*), der Tat (*quid?*), dem Grund (*cur?*), dem Ort (*ubi?*), der Zeit (*quando?*), der Art und Weise (*quemadmodum?*), der Fähigkeit (*quibus adminiculis?*). Mit all diesen Kategorien ist wiederum gerade nicht eine ‚objektive‘ Schilderung bezweckt, sondern eine ‚subjektive‘: bei jeder Fage ist zu überlegen, in welchem Sinne sie im eigenen Parteiinteresse beantwortet werden kann. Unser erster Anwalt (des Zahnarztes) hat dies vorzüglich verwirklicht, wenn er sich erkennbar an folgenden Gesichtspunkten orientiert: Welche Person reist? Ein Arzt, der seine edle Kunst ausüben will. Was tut er? Er sucht Erholung. Warum? Weil er erschöpft ist. Wo findet das Geschehen statt? In völlig ungeschützter Landschaft. Wann? Genau in der Mittagshitze. Und so weiter.

Kurz, klar und glaubwürdig also soll die Erzählung sein. Aber noch einmal: es ist keine Hast geboten, und für ein besonderes Element bietet gerade die Einleitung immer Platz: für den Exkurs (*digressio*). Er dient der (näheren) Beschreibung eines Sachverhalts, einer Gegebenheit o.ä. und schafft eine Art Ruhepunkt. Der Anwalt des Eselstreibers gibt am Ende seiner Erzählung die Geschichte jener lykischen Bauern wieder, die einem dürstenden Fremdling einst das Wasser verweigert hatten und dafür in Frösche verwandelt wurden. Damit ist nicht nur unmittelbar vor der (schwierigen) Argumentation geschickt ein Ruhepunkt gesetzt, sondern den Hörern auch noch kräftig eingeheizt.

4. Die fünf Bearbeitungsphasen der Rede   33

4.1.3 Begründung (*argumentatio*)

In der Begründung werden Argumente vorgetragen, die die These erhärten sollen. Die Rhetorik kennt grundsätzlich drei Arten von Argumenten, und zwar Zeichen (Anzeichen, Indizien), Beispiele (induktive Argumente) und Gründe (deduktive Argumente). Aristoteles, der dieses Feld in einer für Jahrhunderte erschöpfenden Weise dargestellt hat, gibt für alle drei Arten Fälle an, macht aber keinen Hehl daraus, daß das Hauptgewicht den (deduktiven) Gründen zukommt. Ein (eher seltenes) ,überzeugendes' Zeichen, und zwar für die Tatsache, daß eine Frau (gerade) ein Kind geboren hat, wäre der Hinweis darauf, daß sie über Milch verfügt. Als ,überzeugenden' Induktionsbeweis, der vom Besonderen aufs Allgemeine schließt, führt Aristoteles (in seiner *Topik*) den Fall an: wenn derjenige der beste Steuermann ist, der seine Sache versteht, und wenn dies auch vom Wagenlenker gilt, so ist (immer oder allgemein) der Beste, wer seine Sache versteht[2]. Schließlich beruht die deduktive Argumentation (umgekehrt) auf dem Schluß vom Allgemeinen aufs Besondere, wie es im folgenden bekannten Syllogismus ausgedrückt wird: Alle Menschen sind sterblich, Sokrates ist ein Mensch, also ist Sokrates sterblich. In der Rhetorik – auch darauf ist Aristoteles ausführlich eingegangen, wie noch näher zu zeigen ist – werden alle diese Begründungsweisen in einer etwas einfacheren (oder freieren) Form verwandt. Alltagsfälle erlauben kaum jemals strenge Ableitungen, vor allem keine der syllogistischen Art (und wenn ja, müssen sie womöglich für weniger ansprechbare Hörer vereinfacht werden). Bevorzugt sind hier Kurzformen sowie andere Reduktionen des Syllogismus, die als Enthymeme bezeichnet werden. Auch hier liegen ,Folgerungen' vor, aber eher im Sinne typischer ,Zusammenhänge', die im übrigen meist zwei- statt dreigliedrig sind. Ein Beispiel (aus der *Rhetorik* des Aristoteles) wäre: sich mäßigen ist gut, zügellos leben dagegen schädlich. Der Nutzen der Mäßigkeit ,folgt' hier ebensowenig aus der Schädlichkeit eines zügellosen Lebens wie umgekehrt, vielmehr ,stützen' sich beide Aussagen aufgrund des Kontrasts (nur) gegenseitig.

---

[2] Das Beispiel liegt auch den Angaben bei Lausberg 1973 (§ 376) zugrunde, die ich in der Übersetzung benutze, wie sie von G. Ueding und B. Steinbrink 1986, S. 220ff., gegeben ist.

Welche Rolle unterschiedlich ausgefeilte Schlußfolgerungen spielen können, zeigt wiederum sehr schön der Anwalt des Eselstreibers. Er beginnt seine Argumentation direkt mit der Widerlegung eines verkürzten Syllogismus, der dem Gegner unterstellt wird: „Wer sich eines Rechts bedient, sprichst du, der tut niemand Unrecht." Aber dann stürzt er sich förmlich auf eine der (vorausgesetzten) Prämissen, die seiner Meinung nach ein „Spinnengewebe" „sophistischer Trugschlüsse" hervorgebracht hat. In einer wahrhaften Ausgeburt rhetorischer ‚Kunst' wird dargelegt, warum nicht vom ‚Recht am Schatten' die Rede sein kann (und deshalb die Schlußfolgerung zusammenbrechen müsse):

Ein Schatten kann, genau zu reden, nicht unter die wirklichen Dinge gerechnet werden. Denn das, was ihn zum Schatten macht, ist nichts wirkliches und positives, sondern gerade das Gegenteil; nämlich, die Entziehung desjenigen Lichtes, welches auf den übrigen, den Schatten umgebenden Dingen liegt. Im vorliegenden Fall ist die schiefe Stellung der Sonne und die Undurchsichtigkeit des Esels (eine Eigenschaft, die ihm nicht, insofern er ein Esel, sondern insofern er ein dichter und dunkler Körper ist, anklebt) die einzige wahre Ursache des Schattens, den der Esel zu werfen scheint, und den jeder andre Körper an seinem Platz werfen würde; denn die Figur des Schattens tut hier nichts zur Sache. Mein Klient hat sich also, genau zu reden, nicht in den Schatten eines Esels, sondern in den Schatten eines Körpers gesetzt; und der Umstand, daß dieser Körper ein Esel, und der Esel ein Hausgenosse eines gewissen Anthrax aus dem Jasontempel zu Abdera war, ging ihn eben so wenig an, als er zur Sache gehörte. Denn, wie gesagt, nicht die Eselheit (wenn ich so sagen darf), sondern die Körperlichkeit und Undurchsichtigkeit des mehr besagten Esels ist der Grund des Schattens, den er zu werfen scheint.

Rhetorische Schlußfolgerungen sollen ihr Heil natürlich gerade nicht in derartigen Subtilitäten suchen. Das ‚Zwingende' der Begründung geht im Alltag (und damit im Bereich sich immer wieder ändernder bzw. niemals völlig durchschaubarer Tatsachen) nicht von der ‚Feinheit' der Zerlegung der Gesichtspunkte aus, sondern von der Art, wie ein ‚Fall' nach seinen einzelnen Aspekten hin ‚erhellt' wird. Dabei liegt die Überzeugung zugrunde, daß beim Argumentieren nicht gerade immer dieselben Argumente verwandt werden, aber doch immer wieder typische. Dem entspricht die Lehre von den Orten (lat. loci, griech. topoi), ja buchstäblich Standorten, an denen sich Argumente befinden oder aufhalten (von wo aus diese Vorstellung auch auf die andern Bearbeitungsphasen der Rede ausgedehnt wurde, wie wir bei der Behandlung der

Einleitung gesehen haben). Die *inventio*-Lehre versteht sich in
erster Linie als topische *inventio* (kurz: Topik), d.h. als Lehre von
der Erfindung, ja Ausbeutung von typischen Argumenten zur
Erhärtung einer These. Ein Topos ist dabei im übrigen nicht so
fixiert, daß er die Schlußfolgerung schon erzwingt. Charakteristisch
ist vielmehr, daß *derselbe* Topos *unterschiedlichen* Zielen dienen
kann, für ein *bestimmtes* Ziel also allererst zubereitet werden muß
(man spricht deshalb auch von den Topoi als bloßen Suchformeln).
Davon zu unterscheiden ist der stärker inhaltlich bestimmte sog.
Gemeinplatz (*locus communis*), der uns noch beschäftigen wird.

In der Antike sind im Anschluß an Aristoteles immer wieder
Zusammenstellungen erarbeitet worden, von denen diejenige Quintilians besonders eingängig ist[3]. Bei grundsätzlicher Unterstellung
von Unvollständigkeit trennt Quintilian Topoi, die von der Person
her bestimmt sind (*loci a persona*) von solchen, die von der Sache
herstammen (*loci a re*). Als erster Topos nach der Person ist die
Abstammung (*genus*) genannt. Ziehen wir als Beispiel Wieland
heran, der im übrigen auch belegt, wie – im Munde der beiden
Anwälte – der gleiche Topos höchst unterschiedlich verwandt wird.
Der Anwalt des Zahnarztes gibt die Abstammung sowie Erziehung
und Herkunft des Eselstreibers folgendermaßen wieder:

Derjenige, der einer so niedrigen, so rohen und barbarischen Denkart fähig
war, ist keiner unsrer Mitbürger. Es ist ein bloß geduldeter Einwohner unsrer
Stadt, ein bloßer Schutzverwandter des Jasontempels, ein Mensch aus den
dicksten Hefen des Pöbels, ein Mensch, von dessen Geburt, Erziehung und
Lebensart nichts bessers zu erwarten war, mit Einem Wort, ein Eselstreiber –
der, außer dem gleichen Boden und der gemeinsamen Luft, die er atmet,
nichts mit uns gemein hat, als was uns auch mit den wildesten Völkern der
Hyperboreischen Wüsten gemein ist.

Beim Anwalt des Eselstreibers liest sich der gleiche Topos so:

Aber dafür ist er auch nur ein Eselstreiber von Voreltern her, d.i. ein Mann,
der eben darum, weil er unter lauter Eseln aufgewachsen ist und mehr mit
Eseln als ehrlichen Leuten lebt, eine Art von Recht hergebracht und erwor-
ben hat, selbst nicht viel besser als ein Esel zu sein.

Als weitere Topoi (aufgrund der Person) nennt Quintilian: Natio-
nalität, Vaterland, Geschlecht, Alter, Körperbeschaffenheit,
Schicksal, soziale Stellung, Wesensart, Beruf, Neigungen, Vorge-

---

[3] Die große Zeit der *exempla* war das Mittelalter, wie der Studie von P. von
Moos zu entnehmen ist: Geschichte als Topik. Hildesheim u.a. 1988.

schichte, Namen. Man sieht wohl leicht, in welchem Sinne alle diese Gesichtspunkte für die Argumentation eine Rolle spielen können, ohne sie schon selbst völlig festzulegen. Daß jemand kein Römer ist, kann bzw. konnte in der Antike genauso abschwächend gemeint sein (er hat deshalb nicht tapfer gekämpft) wie bestärkend (umso bewundernswerter seine Kampfmoral). Giftmord stellt etwas anderes dar, wenn ihn eine (schwache) Frau ausübt, als wenn ihn ein (starker) Mann begeht, der wenigstens zum Schwert hätte greifen können. Die Vorgeschichte einer Tat kann etwas entschuldigen, der Name (vor allem ein Spitzname) eine Charaktereigenschaft (des Täters) verständlich machen.

Genauso liegen die Dinge bei den Topoi, die (statt der Person) der Sache entnommen sind. Bei Wieland benutzt der Verteidiger des Zahnarztes z.B. den Topos der Ähnlichkeit (*locus a simile*), wenn er die Frage, ob der Schatten zum Esel gehört oder nicht, auf folgende Weise behandelt:

... und seine Forderung ist eben so ungereimt, als wenn mir einer seine Leier verkauft hätte, und verlangte dann, wenn ich darauf spielen wollte, daß ich ihm auch noch für ihren Klang bezahlen müßte.

Wiederum nach der Zusammenstellung Quintilians lassen sich folgende weitere Topoi (aufgrund der Sache) unterscheiden: Ursache, Ort, Zeit, Art und Weise, Möglichkeit, Definition, Vergleich, Unterstellung, Umstände[4]. Auch hier verstehen sich die meisten Fälle von selbst: natürlich spielen Ort und Zeit eine Rolle bei der Tat und natürlich ist damit noch keine *bestimmte* Schlußfolgerung festgelegt. Beim Topos der Ursache ist in erster Linie an die der Tat zugrundeliegende (gute oder niedrige) Gesinnung gedacht. Der Topos der Möglichkeit bezieht sich darauf, daß z.B. ein Stärkerer leicht einen Schwächeren erschlagen kann, kaum aber umgekehrt. Zum Topos der Definition wird vor allem dann gegriffen, wenn der *status finitionis*, also die Definitionsfrage, zugrundeliegt: was genau hat er eigentlich getan? War es Mord oder Totschlag? Dabei kann es zu einer Argumentationsfigur kommen, die in unserm Wieland-Text hübsch belegt ist, und zwar zum Dilemma. Ein Dilemma stellt nichts anderes dar als eine gegensätzliche Definition nach Art der Zwickmühle, bei der beide Varianten unerwünscht sind und damit denjenigen, der sich für eine von beiden entscheiden muß, in jedem

---

[4] Zur Systematisierungswut anderer Autoren etwa am Beispiel des Topos des Ortes vgl. H. Lausberg 1973, § 383.

Fall vernichtet. Der Anwalt des Zahnarztes führt den Fall geradezu genüßlich vor:

> Das Dilemma ist außer aller Widerrede: Entweder ist der Schatten des Esels ein Zubehör des Esels, oder nicht. Ist er es nicht: so hat Struthion und jeder andre eben so viel Recht daran als Anthrax. Ist er es aber: so hatte Anthrax, indem er den Esel vermietete, auch den Schatten vermietet...

Der letzte Topos (aufgrund der Sache) betrifft die Unterstellung. Sie beruht darauf, daß sich alle normalen Topoi (statt real) auch bloß versuchsweise anwenden lassen. Man argumentiert dann auf der Grundlage einer Art Gedankenkonstruktion (gesetzt den Fall, daß...), die je nach Lage der Dinge trotzdem sehr wirkungsvoll sein kann.

Im Rahmen der topischen *inventio* wird schließlich noch die Erweiterung (*amplificatio*) behandelt. Dabei geht es um Möglichkeiten der Ausschmückung (Vergrößerung) des Argumentationsgangs, die der Eindringlichkeit bzw. der Nachdrücklichkeit dienen. Eine Erweiterung läßt sich auch an anderen Stellen der Rede einfügen, aber bei der Argumentation spielt sie verständlicherweise eine besonders wichtige Rolle. Sie taucht in vier Funktionen auf: als Steigerung (im Sinne aufführlicher Beschreibung eines Sachverhalts), als Vergleich (z.B. in Form einer historischen Parallele), als Rückschluß (indem z.B. die Stärke des Gegners herausgestrichen wird, um so indirekt die eigene Größe zu betonen) sowie als Häufung (mehrfache Umschreibung eines Sachverhalts). Eine Sonderform der Erweiterung stellen schließlich die Gemeinplätze (*loci communes*) dar. Dabei handelt es sich darum, daß einzelne Topoi, statt in der Argumentation eine spezifische Rolle (als Argument) zu übernehmen, sich gewissermaßen verselbständigen. Ein Topos wie (die Berufung auf) das Alter oder Schicksal einer bestimmten Person kann also zu einem kleinen Kapitel über das Alter oder Schicksal überhaupt ausgearbeitet werden. Der Sinn dieser Erweiterung liegt darin, daß das spezielle Argument nach einer solchen allgemeinen Darlegung umso überzeugender wirkt. Nicht zu unterschätzen ist allerdings auch die Tatsache, daß der Redner mit solchen Einlagen Gelegenheit erhält zu glänzen. Cicero war der Meinung, man solle jeden speziellen Fall so weit (oder so lange) als möglich von den speziellen Umständen trennen und allgemein behandeln. Cicero ist damit zu dem Anwalt der *loci communes* überhaupt geworden, wie wir noch sehen werden. *Loci communes* sind also keine ‚Gemeinplätze' im Sinne trivialer Argumente!

4.1.4 Schluß (*peroratio*)

Mit dem Schluß der Rede sind zwei unterschiedliche Aufgaben
verbunden: der Hörer soll nun ein bestimmtes Wissen haben (bzw.
sich daran erinnern) und er soll zu einer Handlung bewegt werden.
Der ersten Aufgabe dient insbesondere die Rekapitulation der
Gedanken; der zweiten dient die Anstachelung der Affekte. Allerdings haben fast alle Autoren betont, daß am Schluß dem Affekt
die *größte* Bedeutung zukomme. Vor allem in der Form der Entrüstung (*indignatio*) als Aufpeitschung der Gefühle auf seiten der
Hörer sowie in der Form der Wehklage (*conquestio*) als Gewinnung
ihrer Sympathie über die Erregung von Mitleid mit der eigenen
Partei werden die Affekte angesprochen. Wieland läßt seinen
Anwalt des Zahnarztes geschickt Elemente der Entrüstung mit
solchen der Wehklage vermischen, wenn es heißt:

Lasset, Edle und und Großmögende Vierhundertmänner, lasset nicht von
Abdera gesagt werden, daß ein solcher Mutwille, ein solcher Frevel, vor
einem Gerichte, vor welchem (wie vor jenem berühmten Areopagus zu
Athen) Götter selbst nicht erröten würden, ihre Streitigkeiten entscheiden zu
lassen, Schutz gefunden habe!

4.2 Gliederung der Gedanken (*dispositio*)

Die Gliederung der Gedanken ist weitgehend durch das Schema
ihrer Erfindung vorgegeben. Es gilt nun, die jeweiligen Einzelheiten in eine sinnvolle bzw. wirkungsvolle Ordnung zu bringen. Dies
bedeutet einerseits: wohl überlegte (raffinierte) Plazierung von
Wichtigem und weniger Wichtigem insbesondere bei der Aufeinan-
derfolge der Argumente (innerhalb der Begründung). Und es
bedeutet andererseits: entweder Orientierung an der ‚Natürlichkeit'
der Ordnung – also am Nacheinander von Einleitung, Schilderung,
Begründung, Schluß – oder auch bewußte Störung solcher Art von
Natürlichkeit im Dienst der Erregung von Aufmerksamkeit. Letztere Strategie ist mit dem berühmten *medias in res* bezeichnet,
womit also nicht gemeint ist, daß man sich endlich den Sachen
(statt irgendwelchem Vorgeplänkel) zuwenden solle. Der Redner
greift vielmehr z.B. ein Detail der Argumentation heraus, das dann
nach und nach in seiner Rolle als Glied des Ganzen deutlich wird.
   Abgewandelte Formen der Gliederung finden sich im übrigen bei
jenen Rede- bzw. Schreibgattungen, die spezielle Voraussetzungen

mitbringen: z.B. beim Brief. Hier kommt insbesondere die Begrüßung (*salutatio*) als Element hinzu, während die Argumentation durch das Gesuch (*petitio*) ersetzt ist. Ähnliche Varianten hat man auch etwa für die Predigt entwickelt.

4.3 Sprachliche Darstellung der Gedanken (*elocutio*)

Sprachliche Darstellung der Gedanken				
Tugenden sprachlicher Darstellung (*virtutes elocutionis*)				Stilgattungen (*genera dicendi*)
Sprachrichtigkeit (*latinitas*)	Klarheit (*perspicuitas*)	Schmuck (*ornatus*)	Angemessenheit (*aptum*)	hoher Stil mittlerer Stil schlichter Stil

Mit der grundsätzlichen Trennung von *res* und *verba* fällt dem Bereich der *verba* innerhalb der rhetorischen Systematik eine klar umrissene Aufgabe zu: die sprachliche Darstellung der Gedanken (Stilistik). Cicero bediente sich, als er dieses Kapitel zu behandeln begann, des Bildes vom ‚Einkleiden‘ dessen, was in der *inventio* gefunden wurde. Nach Quintilian geht es darum, das in Gedanken Gefaßte zum Vorschein zu bringen. In all dem bekundet sich die Idee einer ‚Gedankenwelt‘, die im Mitteilungsvorgang zu materialisieren ist: also ein *Nebeneinander* von (reinen) Gedanken und (konkreter) Sprache. Man muß aber beachten, daß die antiken Rhetoriker auch *Zusammenhänge* zwischen Gedanken und Sprache sahen und damit der Sprache eine Form von Leistung zuordneten, die nicht auf Materialisierung allein zu reduzieren ist. In der Notwendigkeit der Versprachlichung wurde vielmehr eine Möglichkeit der Hervorbringung, ja Steigerung von Gedanken gesehen. Stilistischer ‚Schmuck‘ etwa in Form einer Metapher oder der sprachrhythmischen Durchgestaltung eines Satzes bedeutet danach mehr als *bloßer* (und damit entbehrlicher) Schmuck, auch mehr als ein Mittel, um ‚Gefallen‘ an der Wahrheit zu finden (die entsprechend auch ‚als solche‘ darstellbar wäre). Wenn Cicero vom ‚Glanz‘ der Rede spricht, den der Schmuck bewirkt, so ist mitzuverstehen, daß dieser Glanz die Rede lichtvoll, ja ‚einleuchtend‘ macht. Es liegt also die Überzeugung zugrunde, daß sprachliche Steigerung mit dem entsprechenden Gedanken *notwendig* verknüpft ist, so daß es – wie Quintilian einmal formuliert – letztlich keinen Glanz von

Worten gibt, der nicht im bezeichneten *Sachverhalt* begründet
wäre. Und gerade Quintilian hat dank Überlegungen dieser Art vor
einer Verselbständigung der ,Sprache', vor einer einseitigen Pflege
der Worte auf Kosten der Gedanken, gewarnt.

Dies ist in der Tradition der Rhetorik allerdings nicht immer in
solcher Schärfe zum Ausdruck gekommen. Allein die Bezeichnung
bestimmter Stilmittel als ,Blumen' (*flores rhetorici*), wie es im
Mittelalter geläufig war, hat dazu beigetragen, die Bereiche eben
doch auseinanderzureißen, die sprachliche Darstellung zu isolieren
und speziell dem Schmuck ein Eigenrecht zu verleihen. Von da aus
aber kam es in der Neuzeit zum Einspruch gegen die Rhetorik
insgesamt, der weit über das hinausging, was man auch schon in der
Antike selbst immer wieder an Warnungen ausgesprochen hatte.
Mit Hilfe der wissenschaftlichen Methode sollte der Weg dazu
gebahnt werden, die Sprache von allem Schmückenden als bloß
störendem Beiwerk zu reinigen[5]. Nach René Descartes ging es
darum, die Wahrheit endlich ,nackt' erscheinen zu lassen – *ohne*
Bekleidung also. Auch John Locke wandte sich voll Pathos speziell
gegen jede Form von ,Bildlichkeit'. In dem Maße jedoch, wie
deutlich wurde, daß eine ,ideale' Spache nicht existiert und auch
nicht konstruiert werden kann, wandte sich die Aufmerksamkeit
der Produktivität des Bildlichen zu. Dies ist freilich – vor allem in
der heutigen Diskussion – auf sehr unterschiedliche Weise geschehen. Hermeneutiker haben etwa auf die Funktion der Sprache als
(stets im Wandel befindliches) ,Weltbild' hingewiesen, wobei dann
auch ein Phänomen wie das der Metapher in ihrer ,welterschließen-
den' Leistung gesehen wird. Linguisten bzw. Semiotiker, die dem
Funktionieren von sprachlichen bzw. allgemeinen Zeichenprozes-
sen nachgehen, interessieren sich für die theoretischen Möglichkeiten des ,Bildlichen' und suchen diese im Sinne eines Systems darzustellen. Im folgenden wird von all dem in Ausschnitten und Beispielen die Rede sein.

4.3.1 Tugenden sprachlicher Darstellung (*virtutes elocutionis*)

Die antike Rhetorik unterschied bei der Behandlung der sprachlichen Darstellung der Gedanken zwei Aspekte. Einmal ging es um
einzelne Stilqualitäten oder Tugenden der Rede, zu denen nach
dem klassischen Vierermodell Sprachrichtigkeit, Klarheit, Schmuck

---

[5] Vgl. H. Blumenberg 1960, S. 7ff.

und Angemessenheit gehören. Zum andern ging es um sprachliche Charakteristika, die einen Text insgesamt prägen: die Stilgattungen. Die Sprachrichtigkeit gehört dabei im Grunde noch in den Bereich der Grammatik und markiert den Übergang der einen Kunst (*ars*) in die andere. Die Klarheit steht im Dienste der Verständlichkeit, an der sich auch der Schmuck messen lassen muß. Beim Schmuck selbst, dem bei weitem wichtigsten Fall in diesem Kapitel, werden drei Gesichtspunkte abgehandelt: Tropen, Figuren (zusammen auch unter dem Stichwort ‚Figürlichkeit' subsumiert) und Wortfügung (mit Phänomenen der sprachrythmischen Gliederung). Schließlich dient das Kriterium der Angemessenheit der Überwachung im Grunde jeder einzelnen Entscheidung: alles, was als *res* gefunden wird, bedarf angemessener Versprachlichung, jedes *verbum* muß dem Sachverhalt entsprechen, auch noch die letzte Metapher sich dem Gesamtbild einfügen. Das Viererschema war auch in der Antike nicht konkurrenzlos. Die Stoiker fügten – ganz nach ihrer strengen Art – die Kürze als fünfte Tugend hinzu. Vor allem auch die *Rhetorik an Herennius* ist zu nennen, die folgende Tugenden berücksichtigte: die Eleganz (*elegantia*) mit Sprachrichtigkeit (*latinitas*) und Klarheit (*explanatio*) sowie Wortfügung (*compositio*) und Würde (*ornatus*), die bei Cicero im Schmuck zusammenfielen. Der Begriff der Eleganz im Barock geht auf diese Tradition zurück, ist also keineswegs als ‚Pracht' zu verstehen.

4.3.1.1 Sprachrichtigkeit (*latinitas*)

Schon die Norm der Sprachrichtigkeit wurde in der Antike durchaus als Problem gesehen. Man unterschied vier Richtlinien, um auf dieser Grundlage einerseits Ordnung zu schaffen, andererseits Raum für gezielte Effekte zu gewinnen. Die erste Richtlinie stellt die Gesetzmäßigkeit (*ratio*) einer Wendung dar, zu deren Festellung – im Falle von Unsicherheit – Analogie und Etymologie (sprachliche Verwandtschaft) heranzuziehen sind. Die zweite Richtlinie ist das Alter (*vetustas*), also die Verbürgtheit eines Ausdrucks, was jedoch keineswegs auf einen automatischen Vorrang des Alten vor dem Neuen hinausläuft; Einzelfälle von altertümelnden Wendungen haben nur dann ein Recht, wenn sie z.B. zur Erzeugung von Ironie dienen. Die dritte Richtlinie, die Autorität (*auctoritas*) herausragender Persönlichkeiten, dient der Erneuerungsfähigkeit der Sprache und begrenzt diese gleichzeitig auf ein vertretbares Maß. Schließlich bringt die vierte Richtlinie den wirk-

lich ‚letzten' Normhintergrund ins Spiel: den allgemeinen Sprachgebrauch (*consuetudo*), der im Zweifel als ausschlaggebend anzusehen ist, so daß er jedes andere Kriterium übertrumpfen kann.

Bei den Abweichungen selbst hat man zwei Bereiche voneinander getrennt: den der Einzelwörter und den der Wortverbindungen.
Bei den Einzelwörtern heißen Verstöße gegen die korrekte Form
Barbarismen (*barbarismus*); werden sie – z.B. wegen des Me-
trums – geduldet oder überhaupt aufgrund eines Effekts benutzt,
spricht man von Metaplasmen (*metaplasmus*). In der Antike gab es
dabei die Erscheinung der Provinzialismen, die sich innerhalb des
klassischen Lateins durchsetzen mußten, vor allem aber auch die
Graecismen, also die nicht latinisierten (oder auch latinisierbaren)
griechischen ‚Fremdworte'. In der Neuzeit taucht dieses Problem
gerade in Deutschland wieder auf, wo im 17. Jahrhundert der
Kampf gegen die Übermacht französischer Kultur und eben auch
der französischen Sprache einsetzt. Mit der Gründung eigener
Gesellschaften, die der Sprachreinigung dienten, war dann auch die
Problematik der nationalen Selbstbehauptung verbunden. Etwas
anders liegt der Fall beim Gebrauch des Lateins bzw. lateinischer
Fremdwörter, die den Anstrich des ‚Gelehrten' gaben oder geben
sollten. Latein galt immer mehr als Fach- denn als Fremdsprache.
Der Anwalt des Zahnarztes bei Wieland spricht (in seiner zweiten
Rede) z.B. davon, daß es nicht um „Zeitverlust und Deterioration"
des Esels gehe (sondern um das Recht der Bezahlung für den
Schatten), wobei Deterioration (d.h. Verschlechterung) als juristische Vokabel offensichtlich auf die Einschüchterung des Gegners
berechnet ist.

Verstöße gegen die übliche Wortverbindung (also gegen die
Syntax) heißen Soloezismen (*soloecismus*), im Fall ihrer gezielten
Benutzung Schemata (griech. *schema*) oder Figuren (lat. *figura*),
womit grammatische Figuren gemeint sind (im Gegensatz zu den
bekannteren und gleich zu behandelnden rhetorischen Figuren).
Der Übergang von der Grammatik zur Rhetorik ist jedoch glei-
tend, die Fälle im einzelnen sind außerordentlich schwer identifi-
zierbar. Jede grammatische Abweichung, die durch Hinzufügung
von (überflüssigem) oder Weglassen von (unwichtigem) Wortmate-
rial, durch (kühne) Ersetzung oder (dramatische) Häufung zustandekommt, kann sich genauso als schwach, übertrieben o.ä. erweisen. So gilt z.B. der Pleonasmus, d.h. die Überladung eines Ausdrucks (Beispiel: mit eigenen Augen sehen), als eine Form des

Soloezismus und damit als Fehler, obwohl sich andererseits leicht
Situationen ausmalen lassen, in denen die gleiche Überladung
sinnvoll, also ein Metaplasmus und damit eine sprachliche Tugend
wäre.

4.3.1.2 Klarheit (*perspicuitas*)

Das Ziel der Rede läßt sich (normalerweise) nur erreichen, wenn
der Zuhörer versteht, worum es geht. Die Klarheit oder Durchsich-
tigkeit dient also der (intellektuellen) Verständlichkeit und gilt als
steigerbar bzw. auch verfehlbar. Falls es ihn gibt, ist z.B. der
‚eigentliche' Ausdruck besser verständlich als der ‚uneigentliche',
das Wort Stuhl besser als dessen Umschreibung mit *les commodités
de conversation*, wie es sich bei Molière findet[6]. Aber es zeigt sich
sofort, daß dies nicht generalisiert werden kann – sonst müßte man
auf Schmuck weitgehend verzichten. Klarheit stellt also einen
relativen Wert dar. Entsprechend ist wiederholt davor gewarnt
worden, Verständlichkeit als wohlfeile Schnellverständlichkeit miß-
zuverstehen und damit jede Art von ‚Abweichung' als Makel zu
werten[7]. Cicero und Quintilian rechtfertigen in diesem Sinne den
Schmuck der Rede ausdrücklich unter dem Gesichtspunkt des
Anreizes: *allzu* verständliche Rede wird aufgrund der Langeweile
unverständlich. Klarheit hat paradoxerweise in der Dunkelheit
(*obscuritas*) nicht nur ihr Widerspiel, sondern auch eine ihrer
Voraussetzungen. Augustinus war froh, unter Gesichtspunkten
dieser Art die Angriffe gegen die Dunkelheit der Heiligen Schrift
abwehren zu können: sie diene den Frommen als Aufmunterung
(und den Heiden als Abschreckung). Erasmus von Rotterdam
forderte in einem seiner rhetorischen Werke eine *erudita perspicui-
tas*, d.h. eine *gelehrte* Klarheit, womit z.B. Anspielungen gemeint
sind, die ebenfalls wiederum einen Hörer (Leser) ‚fordern'.

Es ist jedoch bezeichnend, daß sich vor allem durch die Geschichte der neuzeitlichen Wissenschaft ein Strom von Klagen über
mangelnde Verständlichkeit zieht, wobei die Beklagten insbesondere ihre (spezielle) Terminologie fast immer mit den Bedürfnissen
der Präzision rechtfertigten. Kant z.B. bestand in diesem Sinne (in
den Vorreden seiner *Kritiken*) auf seiner ‚eigenen' Sprache, die von

---

[6] Nach H. Lausberg 1973, § 599.
[7] Zum Folgenden vgl. K.-H. Göttert: Ringen um Verständlichkeit (ersch.
in: DVjs. 1991).

Wieland als unverständliches „Rotwelsch" gebrandmarkt wurde. Belege für derartige Zusammenstöße sind jedoch keineswegs auf die Neuzeit beschränkt. Schon in der Antike tauchen entsprechende Vorwürfe auf; Euripides verglich die Diktion seines Gegenspielers Aischylos mit der krausen Phantastik persischer Teppichmuster. Man geht heute allerdings davon aus, daß Verständlichkeit nicht nur durch schwierige Terminologien gefährdet wird, sondern auch (und schwerer behebbar) aufgrund gewisser ‚Sehweisen', die dem ‚natürlichen Weltbild' nicht vertraut sind oder ihm direkt widersprechen (man denke nur an das heutige physikalische Weltbild oder an eine psychoanalytisch angeleitete Theorie menschlichen Handelns).

4.3.1.3 Schmuck (*ornatus*)

Schmuck					
in Einzel-wörtern	in Wortverbindungen				
Tropen	Wortfiguren			Sinnfiguren	Wortfügung
Ersetzung	Hinzufügung	Auslassung	Umstellung	Lizenz Apostrophe	Rhythmus Klauseln
Metapher Katachrese Metonymie Synekdoche Emphase Hyperbel Umschreibungen	Anapher Epipher Paronomasie Polyptoton Synonymie Polysyndeton Asyndeton	Ellipse Zeugma	Hyperbaton Parallelismus Antithese Chiasmus	rhetorische Fragen Konzession Anheimstellung Evidenz Personifikation Allegorie	(*cursus*)

Der sprachliche Schmuck stellt ohne jede Frage das meistabgehandelte Kapitel der Rhetorik dar – und ist zugleich dasjenige, das die größte Verachtung auf sich gezogen hat. Der Grund dafür liegt in den berüchtigten Listen, in denen die einzelnen Schmuckformen oder Stilmittel ohne jeden Sinn für ihren Zusammenhang und vor allem für ihre spezifische sprachliche Leistung (zum Auswendiglernen) aufgezählt wurden. Eine bloße Zusammenstellung aber nützt schon deshalb wenig, weil die Fakten jeden Raster überwuchern. Schon in der Antike herrschte keine Einigkeit, vielmehr bekämpften sich die Schulen, so daß ein Fachmann heute immerhin rasch feststellen kann, welcher Tradition eine bestimmte Vorlage zuzuschlagen ist. Quintilian berichtet vom Ehrgeiz, die Fülle zu bändigen, ja von der Systematisierungswut, die auf keinem Gebiet der Rhetorik größere Möglichkeiten biete. Vergleicht man Aristoteles' Lehrbuch etwa mit der *Rhetorik an Herennius,* so fühlt man sich an den Witz von jenem Arzt erinnert, der ein Medikament für viele Krankheiten verschrieb, während sein Sohn viele Medikamente für eine Krankheit brauchte. Aristoteles also kam mit einer einzigen Trope aus, die er Metapher nannte, und ließ die Figuren fast ganz weg, während wiederum in der *Rhetorik an Herennius* die Liste der Tropen zehn Fälle umfaßt, die unter vierundsechzig Figuren subsumiert sind.

Allerdings liegt solchen unterschiedlichen Darstellungen nicht unbedingt ein tieferes oder oberflächlicheres Interesse zugrunde, vielmehr muß das Maß an Differenzierung vom gewählten Blickpunkt her beurteilt werden. Aristoteles ging von einer einfachen Beobachtung aus: wir können einen ‚Gegenstand' nicht nur mit einem ‚Begriff' benennen, sondern auch mit einem ‚Bild'. Kriterium der Erkennbarkeit des Gegenstands im Bild ist die Ähnlichkeit. Diese kommt in unterschiedlichen Formen vor, wobei Aristoteles am meisten die Analogie schätzte, und zwar deshalb, weil sie etwas vor Augen stellt, gewissermaßen die sprachliche Leistung durch eine ‚höhere' (nämlich direkt sinnliche) Art der Vergegenwärtigung ersetzt. Eine andere Form der Ähnlichkeit beruht darauf, daß statt eines Begriffs nur einer seiner Teile benannt ist. Hier liegt keine Analogie vor, wohl aber eine Abwechslung in der Benennung, die immerhin Vergnügen hervorruft. Analogie und Abwechslung bilden also für Aristoteles gewisse Steigerungsmöglichkeiten rationaler Erkenntnis – und dafür genügten ihm wenige Unterscheidungen. Ganz anders gingen etwa die Stoiker vor, die hauptsächlich an Moral interessiert waren, sich aber auch mit den Fragen der Sprachentstehung befaßten und die ‚bildliche' Rede als Möglichkeit der Welterschließung würdigten. Dabei nahmen sie die Analogiebildung unter die Lupe und unterschieden drei Formen: Stammt die analogische Übertragung aus ontologisch *unterschiedlichen* Bereichen (wenn z.B. ein alter Mann, d.h. ein Mensch, mit einem dünnen Schilfrohr, d.h. einer Pflanze, verglichen wird), erhält man eine Metapher. Kommt es zum Austausch *innerhalb* der Grenzen eines ontologischen Zusammenhangs (wenn z.B. ein

Dach, d.h. der Teil, für ein Haus, d.h. das Ganze, steht), handelt es sich um eine Synekdoche. Widerspricht sich schließlich die eigentliche und die übertragene Bedeutung, wobei nun der ontologische Zusammenhang keine Rolle spielt, entsteht ein Phänomen wie die Ironie (wenn z.b. jemand ‚Freund' genannt wird, der genau das Gegenteil ist).

Zusammen mit einigen (Sonder)fällen unterschieden die Stoiker auf diese Weise insgesamt acht Tropen. Man kann nicht sagen, daß damit alle Systematisierungsmöglichkeiten erschlossen waren, wohl aber diejenigen, die dem beschriebenen Interesse an Sprachschöpfung zugrundeliegen. Quintilian, der bereits die Summe aus der Entwicklung zog, betonte, daß Lückenlosigkeit allein aufgrund der Überschneidungen nicht erreichbar sei und beschränkte sich darauf, das stoische ‚System' der Tropen mit den andern Formen des Schmucks in einen gewissen Zusammenhang zu bringen. Dazu bediente er sich eines recht eindrucksvollen formalen Grundrisses. Und zwar sonderte er den Schmuck, der in *einzelnen* Wörtern vorkommt (als Tropen), von solchem ab, der sich auf Wort*verbindungen* bezieht (als Figuren). Die Tropen arbeiten mit anderen Worten nach dem Prinzip der Qualität (indem ein ‚eigentlicher' Begriff durch einen ‚uneigentlichen' ersetzt wird), die Figuren nach dem der Quantität, und zwar in dreifacher Hinsicht, sofern einem Ausdruck etwas hinzugefügt, etwas weggelassen oder eine Vertauschung vorgenommen wird. Quintilian hat damit zweifellos die ‚systematischste' Darstellung der Antike gegeben (im Mittelalter griff man trotzdem wieder lieber auf die bloße Aufzählung zurück, wie sie die *Rhetorik an Herennius* bietet). Aber man muß es betonen: Quintilian war nicht nur der Meinung, die Möglichkeiten keineswegs erschöpft zu haben, sondern hielt Überschneidungen für unvermeidbar, ja für produktiv. Etwas grundsätzlich anderes bedeutet es, wenn Autoren von modernen Positionen aus das Quintiliansche ‚System' als eine Art logischen Kalkül betrachten bzw. in diesem Sinne zu ‚vervollständigen' suchen. Es geht dann, wie wir später noch näher sehen werden, um die Aufdeckung universeller und im Prinzip sinnferner Mechanismen, die Sinn erzeugen, um die Produktivität der Sprache selbst (nicht um die Interpretation eines bestimmten Anwendungsfalles). Vollständigkeit ist unter solchen Voraussetzungen aber ein sinnvolles und unabdingbares Ziel, weil nur so die Möglichkeiten und Grenzen dieser Produktivität abschätzbar werden.

Im folgenden wird weder eine antike noch eine moderne Systematik geboten, aber auch nicht eine bloße Liste vorgelegt. Es soll lediglich die Phänomenologie der ‚Figürlichkeit' an einigen (wichtigen) Beispielen herausgearbeitet werden. Von da aus bahnen sich Wege ebenso zur Geschichte wie in Richtung von Systemen. Eine Schwierigkeit stellt in diesem Zusammenhang die Terminologie dar: die aristotelisch-stoische Tradition benutzte griechische Ausdrücke, die *Rhetorik an Herennius* generell lateinische (z.B. für Metapher *translatio*), während Quintilian mischte. Die folgenden Ausführungen halten sich an Lausberg, der letztlich Quintilian folgt.

4.3.1.3.1 Tropen (*tropi*)

Betrachtet man die Tropen unter dem Gesichtspunkt der Ersetzung, so entsteht die Vorstellung, daß etwas ‚Eigentliches' durch etwas ‚Uneigentliches' vertreten wird. Sofern der griechische Begriff Trope ‚Wendung' bedeutet, kann man auch davon sprechen, daß der entsprechende eigentliche Ausdruck sich in den uneigentlichen (ab)wandelt. Die einzelnen Tropen stellen dann bestimmte Formen solcher Abwandlung dar, z.B. in der Richtung von Ähnlichkeit (Metapher), Nachbarschaft (Metonymie), Gegenteil (Ironie). Bei all diesen Bestimmungen muß man allerdings mitbedenken, daß die Leistung der Tropen nicht durch den Gesichtspunkt der ‚Ersetzung' ausreichend beschrieben wird. Für jeden Fall ist entsprechend nicht nur hervorzuheben, worin die spezielle ‚logische' Charakteristik liegt, sondern auch auf welche Weise mithilfe dieser Charakteristik kreative sprachliche Möglichkeiten entstehen.

Metapher und Katachrese

Definiert man speziell die Metapher unter dem Gesichtspunkt der Ersetzung, so muß man sagen, daß etwas ‚Eigentliches' durch etwas – seiner Bedeutung nach Verschiedenes, aber – *Ähnliches* ersetzt wird. Ich meine z.B. ‚Führer' und sage ‚Hirt'. Zwei Möglichkeiten der Verdeutlichung dieses Vorgangs sind naheliegend: Vergleich (der Führer wird mit einem Hirten verglichen) und Übertragung (das Merkmal des Führers wird von diesem auf den Hirten übertragen). Aber die Leistung der Metapher ist auf diese Weise nicht erklärt. Es kommt zu wenig zur Geltung, daß die Metapher etwas ‚besagt', was sich anders *nicht* sagen läßt. Mit dem

Begriff ‚Hirt' wird etwas zum Ausdruck gebracht, was mit dem des
‚Führers' *nicht* zum Ausdruck zu bringen ist, z.B. das Element der
Fürsorge (zu dessen Verständnis nicht unwesentlich die Einbindung
in einen Kulturkreis gehört). Das Entscheidende liegt jedoch in der
Art, wie ein Hörer von einer derartigen ‚Übertragung' (wenn sie
nicht zu oft gebraucht wird) angesprochen wird, in der Art der
‚Abwandlung' als Versinnlichung und Reiz, der die Aufmerksamkeit erhöht, wie es Aristoteles hervorhob. Dabei sah Aristoteles in
der Ersetzung von Unbelebtem durch Belebtes – Beispiel: ‚Die
Wiese lacht' – die wichtigste Möglichkeit, weil hier der Grad des
‚Ungewöhnlichen' am größten ist. Die Wiese, die ‚lacht', erscheint
in menschlichen Dimensionen: es entsteht ein ‚Bild' – und der
Hörer ist aufgerüttelt. Von entsprechend geringerer Wirkung sind
die weiteren ‚logischen' Möglichkeiten, also der Ersatz von Belebtem durch Unbelebtes (beim ‚steinernen' Herz), von Belebtem
durch ein anderes Belebtes (Führer als ‚Hirt') bzw. von Unbelebtem durch etwas anderes Unbelebtes (Flotte als ‚Wagengespann')[8].
  Bei all dem gilt: die Wirkung hängt in jedem Fall vom Gebrauch
ab. Mit der Metapher befindet man sich entsprechend immer auf
einer Art Gratwanderung (worin die Einschränkungen jeder ‚Definition' liegen). Ist sie zu ‚leicht', wird sie nicht mehr wahrgenommen, ist sie zu ‚schwer', nicht mehr verstanden. Im übrigen liegt
keineswegs immer eine poetische Absicht vor, die entsprechend als
solche erkannt werden will. Hans Blumenberg hat, wie wir noch
näher sehen werden, vielmehr gezeigt, daß auch philosophische
Begriffe nichts anderes darstellen als Metaphern, als Bilder, mit
deren Hilfe wir denken bzw. verstehen. Das scheinbar Provisori-
sche des Bildlichen ist in Wirklichkeit etwas Unvermeidliches[9]. Paul
de Man sprach – auch darauf ist noch näher einzugehen – in bezug
auf die gleichen bildlichen Mittel von „Schmugglern von gestohle-
nen Gütern" und spielte mit dem Gedanken, wieweit möglicherweise „kriminelle Absichten" im Spiel seien[10]. Dabei handelt es
sich um Überlegungen, die schon in der Antike die Stoiker beschäf-
tigten, und zwar speziell im Zusammenhang der Erscheinung der

---

[8] Die Beispiele nach H. Lausberg 1973, § 559.
[9] H. Blumenberg 1960, S. 116.
[10] P. de Man: Epistemologie der Metapher. In: A. Haverkamp (Hg.) 1983,
S. 414–37, bes. S. 421.

‚notwendigen' Metapher oder Katachrese[11]. Alle Bezeichnungen
für intellektuelle Gegebenheiten oder Vorgänge z.B. sind auf
Verbildlichung und damit auf Metaphern angewiesen. Natürlich
besteht auch auf andern Gebieten Bedarf, besonders in der heutigen Technik, wo ständig Neuerungen benannt werden müssen.
‚Atomkern' oder ‚Ozonloch' sind uns bereits so geläufig, daß sich
kaum noch ein Gefühl der Bildlichkeit einstellt. Wer würde schließlich beim ‚Stuhlbein' daran denken, daß es sich hierbei um eine
ursprüngliche Katachrese handelt?

Es kann kaum verwundern, daß auch die Anwälte bei Wieland
von den metaphorischen Möglichkeiten Gebrauch machen, aber in
diesem Fall ist wichtiger als die Beurteilung der einzelnen Beispiele
die Tatsache, daß der Anwalt des Zahnarztes *viel reicheren* Gebrauch zeigt. Schon die ersten Ausführungen sind mit Metaphern
gespickt, wenn es heißt, daß sich die Verfassung „in ihrem Glanz
enthülle", oder statt von einer Zusammenkunft von einem „Zusammenfluß" von Fremden die Rede ist. Vor allem kräftige Bilder wie
die Verwandlung der Gegend „in den hohlen Bauch eines glühenden Backofens" oder das „Flammen" der Sonne fehlen nicht im
Repertoire. Der konternde Anwalt hat nicht zuletzt diese Bilder-
sprache im Auge, wenn er gleich zu Beginn seiner Rede sagt:

Dem, der unrecht hat, kommt es zu, durch Figuren und Wendungen und
Fechterstreiche und das ganze Gaukelspiel der Schulrhetorik Kindern und
Narren einen Dunst vor die Augen zu machen. Gescheite Leute lassen sich
nicht dadurch blenden.

Er selbst ist tatsächlich viel zurückhaltender, ja verzichtet auf jede
auch nur entfernt ungewöhnliche Metapher.

Metonymie und Synekdoche

Die Metonymie (zusammen mit der Synekdoche) wird häufig als
Gegenpol zur Metapher aufgefaßt, und zwar nicht ohne Recht: es

---

[11] Übrigens lautet die lateinische Übersetzung von Katachrese *abusio*, was
meint: Abweichung vom (normalen) Gebrauch. In allen bedeutenden
Rhetoriken ist dieser Begriff genau mit dem Inhalt gefüllt gewesen, den
die Stoiker ihm gegeben haben. Aber das lateinische Wort *abusio* muß mit
seiner Nebenbedeutung ‚Mißbrauch' für Verwirrung gesorgt haben, denn
immer wieder begegnet die Vorstellung, unter einer Katachrese habe man
eine verunglückte Metapher oder jedenfalls die unglückliche Verschmelzung von Bildfeldern o.ä. zu sehen (tatsächlich behandelt z.B. die *Rhetorik an Herennius* diesen letzten Punkt, aber nicht unter der *abusio*).

liegt ebenfalls eine Ersetzung vor, nur beruht diese nicht auf Ähnlichkeit, sondern auf Nachbarschaft, nicht auf einer Vergleichsbe-
ziehung, sondern auf einer realen Beziehung. ‚Er trank den Becher‘: gemeint ist, daß Sokrates den Schierlingssaft (*im* Becher)
trank. Das Gefäß steht also für den Inhalt, und der Inhalt ähnelt
nicht dem Gefäß, sondern ist sein Behältnis. Reale Verhältnisse
dieser Art, die jeweils Metonymien zugrunde liegen, gibt es in
verschiedenen Formen, z.B. als Autor-Werk-Beziehung: ‚er liest
Homer‘ (d.h. die Werke Homers), oder als Ursache-Wirkung-
Beziehung: ‚bleicher Tod‘ (wobei der Tod nicht die Wirkung,
sondern die Ursache des Erbleichens ist). Eines dieser Verhältnisse
hat seit je eine Sondergruppe gebildet: und zwar das (im Grunde
einfachste) Verhältnis von Teil und Ganzem, wie es der Synekdoche zugrundeliegt: ‚Sie waren zehn Köpfe‘, also zehn Personen.
Allerdings zählt auch die Vertauschung von Gattung und Art zu
dieser quantitativen Form der Nachbarschaft (im Gegensatz zu den
qualitativen Formen, die der Metonymie zuzuschlagen sind). ‚Er
zog sein Eisen‘: gemeint ist das Schwert (*aus* Eisen).

Auch für Metonymien und Synekdochen gibt es gewisse glei-
tende Skalen der Wahrnehmbarkeit, ist eine Identifizierung nicht
immer eindeutig möglich[12]. So kann man den Satz ‚Er sah am Horizont ein Segel‘ poetisch verstehen und Segel für Boot nehmen.
Aber die Grenze zur ‚eigentlichen‘ Bedeutung ist weitgehend offen.
Aus großer Entfernung kann das ‚Segel‘, das man am Horizont
sieht, wirklich nur ein Segel sein. Und auch sonst ist die Verwend-
barkeit der Synekdoche an macherlei (linguistisch beschreibbare)
Voraussetzungen gebunden: Urlauber mögen Boote als ‚Segel‘
sehen, aber niemand würde sagen, daß ein Matrose in sein Segel
klettert. Ebenso kann man ‚Mozart‘ lieben, kaum aber ‚Bocuse‘
essen, obwohl Bocuse genauso für das Werk des Kochs wie Mozart
für das Werk des Komponisten steht (also jedesmal eine Metonymie vorliegt).

In den Wieland-Texten spielen die Metonymien eine untergeordnete Rolle. Der erste Anwalt benutzt sie jedenfalls viel seltener als
die Metapher. Eine recht blasses Beispiel bietet etwa die Berufung
darauf, daß „selbst in einem Theben, Athen oder Sparta“ der
vorliegende Streit (zu Unrecht) nicht ernst genommen worden

---

[12] Zum Folgenden vgl. N. Ruwet: Synekdochen und Metonymien. In: A.
Haverkamp (Hg.) 1983, S. 253–82.

wäre – womit die Bewohner dieser Städte gemeint sind. Wenn der andere Anwalt davon spricht, daß „die Weisheit des obersten Rats von Abdera" so leicht nicht umzuwerfen sei, meint er ebenfalls diejenigen, die diese Weisheit besitzen – eine sehr harmlose Metonymie.

Emphase und Hyperbel

Mit der Synekdoche verwandt ist die Erscheinung der Emphase. Sie beruht auf einer Untertreibung gegenüber dem Gemeinten, die dann faktisch als Verstärkung verstanden wird. ‚Er ist ein Mensch': natürlich ist der Betroffene ein Mensch, aber die Wendung will mehr besagen: er ist *nur* ein (schwacher) Mensch. Genauso kann etwa ‚man lebt so' emphatisch (untertreibend) verstanden sein als: man lebt in einer aufgrund der Umstände identifizierbaren Weise entweder besonders gut oder besonders schlecht. Emphase bedeutet also gerade nicht, wie häufig angenommen, eine Übertreibung des ‚Eigentlichen'.

Dies ist vielmehr die Aufgabe der Hyperbel, die oft eine Metapher darstellt, allerdings eine extreme, jedenfalls wörtlich nicht nachvollziehbare: ‚Sie hat ein Herz aus Stein'. Unser Anwalt des Zahnarztes liebt die Hyperbel mehr als jede andere Trope, wie man es sehr schön seiner Beschreibung der mittäglichen Hitze entnehmen kann:

Die Sonne flammt (gerade noch eine Metapher) über seinem Scheitel (Synekdoche), saugt das Blut aus seinen Adern (Hyperbel), das Mark aus seinen Knochen (Hyperbel). Lechzend, die dürre Zunge (Hyperbel) am Gaumen, mit trüben, von Hitze und Glanz erblindenden Augen (Hyperbel), sieht er sich nach einem Schattenplatz ... um.

Und weiter:

Und welch ein Ungeheuer (Hyperbel) mußte der Gefühllose (Hyperbel), der Felsenherzige (Hyperbel) sein, der seinen leidenden Nebenmenschen ... den Schatten eines Esels versagen konnte.

Umschreibungen

Die klassische Umschreibung liegt vor in Form der Periphrase, bei der etwas Gemeintes – sei es aus poetischen Gründen oder auch aufgrund eines fehlenden präzisen Ausdrucks – auf ausführlichere Art wiedergegeben wird. So charakterisiert der Anwalt des Zahnarztes den Beruf seines Mandanten auf folgende Weise:

Er reiset in seinen Geschäften, in Geschäften seiner edlen Kunst, die es bloß
mit Verminderung der Leiden seiner Nebenmenschen zu tun hat...

Auch die Ersetzung des Esels durch „lastbares Tier" oder des
Eselstreibers als „ein Mensch aus den dicksten Hefen des Volkes"
wären entsprechende Beispiele. Besonders beliebt sind Periphrasen
übrigens im Bereich des Geschlechtlichen, wo sie Obszönitäten
entweder verhindern sollen oder ganz im Gegenteil gerade hervor-
rufen.

In die Nähe der Periphrase (die selbst wiederum Verbindungen
zur Metapher und Metonymie unterhält) zu rücken sind drei wei-
tere Formen umschreibender Rede. Für die Umschreibung von
Namen, speziell den Namen Gottes, steht die Antonomasie ‚der
Schöpfer der Welt'. Möglich ist auch ein bloßes Einzelwort wie der
‚Pelide' für Achilles. Der Ausdruck einer Sache durch ihr Gegen-
teil, die Ironie, weist ebenfalls umschreibende Züge auf: ‚der gute
Mann' für den Spitzbuben. Schließlich könnte man (bei nicht zu
engherziger Auslegung) auch noch die Litotes anführen, bei der das
Gemeinte durch Unterbietung ausgedrückt wird: ‚kein dummes
Buch', d.h. ein kluges Buch. Wieland: „keine Kleinigkeit".

4.3.1.3.2 Wortfiguren (*figurae elocutionis*)

Nicht alle Rhetoriken – es ist bereits gesagt worden – unterscheiden
Tropen und Figuren. Die wichtige *Rhetorik an Herrenius* z.B. tut
dies nicht, sondern subsumiert die Tropen unter die Figuren (wobei
die Metapher erst an neunter Stelle steht). Aber so naheliegend es
erscheint, mit dem Begriff der ‚Figürlichkeit' auch die Tropen zu
erfassen – *innerhalb* dieses Feldes sind die Tropen und Figuren
besser gesondert zu behandeln. Bei den Tropen geht es um Einzelwörter, um sprachliche Möglichkeiten ihrer Ersetzung. Mit den
Figuren bewegt man sich demgegenüber in einem andern Bereich,
man könnte sagen: in dem der Durchbrechung von (normalen)
Schemata der Aussage, also in Sätzen. Quintilian hat drei Formen
solcher Durchbrechung unterschieden: Hinzufügung, Auslassung,
Umstellung. Allerdings lassen sich diese Formen nur auf die Wortfiguren anwenden, auf Figuren also, die auf der Hinzufügung,
Auslassung, Umstellung einzelner Wörter beruhen. Figuren, die
sich auf die Gestaltung des Satzes insgesamt beziehen (z.B. die
rhetorische Frage), folgen als sog. Sinnfiguren anderen Prinzipien.

Anapher und Epipher

Zu den auffälligsten Möglichkeiten, das gewohnte Satzschema zu durchbrechen, gehört eine Form der Hinzufügung, die nur unter besonderen Voraussetzungen nicht als Fehler zählt: die Wiederholung. Einen solchen kunstgerechten Fall stellt die Anapher dar, bei der sich die Wiederholung auf das erste Satzglied bezieht. Der Anwalt des Zahnarztes macht reichlichen Gebrauch davon, z.B. in seinem allerersten Satz:

Wenn jemals ein Tag war, an welchem sich die Vortrefflichkeit der Verfassung unsrer Republik in ihrem größten Glanz enthüllt hat, und *wenn* jemals ich mit dem Gefühl, was es ist, ein Bürger von Abdera zu sein, unter euch aufgetreten bin: so ist es an diesem großen Tage ...

Sogar unter förmlicher Ankündigung der Wiederholung findet sich ein Beispiel:

Wehe dem Manne, der bei diesem Worte die Nase rümpfen, und, aus albernen kindischen Begriffen von dem was groß oder klein ist, mit unverständigem Hohnlächeln ansehen könnte, was die höchste Ehre unsrer Justizverfassung, der Ruhm unsrer Obrigkeit, der Triumph des ganzen Abderitischen Wesens und eines jeden guten Bürgers ist! *Wehe dem Manne, ich wiederhol es zum zweiten- und drittenmal*, der keinen Sinn hätte, dies zu fühlen!

Auch vor einem sechsfachen Auftürmen schreckt der Anwalt nicht zurück:

Auch *Genugtuung*, und wahrlich eine ungeheure *Genugtuung*, wenn sie mit der Größe seines Frevels im Ebenmaße stehen soll, ist der unbefugte Kläger schuldig! *Genugtuung* dem Beklagten, dessen häusliche Ruhe, Geschäfte, Ehre und Leumund von ihm und seinen Beschützern während des Laufs dieses Handels auf unzählige Art gestört und angegriffen worden! *Genugtuung* dem ehrwürdigen Stadtgerichte, von dessen gerechtem Spruch er, ohne Grund, an dieses hohe Tribunal appelliert hat! *Genugtuung* diesem höchsten Gerichte selbst, welches er mit einem so nichtswürdigen Handel mutwilliger Weise zu behelligen sich unterstanden! *Genugtuung* endlich der ganzen Stadt und Republik Abdera, die er bei dieser Gelegenheit in Unruhe, Zwiespalt und Gefahr gesetzt hat!

Genau den umgekehrten Fall bietet die Epipher, also die Wiederholung des letzten Satzgliedes (wofür sich bei Wieland kein Beispiel findet). Es gibt im übrigen eine ganze Reihe weiterer Wiederholungsmöglichkeiten, die in der antiken Rhetorik alle ihre eigenen Bezeichnungen besaßen. Nur erwähnt seien die (bloße) Verdoppelung (Gemination) von Wörtern („wehe, wehe") sowie verschiedene Formen der Klammerbildung auf der Grundlage ringförmiger Wiederholung (a ... a) oder der Reduplikation (...a,a...), die sich bis zur Klimax steigern kannn (a ... b, b ... c, c ... d usf.). Figuren dieser Art sind sehr auffällig, wirken entsprechend ‚rhetorisch' und waren deshalb vielfach verpönt. Wieland läßt seinen ersten Anwalt auch aus diesem Schatz greifen: „Er reiset in Geschäften, in Geschäften seiner edlen Kunst ...", also Reduplikation (...a,a....).

Paronomasie, Polyptoton, Synonymie

Ebenfalls auf Wiederholung beruht eine Erscheinung, die allerdings genauer gesagt die minimale Störung einer Wiederholung darstellt, und zwar die Paronomasie: ‚Wer rastet, der rostet'. Damit dringt ein spielerischer Zug in die Sprachgestaltung ein, wobei es sich häufig um Anspielungen auf etymologischer (d.h. auf Sprachverwandtschaft beruhender) Basis handelt. Wenn man etwa mit *ratio* und *oratio* (Geist und Rede) ‚spielte' oder es hieß: ‚deligere oportet quem velis diligere' (man muß denjenigen wählen, den man auch achten kann)[13], mochte man stolz darauf sein, dem Hörer seine souveräne Sprachkenntnis zu präsentieren (auch wenn man heute weiß, daß es sich dabei meist um falsche bzw. sog. Vulgäretymologien handelt). In der Neuzeit, ja in der Gegenwart hat sich dieses Spiel längst verselbständigt und ist aus der journalistischen ebenso wie der wissenschaftlichen Diktion (von der Werbung nicht zu reden) kaum mehr wegzudenken. Als sich im Dezember 1989 die Führer der beiden Weltmächte bei Malta trafen, um über Europa zu sprechen, fehlte in keinem Leitartikel die Anspielung auf Jalta (‚Kein Jalta auf Malta', hieß es z.B. in DIE ZEIT). Unter den Werbesprüche (z.B. ‚Heiß auf Reis') muß man beinahe diejenigen suchen, die *nicht* von der Paronomasie Gebrauch machen. In gewissem Sinne hat die Paronomasie die alte Metapher überflügelt, das Spiel das Bild abgelöst. Dies ist nicht sehr verwunderlich: Bildlichkeit ist letztlich an eine bestimmte Vorstellung der Welt gebunden, an den Glauben an einen (irgendwie) geordneten Kosmos, in dem sich alle Dinge wechselseitig erhellen. Wo dieser Glaube erschüttert ist, kann sich Kreativität eher als Spiel behaupten, wobei die Pointe gerade darin liegt, daß an sich ‚Sinnloses' (jedenfalls Zufälliges) überraschend Sinn zeigt.

---

[13] H. Lausberg 1973, § 637.

Kehren wir wieder zur klassischen Rhetorik zurück! Eine der Paronomasie verwandte Erscheinung liegt vor im Polyptoton (auch *figura etymologica*): ‚mit lautem Ruf rufen'. Hier besteht tatsächlich etymologische Verwandtschaft, genauer: wortbildungsmäßige Verwandtschaft. Schon deutlich lockerer ist die Wiederholung, wenn der wiederholte Begriff nur noch dem Inhalt nach, also nicht lautlich, erneut aufgegriffen wird, wie es der (rhetorischen) Synonymie entspricht. Beispiel aus Wieland:

> Wehe dem Manne, der bei diesem Worte die Nase rümpfen, und aus albernen kindischen Begriffen von dem was groß oder klein ist, mit unverständigem Hohnlächeln ansehen könnte, *was die höchste Ehre unsrer Justizverfassung, der Ruhm unsrer Obrigkeit, der Triumph des ganzen Abderitischen Wesens und eines jeden guten Bürgers* ist!

Um das gleiche Prinzip handelt es sich, wenn von einer „unstatthaften, ungewohnten und lächerlichen Klage" gesprochen wird oder von „Unruhe, Zwiespalt und Gefahr". Die Verknüpfung zweier Synonyme wird übrigens als Hendiadyoin bezeichnet. Wieland: „fühle und erkenne".

Polysyndeton und Asyndeton

Die bisher behandelten Figuren beruhten auf Wiederholung, und zwar im großen Rahmen der Hinzufügung. Hinzufügung kommt aber auch vor als Häufung. Ein Beispiel dafür ist das Polysyndeton, die Aufzählung von Gegenständen oder Begriffen, die jeweils durch Konjunktion verbunden sind. Wird auf die Konjunktion verzichtet, handelt es sich um ein Asyndeton. Als Paradebeispiel wäre das Schillersche ‚Alles rennet, rettet, flüchtet' zu nennen. Auch der Anwalt des Zahnarztes bietet einmal ein Asyndeton, das übrigens wiederum reichlich ‚rhetorisch' wirkt:

> In welcher andern Republik sind die Gesetze des Eigentums so scharf bestimmt, die gegenseitigen Rechte der Bürger vor aller Willkür der obrigkeitlichen Personen so sicher gestellt, die geringfügigsten Ansprüche oder Forderungen selbst des ärmsten, in den Augen der Obrigkeit so wichtig und hoch angesehen, daß das höchste Gericht der Republik selbst es nicht unter seiner Würde hält, sich feierlich zu versammeln, um über das zweifelhaft erscheinende Recht an einem Eselsschatten zu erkennen?

Ellipse und Zeugma

Dagegen auf Auslassung beruhen zwei weitere Figuren, von denen die erste wohl allgemein bekannt ist: die Ellipse. Der ansonsten so weitschweifige Anwalt des Zahnarztes greift auch zu diesem Mittel, um Spannung zu erzeugen, wenn im folgenden das Prädikat fehlt:

Umsonst! Ihr kennt alle die Gegend von Abdera nach Gerania. *Zwei Stunden lang*, zur Schande des ganzen Thraciens sei es gesagt! *kein Baum, keine Staude*, die das Auge des Wanderers in dieser abscheulichen Fläche von mageren Brach- und Kornfeldern erfrischen, oder ihm gegen die mittägliche Sonne Zuflucht geben könnte!

Zu bedeutend subtilerer Kunst gibt das Zeugma Anlaß, bei dem gezielt und elegant ein Satzteil ausgelassen wird. Seine harmloseste Stufe liegt vor, wenn beispielsweise ein Verb, das zu mehreren Satzgliedern gleichermaßen gehört, nur ein einziges Mal benutzt (in den andern Fällen also ausgespart) ist. Interessant wird es jedoch, wenn sich mit dieser Aussparung ein sei es syntaktischer oder (noch besser) semantischer ‚Fehler‘ verbindet. Syntaktischer ‚Fehler‘ liegt vor bei: ‚Ich bin kein weiser Mann und außerdem ein Sterblicher‘[14]. Semantischer ‚Fehler‘ bei: ‚Der Fall selbst hebt sehr alltäglich oder auch allnächtlich an‘[15]. Schön ist auch das lateinische Beispiel: ‚manus ac supplices voces ad Tiberium tendens‘ (die Hände und hilfesuchende Worte nach Tiberius ausstreckend)[16]. Daß sich die auf Effekte bedachte Werbesprache dieser Figur besonders gern bedient, ist verständlich. Ein Beispiel aus der Auto-Reklame, zu der man sich das Bild eines Kleintransporters hinzudenken muß: ‚Schafft die Last und nicht den Fahrer‘[17].

Parallelismen

Nach Wiederholung und Auslassung folgt als letzte Möglichkeit (der Durchbrechung des normalen Satzschemas) die Umstellung. Diesem Prinzip unterliegt das Hyperbaton, die Umstellung von syntaktischen Gliedern z.B. aus Gründen der Auflockerung. Es ist

---

[14] L. Sterne, nach G. Ueding und B. Steinbrink 1986, S. 282.
[15] ebd.
[16] Nach H. Lausberg 1973, § 708.
[17] Nach U. Förster: Moderne Werbung und antike Rhetorik. In: Sprache im technischen Zeitalter 81. 1982, S. 59–73, bes. S. 59.

eine besonders für die lateinische Sprache charakteristische Figur (vgl. ‚in duas divisas esse partes') und taucht im Deutschen in weniger kennzeichnender Form auf. Bei Wieland findet sich ein Fall, der letztlich eine Folge der Anapher ist: „Und wenn jemals ich mit dem Gefühl...".

Zu den Umstellungsfiguren hinzugerechnet werden aber auch solche Fälle, die sich durch bloße Auffälligkeit gegenüber der natürlichen Stellung auszeichnen. Dazu gehört alles, was parallel (Parallelismus oder Isokolon), antithetisch (Antithese) oder kreuzweise (Chiasmus) gebaut ist und damit als ‚künstlich' erscheint. Auch diese Figuren tragen zu einem schweren rhetorischen Stil bei und wurden entsprechend immer als erste verworfen. Vor allem der Anwalt des Eselstreibers schwelgt bei Wieland in diesen Figuren – und verdeutlicht damit, wie peinlich derartiges wirkt. Ein noch harmloser Fall von Chiasmus (a...b, b...a): *„Seine Schande* klebt an *ihm* allein; *uns* kann *sie* nicht besudeln". Immer wieder werden bestimmte Sachverhalte in dreigliedriger Form (Trikolon) wiedergegeben, z.B. gleich zu Beginn der Rede, wo davon die Rede ist, daß die Verfassung niemals so sehr triumphierte wie an diesem Tag,

da *vor dieses* ehrwürdige höchste Gericht, *vor diese* erwartungsvolle und teilnehmende Menge des Volks, *vor diesen* ansehnlichen Zusammenfluß von Fremden, die der Ruf eines so außerordentlichen Schauspiels scharenweise herbei gezogen hat, ein Rechtshandel zur Entscheidung gebracht werden soll, der *in einem minder freien, minder wohl eingerichteten Staate*, der selbst *in einem Theben, Athen oder Sparta*, nicht für wichtig genug gehalten worden wäre, die stolzen Verwalter des gemeinen Wesens nur einen Augenblick zu beschäftigen.

Das absolute Monstrum aber stellt jener Satz dar, dessen Struktur man sich nur noch per Skizze klarmachen kann (wobei ich mich lediglich auf den zweiten Teil beschränke):

Aber, indem ich solchergestalt auf der einen Seite, mit aller Wärme eines Patrioten, allem gerechten Stolz eines echten Abderiten, fühle und erkenne, welch ein glorreiches Zeugnis von der vortrefflichen Verfassung unsrer Republik sowohl, als von der unparteiischen Festigkeit und nichts übersehenden Sorgfalt, womit unsre ruhmwürdigst regierende Obrigkeit die Waage der Gerechtigkeit handhabet, dieser vorliegende Handel bei der spätesten Nachkommenschaft ablegen wird: wie sehr muß ich auf der andern Seite die Abnahme jener treuherzigen Einfalt unsrer Voreltern, das Verschwinden jener mitbürgerlichen und freundnachbarlichen Sinnesart, jener gegenseitigen Dienstbeflissenheit, jener freiwilligen Geneigtheit, aus Liebe und

Freundschaft, aus gutem Herzen, oder wenigstens um des Friedens willen, etwas von unserm vermeinten strengen Rechte fahren zu lassen, wie sehr, mit einem Worte, muß ich den Verfall der guten alten abderitischen Sitten beklagen, der die wahre und einzige Quelle des unwürdigen, schamvollen Rechtshandels ist, in welchem wir heute befangen sind!

ich muß beklagen	die Abnahme der Einfalt			
	das Ver- schwinden von	Sinnesart		
		Dienstbeflissenheit		
		Geneigtheit	aus Liebe und F. aus getreuem H. um des F. willen	etwas vom R. f.z.l.
	den Verfall der alten Sitten			

In der antiken Rhetorik wurden die einzelnen wie auch immer kunstvoll angeordneten Glieder im übrigen noch hinsichtlich ihrer Schlußsilben gleich klingend (Homoioteleuton) bzw. auf die gleichen grammatischen Endungen ausgehend (Homoioptoton) gebaut – auf diesen Bereich der Sprachgestaltung ist noch (bei der Wortfügung) zurückzukommen. Umso größer die Wirkung, wenn einmal ein Satz bzw. einige Sätze tatsächlich kurz und kunstlos ausfallen, wie es Wieland vorführt, nachdem er den Anwalt des Eselstreibers zuvor alle Möglichkeiten der Parallelismen hatte ausschöpfen lassen:

Der arme Struthion sank endlich von seinem Tier herab. Die Natur vermocht es nicht länger auszudauern. Er ließ den Esel halten, und setzte sich in seinen Schatten.

Man beachte, wie ausgerechnet der eigentliche Tatbestand, um den sich doch alles dreht, mit genau elf Wörtern ausgedrückt ist.

4.3.1.3.3 Sinnfiguren (*figurae sententiae*)

Die Gruppe der Sinn- oder Gedankenfiguren ist verständlicherweise immer die offenste gewesen: wann läßt sich von einem ‚kunstvollen' gegenüber einem ‚natürlichen' Sinn sprechen, wo liegt die Grenze zwischen einem ‚natürlichen' und einem ‚kunstvollen' Gedanken? Im Grunde handelt es sich um gewisse ungewöhnliche ‚Strategien' der Rede, etwa die Wendung des Redners ans Publikum oder ein spezielles argumentatives Manöver. Schließlich zeigt sich, daß die Tropen auch auf größere Redeeinheiten oder sogar den Text als ganzen bezogen werden können, wie es etwa bei der Allegorie der Fall ist, die – jedenfalls in einer ihrer Formen – eine Verlängerung oder Anhäufung von Metaphern darstellt (worauf noch zurückzukommen ist).

Lizenz und Apostrophe

Unter den Möglichkeiten des Redners, sich (überraschend) direkt ans Publikum zu wenden, ist die Lizenz (*licentia*) zweifellos die listigste: denn die Konfrontation mit einer unangenehmen Wahrheit, für die es also der Entschuldigung (der Lizenz) bedarf, erhöht selbstverständlich ebenso die Reputation des Redners (der sich die Wahrheit zu sagen traut), wie sie eine subtile Schmeichelei gegenüber dem Publikum bedeutet (dem eine solche Konfrontation zuzumuten ist). Die Lizenz ist so gesehen eine insgeheim auf Einverständnis beruhende Publikumsbeschimpfung. Der Anwalt des Zahnarztes beherrscht den Trick vollkommen, wenn er „die Abnahme jener treuherzigen Einfalt unsrer Voreltern" und den „Verfall der guten alten Abderitischen Sitten" beklagt, die den leidigen Prozeß ermöglichten – und sich dann umständlich entschuldigt, daß all dies nur dem Eselstreiber anzulasten sei, der sich letztlich aus der Gemeinschaft der Abderiten selbst ausgeschlossen habe.

Eine ähnliche Funktion kommt der Apostrophe zu. Der Redner wendet sich von seinem Publikum überraschend ab und ruft ein anderes an, z.B. ein nicht (mehr) existentes, sich selbst oder auch den Gegner. Letzteres führt der Anwalt des Zahnarztes vor, der urplötzlich den Eselstreiber anspricht:

Und du, Anthrax, du, ein Einwohner der Stadt, in welcher dieses furchtbare Denkmal des Zorns der Götter über verweigerte Menschlichkeit ein Gegenstand des öffentlichen Glaubens und Gottesdienstes ist, du scheutest dich nicht, ihre Rache durch ein ähnliches Verbrechen auf dich zu ziehen?

Die Wirkung liegt in diesen wie in allen andern Fällen vergleichbarer Art in der subtilen Kalkulation mit den Gefühlen des (eigentlichen) Publikums: wer sich so engagiert, muß wirklich von seiner Sache überzeugt sein.

Rhetorische Fragen

Unter allen Sinnfiguren dürfte die rhetorische Frage (*interrogatio*) die bekannteste sein. Jeder, der Latein gelernt hat, hat wohl den Satz im Ohr, mit dem Cicero seine Rede an Catilina einleitete: „Quousque tandem, Catilina, abutere patientia nostra?" (Wie lange noch, Catalina, willst du unsere Geduld mißbrauchen?). Der Anwalt des Eselstreibers macht unentwegt Gebrauch von diesem Mittel, wie die folgende kurze Probe verdeutlicht:

Doch wozu so viele Gründe in einer Sache, die dem allgemeinen Menschen-
sinn so klar ist, daß man sie nur zu hören braucht, um zu sehen auf welcher
Seite das Recht ist? Was ist ein Eselsschatten?

Gewisse Abwandlungen der rhetorischen Frage ergeben sich dadurch, daß der Redner selbst die (nicht auf Antwort berechnete)
Frage beantwortet: Frage und Antwort (*subjectio*). Auch die Äußerung eines Zweifels (*dubitatio*) gehört in diesen Zusammenhang,
wofür Wieland wiederum ein Beispiel bietet:

Aber – nenn ich sie vielleicht mit einem zu strengen Namen, diese Tat?

Schließlich kann man noch auf die Bitte um Rat an das Publikum
(*communicatio*) verweisen. Wieland:

Saget mir, in welcher andern Republik würde ein solcher Rechtshandel zum
Gegenstand der allgemeinen Teilnehmung, zur Sache des ganzen Staates
geworden sein?

Konzession und Anheimstellung

Für den Aufbau der Argumentation ist in der Rhetorik die Erfindung
der Gedanken zuständig. Es gibt aber auch gewisse Kunstgriffe
innerhalb des Argumentationsverfahrens, die figürlichen Charakter
haben, jedenfalls auf das Format eines einzigen ‚Satzes' zurückzuführen sind. Dazu gehört etwa die Konzession (*concessio*). Der Redner
gesteht dem Gegner partiell zu, recht zu haben – natürlich nicht ohne
darauf den entscheidenden Schlag umso gnadenloser zu führen.
Unsere beiden Anwälte zeigen, wie das Spiel funktioniert. Der
Anwalt des Eselstreibers gibt sich in seiner Erwiderung auf die
niederschmetternde Rede seines Kontrahenten bescheiden:

Ich begehre nicht zu leugnen, daß Anthrax eine alberne und eselhafte
Wendung nahm, da er von dem Zahnbrecher verlangte, daß er ihn für des
Esels Schatten deswegen bezahlen sollte, weil er ihm den Schatten nicht mit
vermietet habe.

Der Anwalt des Zahnarztes aber hat aufgepaßt. Er sieht die unheil-
volle Wirkung dieser Konzession und kontert:

Wie? Polyphonus, anstatt die gerechte Sache seines Klienten zu behaupten,
wie er vor dem ehrwürdigen Stadtgerichte und bisher immer harnäckig getan
hat, gesteht nun auf einmal selbst ein, daß der Eselstreiber unrecht und
unsinnig daran getan habe, seine gegen den Zahnarzt Struthion erhobne
Klage auf sein vermeintes Eigentumsrecht an den Eselsschatten zu gründen;
er bekennt öffentlich, daß der Kläger eine unbefugte, ungegründete, frivole

Klage erhoben habe; und er untersteht sich von Recht an Schadloshaltung zu schwatzen, und in dem trotzigen Ton eines Eseltreibers Genugtuung zu fordern?

Ähnlich, jedenfalls ebenso auf untergründige Wirkung berechnet, ist die Funktion der Anheimstellung (*permissio*). Wiederum bietet der (bedrängte) Anwalt des Eselstreibers ein Beispiel:

Wenn das gerechte Vertrauen zu einem so ehrwürdigen Gericht, wie das gegenwärtige, den verhaßten Namen einer bestechenden Schmeichelei, womit mein Gegenteil solches zu belegen sich nicht gescheut hat, verdient, so muß ich mich darein ergeben, einen Vorwurf auf mir sitzen zu lassen, den ich nicht vermeiden kann.

Natürlich folgt der Gegenangriff auf dem Fuß:

Der Schein von gesunder Vernunft, womit er seine plumpe Vorstellungsart der Sache überstrichen, und ein Ton, den er seinem Klienten abgeborgt zu haben scheint, können höchstens eine augenblickliche Überraschung wirken: aber daß sie die Weisheit des obersten Rats von Abdera ganz umzuwerfen vermögend sein könnten, wäre an mir Lästerung zu fürchten, und war Unsinn an ihm zu hoffen.

Evidenz und Personifikation

Der besonders kunstvollen Darstellung einer ,Sache' dienen bestimmte Formen des Berichts. So kann man das Geschehene aus der Perspektive des Augenzeugen wiedergeben (*evidentia*) und damit die Authentizität erhöhen. Damit bewegt man sich im größeren Bereich der Beschreibung (*descriptio*), die vor allem im Mittelalter eine gewisse Verselbständigung erfuhr. Beschreibungen von Personen und Sachen, von Krieg und Naturkatastrophen folgten einer streng festgelegten Topik, bedienten sich also immer wieder derselben Ausstattungsstücke.

Ebenfalls im Mittelalter gewinnt eine im Prinzip bereits der antiken Rhetorik vertraute Erscheinung besonderes Gewicht: das Auftreten und entsprechende Reden sei es bereits toter, sei es fiktionaler Personen wie etwa von Tugenden u.ä. (*fictio personae*). Der spätantike Philosoph Boethius hatte seinem *Trost der Philosophie* die Zwiesprache zwischen sich selbst und der Dame ,Philosophie' zugrundegelegt, was z.B. im 12. Jahrhundert im *Anticlaudian* des Alain de Lille nachgeahmt wurde und von da aus wieder in den *Rosenroman* des Guillaume de Lorris und Jean de Meun aus dem

13. Jahrhundert einging. Im *Rosenroman* treten alle erdenklichen
Tugenden und Laster bzw. weitere moralischen Qualitäten als
,Personen' auf und sind mit dem Dichter durch Gespräch und
Handlung verbunden. Leider hat man diese Erscheinung (der
Personifikation) auch als Allegorie bezeichnet und damit für viel
Verwirrung gesorgt.

Allegorie

In der Antike galt die Allegorie als fortgesetzte Metapher. Dabei
boten sich bestimmte Themen oder Bildfelder in besonderem Maße
als Anknüpfungspunkt an, z.B. der Bereich der Schiffahrt, wo das
Schiff für das Gemeinwesen, die Fluten und Stürme für den Bür-
gerkrieg, der Hafen für Friede und Eintracht stehen. Einen schönen Fall aus der Neuzeit bietet Henry Fielding, wenn er die Ver-
liebtheit seines Helden Tom Jones im gleichnamigen Roman aus
dem Jahre 1749 folgendermaßen (mithilfe lauter kleiner Metaphern
aus ein und demselben Bildfeld) wiedergibt:

Die Zitadelle Jones wurde jetzt im Handstreich genommen. Alle Bedenken
der Ehre und Klugheit, die unser Held unlängst mit soviel militärischer
Umsicht als Wache über den Zugang zu seinem Herzen eingesetzt hatte,
desertierten von ihrem Posten, und der Liebesgott hielt triumphalen Einzug.

Daß Allegorien auch heute nicht ausgestorben sind, belegt ein
brillanter Essay, in dem Ulrich Horstmann anläßlich seiner Besprechung eines Buchs von Hans Blumenberg die ältere Philosophenge-
neration aufs Korn nimmt:

Ihre Wortführer verwahren sich gegen die Zumutung, die Welt zu erklären
und uns die Frage zu beantworten, was wir darauf zu suchen haben. Weil sie,
belesen wie sie sind, die Hals- und Beinbrüche der tollkühnen Prinzipienrei-
ter der Philosophiegeschichte vor Augen haben, möchten sie lieber gar nicht
erst satteln und aufsitzen. Das Turnier der Wahrheit wird abgeblasen:
„Abschied vom Prinzipiellen". Odo Marquard findet im „Lob des Polytheis-
mus" alle Schlachtrosse gleich schön, wie sie da mit gefesselten Vorderläufen
auf der Koppel der „unvermeidlichen Geisteswissenschaften" vor sich hin
weiden, lammfromm und ebenso unfähig, ihre Muskeln spielen zu lassen, wie
ihre ehemaligen Reiter, die sich nebenan voll der süßen Inkompetenzkom-
pensationskompetenz in den Armen liegen...

Aber die Bedeutung der Allegorie ist damit nicht erschöpft.
Während des gesamten Mittelalters dominiert eine völlig andere Version, die sich aus theologischen Prämissen ableitet und dabei subtile

Verbindungen mit der Rhetorik eingeht[18]. Und zwar liegt die Auffassung zugrunde, daß Gott den Menschen eine zweifache Form der Offenbarung zukommen ließ: als Buch (Bibel) und als (Buch der) Natur, die auf ‚symbolische‘ Weise zum Menschen ‚spricht‘. Jedes Ding, jedes Lebewesen ‚bedeutet‘ so gesehen etwas, wobei vier Möglichkeiten unterschieden waren, die am Beispiel des Tempels in Jerusalem verdeutlicht werden können: (1) Dem historischen Sinn nach bedeutet der Tempel ein Bauwerk, das existiert hat. (2) Auf allegorische Weise i.e.S. bedeutet der Tempel den Leib des Herrn oder die Kirche. (3) Tropologisch (moralisch) bedeutet der Tempel ein Bild, das zu sittlichem Lebenswandel aufruft. (4) Schließlich anagogisch gibt der Tempel einen Hinweis auf die Herrlichkeit der ewigen Seligkeit.

Mit diesem vierfachen (Schrift)sinn ist also neben der ‚eigentlichen‘ Bedeutung eine dreifache i.w.S. allegorische gegeben. Bei der Anwendung insbesondere auf die Bibel hat man das Verfahren der allegorischen Deutung (die sog. Bibelhermeneutik) mit den rhetorischen Verfahren kombiniert, wie sie von der Erläuterung der Tropen (insbesondere der Metapher) her bekannt waren. Vor allem beim tropologischen Sinn liegt eine direkte Überschneidung von rhetorischem (Trope!) und hermeneutischem Verfahren vor. Bei all dem ist zu berücksichtigen, daß die Allegorie ihre Deutung immer auf eine gewisse Künstlichkeit aufbaut, die dazu führte, daß man Wörterbücher für die Deutungsmöglichkeiten anlegen mußte. Was sich hinter dem ‚Lamm ohne Makel‘ oder dem ‚brennenden (aber nicht verbrennenden!) Dornbusch‘ jeweils verbarg (Christus bzw. die ständige Gegenwart Gottes), lernte jeder mittelalterliche Theologe auf diesem Wege. Und ebenso wußte er, daß mit dem ‚Meer‘ die Kirche, mit ‚Wasser‘ Gehorsam gemeint war. Es ist verständlich, daß das im Prinzip auf Willkür beruhende Allegorisieren an Grenzen stieß. Schon im Mittelalter hat man das Verfahren auf obszöne Gegenstände angewandt[19]. Aber auch die Empfehlung des florentinischen Juristen und Rhetors Magister Boncompagno im 12. Jahrhundert ist kurios genug. Und zwar solle man seine Angebetete nicht als Eiche bezeichnen und dann sagen, man habe Eicheln geerntet, weil das die Nahrung der Schweine sei, sondern

---

[18] Zum Folgenden vgl. U. Krewitt: Metapher und tropische Rede in der Auffassung des Mittelalters. Ratingen u.a. 1971.

[19] ebd., S. 393; E.R. Curtius 1967, S. 320.

besser als Palme, weil deren Datteln einen süßen Geschmack hätten[20]. Vor allem am Ende des Mittelalters war ein Grad an Künstlichkeit erreicht, der das Vertrauen in das Verfahren insgesamt erschütterte. Wenn auch noch die komplette weibliche Toilette als Hinweis auf Tugenden zu ‚lesen' war, so daß beispielsweise der Pantoffel die Demut bedeutete, das Strumpfband Entschlossenheit und der Schnürleib Keuschheit[21], hatte man die Verächter des Verfahrens (z.B. Martin Luther) buchstäblich selbst auf den Plan gerufen.

4.3.1.3.4 Die Wortfügung (*compositio*)

Zum sprachlichen Schmuck zählt – nach Tropen und Figuren – noch ein letzter Punkt, die Wortfügung (*compositio*): die (kunstvolle) Anordnung der Wörter im Satz. Dazu gibt es selbstverständlich grammatische Vorgaben, andererseits aber eben auch Möglichkeiten erhöhter Darstellung. Schon die allerersten berühmten Rhetoren, die griechischen Sophisten, bemühten sich um einen gewissermaßen kanalisierten Wortfluß, wobei die Vermeidung des Hiats (das Zusammentreffen eines Wortes, das auf einen Vokal endet, mit einem solchen, das mit einem Vokal beginnt) eine wichtige Rolle spielte. In der späteren Rhetorik gab es Anweisungen für den Satzbau im Ganzen (die Periode) und für seine Glieder oder Abschnitte (das Colon bzw. die Cola). Beim Satzbau empfahl man z.B., die einzelnen Glieder anwachsen zu lassen, wie es unser Beispielsatz für Parallelismen sehr schön zeigt[22]. Für die Wortverbindung im einzelnen galt etwa die Warnung vor dem Gebrauch lauter gleichlanger Wörter (was tatsächlich unbeabsichtigt witzig klingen kann). Die Ausarbeitung ging aber sehr viel weiter, bis in Einzelheiten wie (kontrollierte) Silbenquantität oder Silbengleichklang. Cicero hatte dies besonders minutiös in seiner späten Rhetorikschrift, dem *Redner*, ausgeführt. Der entscheidende Begriff, den er in diesem Zusammenhang verwandte, ist der des Fließenden oder Flüssigen (*fluidum*): fließend muß der Stil sein, so wie der Gehalt durchsichtig. Noch im Jahre 1800 hat Friedrich Schleiermacher mit seinen *Monologen* eine Prosaschrift vorgelegt, deren einzelne Kapitel sprachrhythmisch durchgearbeitet sind, und dies

---

[20] U. Krewitt 1971, S. 243.
[21] J. Huizinga: Herbst des Mittelalters. Stuttgart 1975, S. 296.
[22] S.u., S. 57f.

4. Die fünf Bearbeitungsphasen der Rede

noch dazu mit von Kapitel zu Kapitel wechselnden Formen. Auch
für Friedrich Nietzsche war eine rhythmisierte Prosa eine Selbstverständlichkeit.

Wie – man möchte beinahe sagen: unendlich – kompliziert ein
‚natürlicher‘ Redefluß herzustellen ist, mag nur ein Seitenblick auf
die Klausel, also die geregelte Silbenfolge am Schluß eines Satzes,
verdeutlichen. Allein das Inhaltsverzeichnis bei Lausberg wirkt
einschüchternd[23]. Danach kann man zunächst Klauseltypen, die mit
dem Creticus (x́xx́) beginnen, von solchen unterscheiden, die auf
der Quantität der vorletzten Silbe beruhen. Ist diese vorletzte Silbe
kurz, so können fünf, vier, drei, zwei oder nur eine Kürze vor der
Endsilbe stehen. Ist sie lang, gibt es fünf Möglichkeiten, wobei die
letzte wiederum sechs Unterpunkte umfaßt. In der deutschen
Sprache kommt der Rhythmus allerdings nicht aufgrund von Längen und Kürzen, sondern aufgrund von betonten und unbetonten
Silben zustande. An die Stelle der Klauseln tritt hier entsprechend
der *cursus*, und zwar mit drei (Haupt)möglichkeiten: (1) *cursus
planus* mit der Abfolge: x́x|xx́x (víncla perfrégit), (2) *cursus velox*
mit x́xx|xxx́x (vínculum fregerámus), (3) *cursus tardus* x́x|xx́xx
(víncla perfrégerat). Man liest nun möglicherweise den Schlußsatz
von Goethes *Werther* mit andern Augen, wenn es heißt: „(Kein
Geistlicher) hát ihn/ begléitet“, also *cursus planus*. Wie hört der
Anwalt des Zahnarztes auf? Folgendermaßen: „sícher/gestéllt
werde“, also *cursus tardus*.

4.3.1.4 Angemessenheit (*aptum*)

Zu den Tugenden der sprachlichen Darstellung zählt schließlich ein
Gesichtspunkt, der das Kriterium benennt, an dem sich jede einzelne Entscheidung innerhalb des Prozesses der Redeherstellung
bemißt. Ob es um die richtige Frageweise oder die zutreffende
Aufgabe des Redners, um die sinnvolle Auswahl der einzelnen
Gedanken oder um ihre Anordnung, um ihre korrekte, klare und
schmuckvolle Ausformung oder ihre sprachrhythmische Gestaltung
geht: jede Wahl muß angemessen sein. Man hat immer wieder zum
Ausdruck gebracht, daß die Angemessenheit nicht nur als die
zentrale Tugend im Bereich der sprachlichen Darstellung anzusehen ist, sondern daß hier der Kern der rhetorischen Lehre überhaupt liege. Man muß aber andererseits sehen, daß ihre Ausbuch-

---

[23] H. Lausberg 1973, §§ 985–1052.

stabierung in klare Anweisungen auf Grenzen stößt; die Frage der
Angemessenheit bleibt letztlich eine Frage des Fingerspitzenge-
fühls. Die dazu notwendige Urteilsfähigkeit (*iudicium*) ist in der
Neuzeit nicht zufällig durch eine Kategorie abgelöst worden, die
der rationalen Dimension eine entscheidende Wende gibt, ja sie
durch eine betont eigene Form des Urteilens zu ersetzen sucht:
nämlich durch den (subjektiven) Geschmack.

In der Antike wurde das Problem der Angemessenheit allerdings
gerade als ein ‚objektives‘ begriffen, und zwar auf der Grundlage
einer Verknüpfung mit moralischen Vorstellungen – Cicero hat das
Thema nicht zufällig in seiner Ethik, in *Von den Pflichten*, aufgegriffen und ausführlich behandelt[24]. Alles, was in der Welt vorkommt – dies ist der entscheidende Punkt –, hat seinen festen Platz
in ihr, gehört einer Ordnung an, der auch die Sprache entsprechen
muß bzw. die von der Sprache widerzuspiegeln ist. Dem Wirkungs-
aspekt der Rhetorik liegt entsprechend ein Sachaspekt zugrunde:
nichts kann wirken, was der wahren Ordnung der Dinge widerspricht. Sicherheit gewinnt der Redende nur dank der Verwurzelung in der anerkannten Ordnung der Welt bzw. der Gesellschaft.
Gerade weil die Rhetorik als technische Fertigkeit leicht pervertierbar ist, liegt in der Tugend der Angemessenheit eine Art Sicherung
des Ganzen. Quintilian war nicht nur der – uns sehr optimistisch
vorkommenden – Meinung, daß in der Sprache die Ordnung der
Welt bestätigt werden muß, sondern auch der, daß mit übler Gesinnung niemand eine perfekte Rede halten könne; ein sprachlich
unangemessen dargestellter Sachverhalt werde auch keine Wirkung
entfalten. Hier liegt der Ursprung des Sprachhumanismus, der mit
der Rhetorik bzw. mit einer ihrer wichtigsten Ausprägungen so eng
verbunden war: der Glaube, daß Wohl und Wehe menschlicher
Gemeinschaft in erster Linie auf (sprachlicher) Verständigung
beruhe, allerdings in der Sprache bzw. in der durch sie begründeten
Kultur eine einzigartige Stütze besitze.

Die Anwendungsgebiete der Angemessenheit liegen dabei auf
verschiedenen Ebenen. Sofern Ort und Zeit der Rede sowie der
Charakter des Redners und der des Publikums bestimmte Voraussetzungen mit sich bringen (und entsprechend berücksichtigt werden müssen), hat man von einem äußeren *aptum* gesprochen. Dem
stehen Fragen der Abstimmung des in den einzelnen Bearbeitungsphasen Gewonnenen aufeinander als inneres *aptum* gegenüber. In

---

[24] Historischer überblick bei L. Fischer 1968, S. 184ff.

der Regel spitzt sich das Problem auf die sprachlich angemessene Darstellung der Gedanken zu, also auf ein sinnvolles Verhältnis der *res* und *verba* – mit erheblichen historischen Abwandlungen. Was der ‚Ordnung der Dinge‘ gemäß ist, konnte sich naturgemäß immer nur im Rahmen von Epoche und Gesellschaft herausbilden. Bis zum Barockzeitalter ließ sich dies immerhin in ‚objektiven‘ Normen (insbesondere der religiösen Weltdeutung) ausdrücken. Schon am Ende des 17. Jahrhunderts – darauf wird später näher eingegangen – zeichnet sich ein erheblicher Wandel ab, wenn das Angemessene als das Erfolgreiche begriffen wird. Das dem (persönlichen) Erfolg zugrundeliegende Urteilsvermögen entfernt sich von jeder (immer schon) verbürgten Ordnung, macht statt der allgemeinen ‚Ordnung der Dinge‘ das private Interesse zum Kriterium jeder Entscheidung. Eine ‚subjektive‘ Angemessenheit aber höhlt den Sinn der alten Kategorie aus und greift damit die Grundlagen der Rhetorik an ihrer empfindlichsten Stelle an.

Auch für diese entscheidenen Probleme bietet Wielands *Geschichte der Abderiten* ein höchst anschauliches Beispiel. Die Frage der Angemessenheit wird geradezu auf allen ihren Ebenen angesprochen. Wenn der Anwalt des Eselstreibers nicht mit gleichem Schwung redet wie sein Vorgänger und wenn der Anwalt des Zahnarztes beim zweiten Mal ebenfalls nicht mehr so auftritt wie bei der Eröffnungsrede, so liegt der Grund im jeweils neuen Kontext: alles hat sich verändert, die Zuhörer lassen sich nicht mehr in aller Ruhe mit poetischen Schilderungen behelligen, die Richter wollen nur noch Fakten zur Urteilsfindung hören. Damit ist also jeweils dem äußeren *aptum* Rechnung getragen. Daß die Redner innerhalb des jeweiligen Ansatzes alle Mittel so wählen, daß sie (im Sinne des inneren *aptums*) zusammenstimmen, haben wir immer wieder bestätigt gesehen. Schließlich hat Wieland die Angemessenheitsfrage aber auch noch in einem radikaleren Sinne ins Spiel gebracht: letztlich ist der Prozeß um des Esels Schatten *insgesamt* unangemessen. Niemals hätte diese Frage ein Gericht beschäftigen dürfen, keiner Rede kommt in irgendeinem Sinne ein Recht zu, die Richter hätten den Fall ablehnen, die Zuhörer fernbleiben müssen. Der „Duft der Abderitheit", der nach Wielands eigenen Worten aus den Reden steigt, meint nichts anderes als die Torheit von Menschen, deren ganzes Wesen auf Fehlorientierung beruht. Sofern diese Fehlorientierung mit rhetorischen Meisterleistungen einhergeht, fällt ein tiefer Schatten auf die Kunst, die diese Leistungen ermöglichte.

4.3.2 Stilgattungen (*genera dicendi*)

Das gesamte Kapitel der *elocutio*, der richtigen sprachlichen Umsetzung der Gedanken in Worte, kann man auch als Stilistik bezeichnen. Dann gehört der sprachliche Schmuck mit Tropen,
Figuren und Wortfügung zu den Stil*mitteln*, die in der Rede bzw.
im Text vorkommen. Mit dem Begriff der Stil*gattungen* (*genera
dicendi*, nicht zu verwechseln mit den Redegattungen der Gerichtsrede, Beratungsrede, Lobrede) wird ins Auge gefaßt, daß nicht
jede Rede bzw. jeder Text in darstellerischer Hinsicht gleich einzu-
stufen ist. Es gibt vielmehr höhere Gesichtspunkte, von denen her
die Ausgestaltung in einer bestimmten Richtung festgelegt wird.
Deren Behandlung ist historisch außerordentlich kompliziert verlaufen[25]. Aristoteles kennt noch keine Unterschiede, sondern rät zu
einer mittleren Lage (zwischen Prunk und Schlichtheit) für jede
Rede. Die *Rhetorik an Herennius* und Cicero (in *Vom Redner*)
gehen demgegenüber von einer Differenzierung aus, wobei die
Verwendung des Schmucks das Kriterium liefert: viel Schmuck
führt zum hohen, wenig zum mittleren, weitgehender Verzicht auf
Schmuck zum schlichten Stil. Später (im *Redner*) hat Cicero diesen
Unterscheidungen noch zwei weitere Kriterien hinzugefügt, und
zwar die Absicht des Redners gemäß den drei Aufgaben des Beleh-
rens, Besänftigens und Erregens der Leidenschaften sowie die in
der Rede behandelten Gegenstände. Aus diesem letzten Kriterium
entwickelte sich später eine Stilauffassung, die völlig vom verwendeten Schmuck absieht: stilentscheidend wird nun allein der Stoff,
ja die Ranghöhe der beteiligten Personen, während die sprachliche
Ausgestaltung in allen Gattungen die gleiche ist. Im Barock führt
dies zur berühmten Ständeklausel, nach der sich vor allem die
Tragödie und Komödie (mit adligem bzw. bürgerlichem Personal)
unterscheiden. In der späten Phase dieses Zeitalters setzt allerdings
ein erheblicher Umbruch ein, als der Stil (wieder) aus der Sicht des
Autors und seiner Absichten begründet wurde. Daß der Stil dem
‚Naturell' des Autors entsprechen müsse, heißt die neue Devise.
Damit verband sich zunächst eine Art Atomisierung des Stilbe-
griffs: am Ende des 17. Jahrhunderts unterschied man hundert und
mehr Stilformen, so daß ein Spötter von einem eigenen „Hurenstil"
sprach, ja als besondere Variante den „Besenstil" empfahl[26]. Aber

---

[25] Historischer Überblick bei L. Fischer 1968, S. 106ff.
[26] K.-H. Göttert: Rhetorik und Musiktheorie im frühen 18. Jahrhundert. In:
Poetica. 18. 1986. S. 274–287, S. 280.

mit der Hinwendung zum Autor bzw. Redner war im Prinzip der Weg zum unverwechselbaren Individualstil (der Klassik) mit entsprechender Anerkennung der natürlichen Anlage des Autors eröffnet. An die Stelle einer wie auch immer definierten ‚richtigen' Ordnung trat die Erfindungskraft des Genies, zu deren Grundlage die Freiheit des *eigenen* Stils gehört.

Wiederum bietet uns Wieland einen Reflex dieser großen Umbruchbewegung, wenn er das alte klassische Modell (Ciceros) in voller ironischer Brechung vorführt. Der erste Anwalt behandelt seinen (letztlich trivialen) Fall im hohen Stil, arbeitet also mit allen Mitteln des Schmucks an der Rührung seiner Zuhörer. Der Nachredner stellt das Verfehlte dieser Stilwahl eigens heraus:

Dem, der unrecht hat, kommt es zu, durch Figuren und Wendungen und Fechterstreiche und das ganze Gaukelspiel der Schulrhetorik Kindern und Narren einen Dunst vor die Augen zu machen. Gescheite Leute lassen sich nicht dadurch blenden.

Aber dieser zweite Anwalt spricht ebenfalls nicht ‚natürlich', sondern wählt den schlichten Stil in rein berechnender Absicht wie sein Gegner zuvor den hohen. Die Schlichtheit ist durch und durch künstlich und gerade im Verzicht auf sichtbare Kunst auf Wirkung berechnet: wer keine Kunst braucht, muß dem, der auf diese angewiesen ist, überlegen sein – so soll der Zuhörer schließen. In welchem Maße aber die vordergründige Schlichtheit mit Raffinesse gekoppelt ist, dokumentiert (im Falle Wielands) allein die geschickte Verwendung der Statuslehre.

Übrigens hat der Anwalt des Zahnarztes bei allem Schwung auch jene Abwechslung bzw. Mischung berücksichtigt, die Cicero wie Quintilian fordern. Nur wenn sich der Sturm auch einmal ein wenig legt, wird seine Macht wirklich wahrgenommen. Es entspricht also höchstem Können, wenn der Anwalt ausgerechnet auf dem Höhepunkt der Tatschilderung den Schmuck völlig zurückdrängt und in schlichten Stil verfällt, wie wir bereits gesehen haben. Umso größer aber der Donner bei der Fortführung:

Der arme Struthion sank endlich von seinem Tier herab. Die Natur vermocht es nicht länger auszudauern. Er ließ den Esel halten, und setzte sich in seinen Schatten. – Schwaches, armseliges Erholungsmittel! Aber so wenig es war, war es doch etwas! Und welch ein Ungeheuer mußte der Gefühllose, der Felsenherzige sein, der seinem leidenden Nebenmenschen, in solchen Umständen, den Schatten eines Esels versagen konnte!

4.4 Memorieren der Rede (*memoria*)

Mit dem Memorieren kommt die Herstellung der Rede in ihre
Endphase: das Erarbeitete wird auswendig gelernt. Dies hat in der
Rhetorik Anlaß gegeben, die Leistung des Gedächtnisses in Augen-
schein zu nehmen[27]. Dabei wurde im Zusammenhang des Prozeß-
wesens der Wert guter Merkfähigkeit hervorgehoben, z.B. hinsichtlich einer Verfügbarkeit über Verläufe bzw. Urteile in der Vergan-
genheit sowie im Blick auf das Behalten und entsprechende Ver-
werten von Informationen in einem laufenden Verfahren. Die
größte Aufmerksamkeit aber hat das Memorieren der Rede selbst
auf sich gezogen, und zwar als eine erlernbare Technik auf der
Grundlage eines bestimmten ‚Systems'. Schon die Sophisten hatten
mit einem ‚künstlichen Gedächtnis' experimentiert und mit erstaun-
lichen Fähigkeiten auf diesem Gebiet geradezu für die Rhetorik
insgesamt geworben. Die geheimnisumwitterten Verfahren waren
jedoch immer auch umstritten. Unter den bedeutenden Rhetorik-
lehrern der Antike bietet der anonyme Autor der *Rhetorik an
Herennius* die vorbehaltloseste (und im übrigen auch genaueste)
Dartellung; Cicero drückt sich vorsichtig anerkennend, Quintilian
überwiegend ablehnend aus.

Dabei bedienten sich die mnemotechnischen Systeme einer im
Prinzip einleuchtenden und auch immer anerkannten Vorstellung:
nämlich der, daß Gedanken in bildlicher Form besser zu behalten
sind als eben abstrakt. Entsprechend sollte alles Einzuprägende in
eine Art Bildsprache transformiert bzw. auf diese Weise aufbe-
wahrt werden. Dem diente ein Raum mit entsprechenden ‚Stellen'.
Der Anwender des Verfahrens mußte also die Bestandteile seiner
Rede in diesen Raum bzw. die von ihm bereitgehaltenen Stellen
‚eintragen', um sie später dort wiederzufinden. Der Redner eilte
gewissermaßen beim Halten der Rede durch den ihm wohlbekann-
ten Raum und ‚holte' die Gedanken bzw. Worte nur noch ‚ab'.
Allerdings bedurfte es dazu genau der enormen Vorleistungen, von
denen z.B. Quintilian glaubte, daß das Resultat in keinem sinnvollen Verhältnis zum Aufwand stünde. Noch harmlos war die Einrichtung eines solchen Gedächtnisraumes als ein Landhaus mit

---

[27] Vgl. H. Blum: Die antike Mnemotechnik. Hildesheim 1969; H.F. Plett:
Topik und Memoria. In: D. Breuer und H. Schanze (Hgg.) 1981, S. 307–
34; F.A. Yates: Gedächtnis und Erinnern. Weinheim 1990.

seinen Zimmerfluchten, woran etwa Cicero dachte. In diesem Fall dienten sämtliche Ecken, Säulen oder sonstige auffälligen Gegebenheiten als ‚Stellen'. Ein sehr viel späterer Virtuose der Kunst zog das komplette Straßburger Münster heran, womit entsprechend viele ‚Stellen' möglich werden. In diesem Fall sollen es über 100 000 gewesen sein, an denen dann allerdings die komplette Heilige Schrift samt weltlichem und kirchlichem Recht ‚untergebracht' war[28].

Das zweite und nicht geringere Problem lag in der Übersetzung der Gedanken in ‚Bilder', die dann auf die ‚Stellen' verteilt werden konnten. Eine naheliegende Möglichkeit ist die Versinnlichung, indem etwa die Schiffahrt durch einen Anker oder das Kriegswesen durch eine Waffe repräsentiert werden. Die Schwierigkeit liegt im Bereich des Abstrakten. Hier mußte man ebenfalls Chiffren wählen, z.B. den Löwen für Tapferkeit. Aber es ging wesentlich weiter, wenn ganze Sachverhalte verbildlicht wurden, z.B. der Fall eines Giftmords durch einen im Bett liegenden reglosen Körper u. dgl. Noch Francis Bacon hat am Ende des 16. Jahrhunderts für die einzelnen Phasen der Redeherstellung Merkbilder vorgeschlagen, und zwar für die Erfindung der Gedanken einen Waidmann auf der Jagd nach einem Hasen, für die Gliederung einen Apotheker, der seine Büchsen ordnet, für die sprachliche Darstellung einen Pedanten, der eine Rede hält, für das Memorieren einen Knaben, der Verse rezitiert und für den Vortrag der Rede einen Schauspieler, der auf der Bühne agiert[29]. Wo Verbildlichung nicht möglich oder zu kompliziert war, benutzte man (an die Figur der Paronomasie erinnernde) Namensanklänge. Ein Autor empfahl z.B., sich den Streit zwischen Cicero und Hortensius im Bild einer Kichererbse (*cicer* für Cicero) im Garten (*in horto* für Hortensius) vorzustellen[30]. Darüberhinaus gab es auch die Möglichkeit eines Bilderalphabets, wobei also jeder einzelne Buchstaben mit einem festen Bild verbunden wurde und Wörter entsprechend in die gelernten Bilder umzusetzen waren – ein wegen des gewaltigen Verschlüsselungsaufwands besonders umstrittenes Verfahren.

Wie auch immer die Methoden des ‚künstlichen Gedächtnisses' zu beurteilen sind: die Idee der Versinnlichung bzw. Verbildlichung

---

[28] H. Blum 1969, S. 313.
[29] ebd., S. 317.
[30] ebd., S. 18f.

trifft einen wesentlichen Kern der Sprachvorstellung, die der Rhetorik insgesamt zugrundeliegt. Daß die Seele in Bildern denkt, war für Aristoteles ebenso eine Grundannahme wie die, daß Bilder den menschlichen Geist ‚bewegen' und entsprechend haften[31]. Thomas von Aquin gehört zu den großen Verfechtern des Gedankens im Mittelalter[32]. Allerdings erfolgte der bedeutendste Aufschwung noch später, und zwar während der Renaissance[33]. Hier war es jedoch ein völlig anderer Hintergrund und vor allem auch ein anderes Ziel, das den Rückgriff auf das künstliche Gedächtnis so attraktiv machte. Denn nun ging es nicht um das Einprägen einzelner Texte, sondern darum, das *gesamte* Wissen zu repräsentieren. Den Ansatz dazu boten alte platonisch-neuplatonische Vorstellungen, wonach die Seele Spuren des Kosmos in sich trage, die entsprechend reaktivierbar wären. Dabei verbanden sich diese Vorstellungen mit solchen magisch-okkulter Art. Giordano Bruno z.B., berüchtigt wegen seines Todes auf dem Scheiterhaufen der Inquisition zu Venedig im Jahre 1600, glaubte an Möglichkeiten, wonach sich die ‚untere' Welt wie von selbst ordnen und entsprechend fassen ließe, wenn man in die Ordnung der ‚höheren' nur erst eingedrungen sei. Philipp Melanchthon oder Erasmus von Rotterdam hatten derartige Überlegungen strikt abgelehnt.

4.5 Vortrag der Rede (*pronuntiatio* oder *actio*)

Bevor der erste Anwalt im Prozeß um des Esels Schatten das Wort ergreift, gibt Wieland von ihm folgende Charakteristik:

Der Sykophant Physignatus, der als Sachwalter des Zahnarztes Struthion zuerst sprach, war ein Mann von Mittelgröße, starken Muskeln und mächtiger Lunge. Er wußte sich viel damit, daß er ein Schüler des berühmten Gorgias gewesen war, und machte Ansprüche, einer der größten Redner seiner Zeit zu sein. Aber in diesem Stücke war er, wie in vielen andern, ein offenbarer Abderit. Seine größte Kunst bestand darin, daß er, um seinem wortreichen Vortrag durch die mannigfaltige Modulation seiner Stimme mehr Lebhaftigkeit und Ausdruck zu geben, in dem Umfang von anderthalb Oktaven von einem Intervall zum andern wie ein Eichhorn herumsprang, und so viel Grimassen und Gestikulationen dazu machte, als ob er seinen Zuhörern nur durch Gebärden verständlich werden könnte.

---

[31] F.A. Yates 1990, S. 33ff.
[32] ebd., S. 54ff.
[33] ebd., S. 123ff.

Was hier angesprochen wird, betrifft genau die fünfte und letzte
Bearbeitungsphase der Rede, die streng genommen schon nicht
mehr als Entwurf anzusprechen ist: der stimmliche und gestische
Vortrag, die rednerische Aktion selbst. In der Rhetorik wurde
diesem Punkt immer hohe Bedeutung zugemessen. Quintilian
berichtet die Anekdote, daß Demosthenes auf die Frage, welche
Aufgabe er bei der Redekunst am höchsten einschätze, eben den
Vortrag genannt habe, aber auch noch als die zweit- und drittwich-
tigste – also die alles entscheidende. Dennoch gab es große Mei-
nungsunterschiede hinsichtlich der Lösung dieser Aufgabe. Was
Wieland ironisch an seinem Anwalt, dem berufsmäßigen Sykophan-
ten, herausstellt, war immerhin *eine* Möglichkeit, die sich historisch
jedoch mit andersartigen Konzepten auseinandersetzen mußte.
Aristoteles z.B. plädierte, und zwar gegen das Vorbild der Sophisten, für eine gemäßigte Version und auch etwa Cicero und Quintilian schlossen sich dem an. Cicero bekämpfte damit den sog. Asianismus seiner Zeit, eine stark deklamatorische Vortragskunst, die
übrigens von der Schauspielkunst abgeleitet war. Quintilian hatte
es ebenfalls mit Tendenzen dieser Art zu tun, die sich in der Periode der sog. zweiten Sophistik fast völlig durchsetzten. Ein singen-
der und tänzelnder Vortrag, ja ein Schreiten „mit hin- und herge-
schlenkertem Hinterteil", wie es Tacitus und Lukian tadelten[34], war
nichts Außergewöhnliches. In Mittelalter und Neuzeit drang man
wieder auf Mäßigung, aber die Nähe zum Theater blieb immer
bestimmend. Im 17. Jahrhundert pflegten die Jesuiten die Verbindung von Rhetorik und Schauspielkunst in ihrem Schultheater, das
noch Goethe bewunderte.

Ansatzpunkt der Ausführung der Rede war dabei auf der einen
Seite die Stimme, auf der andern der Körper mit den Möglichkeiten der Mimik und Gebärden. Nach der *Rhetorik an Herennius*
wurden bei der Stimme der Umfang, die Festigkeit und die Ge-
schmeidigkeit hervorgehoben, wobei vor allem die letztere über die
natürliche Veranlagung hinaus als trainierbar galt. Zwischen ruhi-
gem Gesprächston und leidenschaftlicher Auseinandersetzung
spannte sich ein Spektrum von Möglichkeiten aus, das es je nach
Situation zu nutzen galt. Cicero sprach von einer Art Register der
Stimmführung und unterschied eine hohe, tiefe und mittlere Lage,
die klug kalkuliert einzusetzen seien. Quintilian orientierte sich in

---

[34] G. Steinbrink: Actio (Vorabdruck des Forschungsartikels im Historischen
Wörterbuch der Rhetorik, Sp. 6).

ähnlicher Weise an Umfang und Klangform, wobei diese besonders nuancenreich sein sollte, z.B. glatt oder rauh, strahlend oder schmiegsam. Noch wesentlich mehr Möglichkeiten der kunstgerechten Anwendung aber bietet naturgemäß der körperliche Ausdruck. Schon die Augen können ‚(mit-)sprechen', jede Gemütsregung aber vermag durch die Mimik begleitet bzw. regelrecht dargestellt zu werden, nicht zuletzt durch Tränen. Fällt in diesem Punkt eine Beschreibung (und entsprechende Befolgung) immerhin relativ schwer, so bietet vor allem die Gestik breite und gut nachvollziehbare Möglichkeiten der Regulierung. Daß die rechte Hand mit leichter Bewegung die jeweiligen Affekte unterstreichen, daß die linke dabei im Gewand, der Tunika, stecken soll (im Mittelalter spielt hier die Tasselschnur die entsprechende Rolle), notiert schon die *Rhetorik an Herennius*. Bei Quintilian ist daraus eine detaillierte Lehre geworden, die jede Haltung und Bewegung penibel erfaßt und auch z.B. auf die Finger ausgedehnt ist. Mit dem Argument, daß *unwillkürliche* Bewegungen falsch ausgedeutet werden könnten, hat man am Ende des 17. Jahrhunderts seitenlang alle Möglichkeiten festgehalten und auf ihre Wirkung hin beurteilt. Zur Übung dienten Theateraufführungen, bei denen auch noch die Kontrolle über Hut und Degen hinzukam. Daß man im 18. Jahrhundert unter dem Schlachtruf der Natürlichkeit gegen solcherlei Akribik protestierte, versteht sich fast von selbst, ohne daß die Flut von entsprechenden Anweisungen merklich abgenommen hätte. Auch im frühen 19. Jahrhundert erscheinen ganze Bücher über Deklamation und Mimik, zu einer Zeit, als sich bereits das Interesse von der Normierung zu einer wissenschaftlichen Bestandsaufnahme hin verlagert hatte, wie es in den berühmten Untersuchungen von Johann Jacob Engel der Fall ist[34].

Man darf bei alledem den jedenfalls für die klassische Rhetorik entscheidenden Gesichtspunkt nicht vergesen: die Wirkung der Rede verdankt sich nicht nur den vorgetragenen Argumenten, sondern auch der Reputation, ja dem Charakter des Redners. Der körperliche Ausdruck aber ist auch der Ausdruck des Geistes, wie es Cicero ausdrücklich anmerkt. Zwischen Körper und Geist existiert eben eine Art Band. Erst als das Vertrauen in eine Schöpfungsordnung schwand, die derartige Möglichkeiten bereit zu halten versprach, versank auch das Vertrauen in die von der Rhetorik angebotene Kunst.

---

[34] J.J. Engel: Gedanken zu einer Mimik. 2 Teile. Berlin 1785–86.

C. Zur Geschichte der Rhetorik

1. Wissenschaftliche Rhetorik: Aristoteles

1.1 Platon und die Sophistik

Gorgias (ca. 485–ca. 380)	Platon (427–347)
Protagoras (ca. 480–410)	*Gorgias* (zw. 393 und 388)
Sokrates (ca. 470–399)	*Phaidros* (zw. 365 und 350)
Isokrates (436–338)	Aristoteles (384–322)
Nicocles (zw. 372 und 365)	*Topik* (vor 347)
	Rhetorik (vor 347,
	3. Buch nach 335)

Als Aristoteles in der Schule, die sein Lehrer Platon in Athen gegründet hatte, zwischen 367 und 347 Vorlesungen über Rhetorik hielt, war die Disziplin längst etabliert, ja sie hatte schon erhebliche Wandlungen hinter sich[1]. Worauf genau die Entstehung zurückzuführen ist, dürfte nicht mehr feststellbar sein, jedoch spielt das Jahr 427 eine bedeutende Rolle, in dem Gorgias von Sizilien nach Griechenland kam und mit großem Erfolg als Redelehrer auftrat. In Sizilien hatte es nach dem Sturz der Tyrannis (467) gerichtliche Auseinandersetzungen über Besitzverhältnisse gegeben, bei denen sich wohl erstmals schlagkräftige Redner auszeichneten. Aber die Voraussetzungen für die Aufnahme und Durchsetzung der neuen Disziplin liegen offensichtlich tiefer: in der sog. ersten Aufklärung, aus der – nach der Abschaffung der Tyrannis (510) sowie der Entmachtung auch des Areopags (462) – die athenische Demokratie hervorgegangen war[2]. Diese Aufklärung richtete sich gegen den

---

[1] Gesamtdarstellungen zur antiken Rhetorik: G. Kennedy 1963 (Kurzfassung in: ders. 1980); J. Martin: Antike Rhetorik. München 1974; W. Eisenhut: Einführung in die antike Rhetorik und ihre Geschichte. Darmstadt 1982; M. Fuhrmann: Die antike Rhetorik. München 1984.

[2] Vgl. O.A. Baumhauer: Die sophistische Rhetorik. Stuttgart 1986, S. 99ff.; G.K. Mainberger 1987, S. 18.

überkommenen Mythos, setzte sowohl bei der Erklärung der Natur wie bei der Begründung des Handelns allein auf die Kräfte der Vernunft. Was sich bereits in Homers *Odyssee* (7. Jh.) andeutete, gewinnt besonders in der Tragödie Gestalt, wobei freilich Entscheidung und Tragik noch als wesentlich zusammengehörend erscheinen. Wenn Sophokles etwa Antigone im gleichnamigen Werk (ca. 442) sich damit rechtfertigen läßt, daß sie bei der Bestattung ihres Bruders zwar Kreons Gesetz, nicht aber das ungeschriebene der geschwisterlichen Pflicht verletzt habe, belegt ihr Tod die faktische Überlegenheit des Überkommenen, aber auch die moralische Überlegenheit des besseren Arguments. Nicht zufällig hat Aristoteles in seiner *Rhetorik* auf dieses Beispiel zurückgegriffen, um den Wert bzw. die Einschätzung des Werts von Gesetzen im Zusammenhang der verschiedenen Formen von Beweismitteln zu demonstrieren[3].

Den wohl stärksten Schub in der Richtung einer rationalen Lebensgestaltung lösten jedoch jene Weisheitslehrer (Sophisten) aus, die einen pragmatischen Vernunftgebrauch auf der Grundlage eines (Selber)könnens mit individualistisch-skeptizistischen Zügen propagierten: die ersten berufsmäßigen Intellektuellen[4]. Protagoras z.B. verfocht die Abhängigkeit aller Urteile vom menschlichen Maß(stab) und wies auf die Möglichkeiten hin, mit Hilfe der Vernunft dem (scheinbar) schwächeren Argument zum Sieg zu verhelfen. Gegen jeden Absolutheitsanspruch hinsichtlich der Begründung von Wissen und Handeln stellte er den Wert des praktisch Erreichbaren, des Wahrscheinlichen heraus und suchte dies in einer Betrachtung der Dinge von allen Seiten bis hin in ihre Doppelgesichtigkeit zu demonstrieren[5]. Er hat damit den scharfen Widerspruch Platons herausgefordert, dessen Auseinandersetzung mit dem Problem des Wissens völlig anders verlaufen war. Platon

---

[3] Aristoteles: Rhetorik. Hg. von F.G. Sieveke. München 1980 (ich zitiere nach der Kapiteleinteilung von Sieveke), 1,15,6.

[4] Vgl. F.H. Tenbruck: Zur Soziologie der Sophistik. In: Neue Hefte für Philosophie 10. 1976, S. 51–77; weiterhin H. Gomperz: Sophistik und Rhetorik: Darmstadt 1964; C.J. Classen (Hg.): Sophistik. Darmstadt 1976; O.A. Baumhauer 1986; H. Rahn: Bemerkungen zur philosophischen Rhetorik in der Antike. In: H. Schanze und J. Kopperschmidt (Hgg.) 1989, S. 15–22.

[5] Vgl. H. Gomperz 1985, bes. S. 279ff.; O.A. Baumhauer 1986, bes. S. 182ff.

verfocht eine rationale Gewinnung und Rechtfertigung des Wissens auf der Grundlage seiner Ideenlehre: alles (bloß) sinnlich Gegebene habe seine ‚wirkliche' Wirklichkeit in der Teilhabe am wahren ‚Wesen' dieses Gegebenen[6]. Wissen sei demnach Wiedererkennen (*Anamnesis*), dem das dialektische Verfahren des Zergliederns und Zusammensetzens, des Prüfens und Widerlegens bis in die Aufdeckung der verborgenen Zusammenhänge dient. Zum Vorbild wurde dabei die Geometrie, in der Wissen in apodiktischer, d.h. auf letzten Gründen beruhender Form vorliegt. Das bloß Wahrscheinliche (*eikos*) sei demgegenüber für den Menschen nicht ausreichend, ja ein Leben auf dieser Grundlage schädlich.

Die Folgen für die Auffassung der Rhetorik waren damit programmiert. Platon hat sich mit dem Problem wiederholt, ja lebenslang auseinandergesetzt und in diesem Zusammenhang das Bild des Sophisten im negativen Sinn geprägt. Genauso wie er unter den philosophisch orientierten Vertretern der neuen Kunst Protagoras in einem ihm gewidmeten Dialog attackierte, wählte er im *Gorgias*[7] den damals berühmtesten berufsmäßigen Redelehrer. Platon stellt dessen Programm als den Versuch hin, sich mit der Beherrschung des Wortes in allen Angelegenheiten durchzusetzen, ja damit ausdrücklich selbst frei und andern überlegen zu sein (452 d). Was Platon an diesem Programm beanstandet, ist in erster Linie der mit ihm verbundene Verzicht. Gorgias nämlich räumt im Dialog ein, daß er etwa auf dem Gebiet der Gerechtigkeit nicht mit letztem Wissen aufwarten könne, sondern lediglich mit Wahrscheinlichem, mit (bloß) Glaublichem. Wenn Platon dieses Eingeständnis jedoch kleinmütig ausfallen läßt, dürfte er die historische Lage nicht wenig verzerrt haben: Sophisten wie Gorgias waren eher stolz auf diesen Verzicht, weil sie der Ansicht waren, daß im Alltag mehr als Wahrscheinlichkeit eben nicht zu erreichen ist, alle höheren Ansprüche dagegen praktisch unrealistisch bleiben. Die Lücke zwischen Wahrscheinlichkeit und (nicht erreichbarem) Wissen wurde im übrigen ausdrücklich ethisch überbrückt: Gorgias, der zwar sehr auf Bril-

---

[6] Vgl. S. IJsseling: Rhetorik und Philosophie. Stuttgart, Bad Cannstatt 1985, S. 16ff.; O.A. Baumhauer 1986, S. 78ff.; H. Niehues-Pröbsting: Überredung zur Einsicht, Frankfurt 1987; B. Vickers 1988, S. 125ff.; H. Blumenberg: Höhlenausgänge. Frankfurt 1989, bes. S. 37 und 101ff.

[7] Platon: Gorgias. In: Sämtliche Werke. Hg. von W.F. Otto u.a. Hamburg 1957. Bd 1, S. 197–283.

lanz achtete und damit auch auf Effekte, drang energisch auf einen verantwortlichen Umgang mit den Kräften der Redekunst. Aber dies reicht Platon nicht. Er läßt Sokrates in der Fortführung des Gesprächs mit dem allerdings wesentlich hitzigeren Anwalt der Rhetorik, Polos, den Einwand zuspitzen: die Rhetorik verfüge nicht nur über kein Wissen, sondern sie führe geradezu vom Wissen weg. Statt einer Kunst sei sie bloße Schmeichelei und stehe damit zur wahren Staatskunst (als Statthalterin der Gerechtigkeit) wie die Kochkunst zur Heilkunst:

> In die Heilkunst also, wie gesagt, verkleidet sich die kochkundige Schmeichelei, in die Turnkunst aber auf eben die Weise die putzkundige, die gar verderblich ist und betrügerisch, unedel und unanständig, und die durch Gestalten und Farben und Glätte und Bekleidung die Menschen so betrügt, daß sie, fremde Schönheit herbeiziehend, die eigne, welche durch die Kunst der Leibesübungen entsteht, vernachlässigen. Um nun nicht weitläufig zu werden, will ich es dir ausdrücken wie die Meßkünstler, denn nun wirst du ja wohl schon folgen können, nämlich daß, wie die Putzkunst zur Turnkunst, so die Kochkunst zur Heilkunst, oder vielmehr so, wie die Putzkunst zur Turnkunst, so die Sophistik zur Gesetzgebung, und wie die Kochkunst zur Heilkunst, so die Redekunst zur Rechtspflege. (465b)

Nicht etwa die Macht spricht Platon also der Rhetorik ab, vielmehr sucht er zu zeigen, daß diese Macht letztlich nur Ohnmacht sei, sofern der Erfolg systematisch die Frage des wahren Rechts verdecke, jedenfalls dank des Verzichts auf ‚letztes' Wissen prinzipiell kriterienlos bleibe. Schmeichelei aber werde immer über Wissen siegen, ist die These, so wie kranke Kinder immer lieber einem Koch als einem Arzt folgen. Tugend könne sich darin zeigen, daß man Unrecht leidet, aber dazu müsse man wissen, was das Tugendhafte *ist*. Effektvoll deutet in diesem Zusammenhang der das Wort führende Sokrates zuletzt auf das ihm drohende Schicksal voraus: er wird sterben, *weil* er auf die schmeichlerische Redekunst verzichtet, aber dieser Tod ist *ungerecht*.

Platon hat sich nach dem frühen *Gorgias* wiederholt mit der Rhetorik und den Sophisten auseinandergesetzt, wobei er im späten *Phaidros*[8] eine scheinbar völlig andere Position verficht: denn nun läßt er neben einer falschen eine wahre Redekunst gelten. Als Persönlichkeit, die auch ausdrücklich genannt wird, steht ihm dabei Isokrates vor Augen, ebenfalls ein Sophist, aber mit

---

[8] Platon: Phaidros. Ebd. Bd 4, S. 7–60.

deutlich anderer Progammatik als Gorgias[9]. Was Isokrates im Auge hatte, war die kulturstiftende Rolle der Sprache, ihre integrierende, ja pazifizierende Wirkung im menschlichen Zusammenleben, wie es in seiner *Nicocles*-Rede zum Ausdruck kommt, die noch für Cicero zum Vorbild werden sollte:

Durch das Übrige nämlich, was wir besitzen, zeichnen wir uns vor den anderen Geschöpfen nicht aus, sondern stehen vielen in Rücksicht auf Geschwindigkeit und Stärke und die übrigen Eigenschaften nach, weil uns aber (die Gabe) geworden ist, einander zu überreden, und uns selbst aufzuklären, worüber wir nur wollen, so haben wir nicht nur aufgehört nach der Art der Tiere zu leben, sondern auch durch Zusammentreten Städte gegründet, und uns Gesetze gegeben, und Künste erfunden, und beinahe alles, was durch uns mit Klugheit und Kunst zustande gebracht wurde, hat uns die Sprache ausführen helfen. Denn sie hat über das, was gerecht und ungerecht, was schimpflich und edel ist, Gesetze gegeben, Bestimmungen, ohne welche wir nicht imstande wären beisammen zu wohnen; mit ihr weisen wir die Schlechten zurecht und preisen die Guten; durch sie unterrichten wir die Unverständigen und erproben die Klugen...[10].

Zu Aufklärung und verantwortlichem Handeln gehören im weiteren Text der Meinungsaustausch über das Zweifelhafte sowie die Lenkung der Menge und nicht zuletzt umfassende Bildung – Voraussetzungen, die auch auf Platon Eindruck machten, zumal sich Isokrates bei all dem ausdrücklich in einer weiteren Rede (*Gegen die Sophisten*) von den eigenen Zunftgenossen distanziert hatte. Allerdings pocht Platon im *Phaidros* weiterhin auf die Bedeutung des wahren, und das heißt für ihn: in der Erkenntnis des Wesens gegründeten Wissens, und betont ausdrücklich, daß diejenigen, die sich mit dem nur Glaublichen zufriedengeben, zuletzt „dem Wahren völlig Lebewohl (sagen)" (272e). Aber die Notwendigkeit der Seelenlenkung, die Tatsache, daß die Wahrheit der Vermittlung bedarf, ist nun anerkannt:

Da die Kraft der Rede eine Seelenleitung ist, so muß, wer ein Redner werden will, notwendig wissen, wieviel Arten die Seele hat... Wenn er aber richtig anzugeben weiß, was für ein Mensch wodurch überredet wird, und auch imstande ist, wenn er ihn antrifft, ihn zu erkennen und sich selbst zu zeigen: dies ist nun ein solcher (idealer Redner)... – wenn er dies alles innehat und dann noch die Zeiten zu beurteilen weiß, wann er reden und

---

[9] Vgl. Ch. Eucken: Isokrates. 1983; S. IJsseling 1985, S. 31ff.; B. Vickers 1988, S. 149ff.

[10] Zitiert nach S. IJsseling 1985, S. 31f.

innehalten soll, und von den gedrängten Stellen und den mitleiderregenden Stellen, und was sonst für vorhandene Arten von Verstärkungen der Rede er gelernt hat, von denen er weiß, wo sie an ihrer Stelle sind und wo nicht: dann ist seine Kunst schön und ganz vollendet, eher aber nicht... (271d-272a)

Auf genau diese Diskussion hat Aristoteles reagiert. Ja man kann sagen, daß er das zuletzt zitierte Programm Platons bis in wörtliche Anlehnungen seiner eigenen *Rhetorik* zugrundelegte. Aber Aristoteles zeigte, wie man ‚Wissenschaft' und ‚Kunst' über Platons Zugeständnisse hinaus in ein fruchtbares Verhältnis setzen kann. Obwohl Aristoteles gegen die Sophisten kaum weniger polemisiert als sein Lehrer, hat er dennoch die Möglichkeiten einer ‚vernünftigen' Behandlung von Fragen ins Auge gefaßt, bei denen Wissen im platonischen Sinne nicht erreichbar ist. Allerdings löst Aristoteles die Spannung zwischen sophistischem und philosophischem Ansatz auch dadurch auf, daß er aus der üblichen Fragestellung heraustritt. Sowohl gegen ein rein technisch-pragmatisches Verständnis der Redekunst wie gegen die zähe Verteidigung eines absoluten Wissensanspruchs gewandt, stellt er die Frage nach dem Vermögen, hinsichtlich jeder (lösbaren) Frage das ‚Glaubenweckende' zu erkennen. Damit geht es also nicht um eine (sophistische) Kunst des Überzeugens, sondern eher um eine (wissenschaftliche) Theorie dessen, was bei der Anwendung solcher Kunst geschieht. Aber auch die platonischen Einwände gegen den Umgang mit Wahrscheinlichem sind eingeschränkt, ja es ist der Versuch gemacht, die Kontrollierbarkeit solchen ‚Wissens' nachzuweisen.

1.2 Glauben wecken mit Wahrscheinlichem

Aristoteles, *Rhetorik* (Gliederung)
  I   1– 3 Rhetorik und Dialektik
      4– 8 Spezielle Überzeugungsmittel für die politische Rede
      9   Spezielle Überzeugungsmittel für die Lobrede
      10–15 Spezielle Überzeugungsmittel für die Gerichtsrede
  II 1   Abhängigkeit der Redewirkung vom Ethos des Redners
      2–11 Notwendigkeit des Wissens um die Affekte der Zuhörer
      12–17 Lehre von den Charakteren
      18–26 Allgemeine Überzeugungsmittel jeder Rede
  III 1– 4 Zur Vollkommenheit des sprachlichen Ausdrucks
      5– 7 Stilistische Tugenden
      8–12 Steigerung des sprachlichen Ausdrucks
      13–19 Die Redeteile

Der Begriff des Wissens

Für das Verständnis von Aristoteles' Rhetorik[11] ist der ihr zugrundeliegende Begriff des Wissens von ausschlaggebender Bedeutung. Auch Aristoteles unterscheidet (wie Platon) letztgegründetes Wissen im Bereich des Unveränderlichen (*episteme*) und solches, das sich auf Veränderliches bezieht und entsprechend den Charakter der Meinung (*doxa*) hat[12]. Aber er wertet dieses Meinungswissen auf. Man kann auf einer derartigen Grundlage ebenso sinnvoll handeln wie sinnvoll etwas herstellen, wobei ‚sinnvoll' meint: nicht mit wissenschaftlichem Anspruch, aber mit dem von ‚Kunst' bzw. ‚Technik' (*techne*), jedenfalls außerhalb von Willkür. Sinnvolles Handeln dieser Art liegt auch der Ethik und der Politik zugrunde; in beiden Fällen hat man es mit Veränderlichem zu tun, das aber dennoch (und zwar mithilfe der Klugheit) unter Kontrolle gehalten werden kann. Sinnvolles Herstellen aber prägt den Bereich des Meinungswissens, und zwar in den beiden Gestalten von Dialektik und Rhetorik. Im Bereich des Wahrscheinlichen läßt sich kein Wissen im strengen Sinne erzielen, wohl aber ein solches, das jenem analog ist. Dies trifft einerseits auf die Dialektik zu, die genauso *verfährt* wie die (für ‚reines' Wissen zuständige) Analytik, allerdings statt ewig wahrer eben nur wahrscheinliche oder allgemein anerkannte Prämissen verwendet. Und dies trifft andererseits auf die Rhetorik zu, die nun wiederum analog zur Dialektik gesehen werden muß. Wie diese arbeitet sie mit (bloß) Wahrscheinlichem, jedoch gewissermaßen eine Stufe tiefer, sofern sie eher für Einzelfälle als für allgemeine Probleme zuständig ist und im übrigen Rücksicht auf weniger informierte Zuhörer nimmt. Die Rhetorik ist – so heißt es ausdrücklich – das Gegenstück zur Dialektik (1,1,1) sowie (und dies schon aufgrund der Parallelen in der Thematik) ein Nebentrieb von Ethik und Politik (1,2,7). Im Schema:

---

[11] Interpretationen bei L. Bornscheuer 1976, S. 26ff.; E. Eggs: Die Rhetorik des Aristoteles. Frankfurt u.a. 1984; G.K. Mainberger 1987, S. 23ff.; M.H. Wörner: Das Ethische in der Ethik des Aristoteles. Freiburg, München 1990.

[12] Zum Folgenden vgl. G.K. Mainberger 1987, S. 49ff.

Wissen		
unveränderliches	veränderliches	
auf theoretisches Wissen bezogene Erkenntnis	auf praktisches Wissen bezogene Erkenntnis	auf Herstellen bezogene Technik
Analytik	Ethik Politik	Dialektik Rhetorik

In den ersten Vorüberlegungen läßt Aristoteles keinen Zweifel am (verminderten) Status des auf rhetorische Weise produzierten ‚Wissens':

(Die Rhetorik) beschäftigt sich aber mit solchen Dingen, welche Gegenstand unserer Beratung sind, für die wir aber keine systematische Wissenschaften besitzen, und vor solchen Zuhörern, die nicht in der Lage sind, vielerlei mit einem Blick zusammenzufassen und weitreichende logische Schlüsse zu ziehen. Aber wir beraten nur über solche Dinge, welche sich allem Anschein nach auf zweierlei Weise verhalten können: Denn über das, was nicht anders sein werden oder sich verhalten kann, beratschlagt niemand, sofern er annimmt, daß es sich so verhält; das bringt ja nichts mehr ein. (1,2,12)

Aber ebenso ist zum Ausdruck gebracht, daß es falsch sei, angesichts von (bloßer) Wahrscheinlichkeit zu resignieren und „planlos" oder „nach Gewohnheit" vorzugehen; im Bereich des Wahrscheinlichen läßt sich vielmehr trotz der widrigen Bedingungen methodisch verfahren, wenn man nur die Voraussetzungen wirklich ernst nimmt (1,1,1f.). Im Vertrauen darauf, daß die Menschen „von Natur aus für die Wahrheit hinlänglich begabt" seien und sie tatsächlich auch meist erreichten (1,1,11), müsse man sich im Bereich des Wahrscheinlichen eben genauso bewegen wie in dem des ewig Geltenden und die Beweiskraft der Argumente (statt am logischen Zwang) an der Zustimmung der meisten bzw. des Weisesten messen[13]. ‚Technisches' Handeln im Bereich der Meinung ist also für Aristoteles nicht wie für Platon beliebiges und damit unvernünftiges Handeln, vielmehr ist es vernünftig am Maßstab des für alle – bzw. für alle Ernstzunehmenden – Geltenden. Während Platon *nur* einen Maßstab des Wissens anerkannte (das ewig Wahre), dem die

[13] Zentrale Formulierung bei Aristoteles: Topik. Hg. von E. Rolfes. Hamburg 1968, 1,10.

dialektische Logik als Instrument dient, lehrt Aristoteles also eine ‚Logik' für Wahrscheinlichkeit[14].

Spezielle Überzeugungsmittel

Aristoteles hat dieses Programm in mehreren Schritten ausgeführt, die im wesentlichen den Grundriß dessen erkennen lassen, was im Laufe der Geschichte immer wieder abgewandelt wurde: die Gattungen der Rede, ihre Teile und Anordung (insbesondere im Blick auf die Argumentation) und auch die Frage der sprachlichen Darstellung (Stilistik). Allerdings ist er dabei im Detail vielfach eigene Wege gegangen. Dies gilt bereits für die Behandlung der Redegattungen. Aristoteles spricht die Unterschiede von politischer Rede (Beratungsrede), Lobrede und Gerichtsrede in erster Linie im Hinblick auf die Überzeugungsmittel an, die in diesen Redeformen jeweils gebraucht werden. Genauer gesagt, geht es um typische Argumente, die in der (politischen) Beratung, beim Lob oder vor Gericht innerhalb des Beweisgangs eine Rolle spielen. Der springende Punkt liegt darin, daß Aristoteles solche Argumente für jede Redegattung gesondert aufführt: bei der Beratung sind andere Gesichtspunkte typisch als beim Lob oder vor Gericht. Allgemein gesprochen stehen bei der Beratung Nutzen und Schaden im Mittelpunkt des Interesses, beim Lob bzw. Tadel Ehrenhaftes und Unehrenhaftes, vor Gericht Gerechtes und Ungerechtes. Gezeigt wird entsprechend, woran man sich jeweils orientieren kann, wenn es um Nutzen, um Tugend oder um Gerechtigkeit geht. Dabei liegt die Vorstellung zugrunde, daß es jeweils eine (überblickbare) Reihe von Gesichtspunkten gibt, die heranzuziehen sind bzw. die man als Prämissen für Schlußfolgerungen verwenden kann. Mit all dem ist das umschrieben, was in der Tradition als Topik bezeichnet wurde. Nur nennt Aristoteles diese redespezifischen Überzeugungsmittel nicht Topoi, sondern reserviert den Begriff für diejenigen (gleich zu behandelnden) Überzeugungsmittel, die in *jeder* Rede Verwendung finden können, also von allgemeiner Art sind. In der späteren Tradition hat man diesen Unterschied weitgehend eingeebnet.

---

[14] Vgl. S. Schweinfurth-Walla: Studien zu den rhetorischen Überzeugungsmitteln bei Cicero und Aristoteles. Tübingen 1986.

Beschäftigt man sich zunächst mit den *redespezifischen* Überzeugungsmitteln, so sieht man sich mit einer Menge Details konfrontiert. Z.B. handelt Aristoteles bei der politischen Rede die konkreten Güter bzw. Übel ab, die typischerweise in solchen Fällen zugrundeliegen: den (Staats)Haushalt, Krieg und Frieden, Landesverteidigung, Ein- bzw. Ausfuhr, Gesetzgebung. Aber entscheidend ist, welche Rolle all dies auf dem Hintergrund bestimmter Zielsetzungen spielt, so daß auch die Zielsetzungen selbst analysiert werden müssen. In der Politik kommt dabei dem Glück aller eine besondere Bedeutung zu, etwa in der Form von Kinderreichtum, gutem Ruf, Ehre und vielem andern mehr. Ebenso wird der Nutzen als typisches Ziel im politischen Bereich aufgefächert, wobei vor allem Güterabwägungen eine Rolle spielen. Schließlich muß man auch etwas über die Grundlagen des politischen Lebens wie z.B. über Verfassungen und Sitten wissen, um – dies ist immer wieder zu betonen – (genügend) Stoff für die Beratung zu besitzen. Nach dem gleichen Raster handelt Aristoteles ebenfalls die anderen Redegattungen ab. Da bei der Lobrede mit den Fragen des Ehrenhaften die Tugenden angesprochen sind, geht es darum, deren Komponenten zu kennen, also Gerechtigkeit, Tapferkeit, Mäßigkeit, Großzügigkeit, Hochherzigkeit, Freigebigkeit, Sanftmut, Einsicht, Weisheit (1,9,3). Schließlich ergeben sich mit Abstand die vielfältigsten Gesichtspunkte bei der Gerichtsrede. Hier bespricht Aristoteles die grundsätzlichen Motive des Unrechttuns, und zwar vom Zufall über Zwang der Natur bis zu Zorn oder Begierde. Und nicht nur um Motive geht es, sondern auch um ein Wissen, welche ‚Verfassung' zu solchem Tun gehört:

Sie tun es, wenn sie der Meinung sind, es sei möglich, die Tat zu begehen, und wenn es für sie selbst möglich ist – sei es aus dem Glauben heraus, bei der Ausführung der Tat verborgen zu bleiben oder, wenn sie nicht verborgen bleiben, nicht bestraft zu werden oder aber, wenn sie bestraft werden, die Strafe geringer sei als der Vorteil für sie oder für die, um die sie sich sorgen. (1,12,1)

Eine Einteilung unrechtmäßiger Handlungen und eine Besprechung der verschiedenen außerrhetorischen Beweismittel wie Gesetze, Zeugen, Verträge, Folter und Eide schließen das Kapitel ab. Der Sinn des Ganzen ist deutlich: Nur derjenige, der Kenntnisse dieser Art besitzt, kann überzeugen. Diese Kenntnisse aber lassen sich auf Typisches reduzieren – und Typisches läßt sich lernen. Es bildet allerdings lediglich das ‚Material' für eine weitere und höhere (weil

allgemeinere) Stufe innerhalb des Überzeugungsprozesses: und
zwar für jene Schlußverfahren, die allen Redegattungen gleichermaßen zugrunde liegen. Auch diese, ja gerade sie lassen sich auf
typische Formen oder Muster reduzieren und damit ebenfalls
lernen.

Ethische und pathetische Überzeugungsmittel

Diesen allgemeinen Aspekten des Überzeugungsprozesses widmet
sich Aristoteles im zweiten Buch der *Rhetorik* und wiederum wartet
er mit einer Reihe von Unterscheidungen auf. Es geht zunächst um
insgesamt drei im Prinzip gleichrangige Ansatzpunkte, von denen
aus Überzeugung herzustellen ist: um den Charakter des Redners,
um die Gemütsverfassung (Affekte) der Zuhörer und schließlich
um die logischen Verfahren. Besonders anschaulich sind diese
Gesichtspunkte bereits in der Einleitung zum gesamten Werk
dargelegt:

Durch den Charakter (erfolgt die Persuasion), wenn die Rede so gehalten
wird, daß sie den Redner glaubhaft macht; denn den Tugendhaften glauben
wir lieber und schneller – im allgemeinen schlechthin –, ganz besonders aber
da, wo keine letzte Gewißheit ist, sondern Zweifel herrscht. Dies aber muß
auch durch die Rede gelingen und nicht durch irgendeine vorgefaßte Meinung über die Beschaffenheit des Redners; denn es ist nicht so, wie einige
Theoretiker in ihrer Theorie behaupten, daß der sittliche Lebenswandel des
Redners nichts beitrage zur Glaubwürdigkeit, während doch der Charakter
sozusagen so ziemlich die bedeutendste Überzeugungskraft besitzt. Durch die
Zuhörer schließlich (erfolgt die Persuasion), wenn sie durch die Rede in
Affekt versetzt werden; denn wir geben unser Urteil nicht in gleicher Weise
ab, wenn wir traurig bzw. freudig sind oder wenn wir lieben bzw. hassen. Mit
diesem Sachverhalt versuchen – wie wir behaupten – die heutigen Theoretiker, sich als einzigem zu beschäftigen. Hierüber jedoch wird im einzelnen
gehandelt werden, wenn wir über die Affekte reden. Durch die Rede endlich
erfolgt die Persuasion, wenn wir Wahres oder Wahrscheinliches von dem aus
jedem Sachverhalt resultierenden Glaubwürdigen aufzeigen. (1,2,4 ff.)

Was hier zusammenkommt, sind letztlich jene drei Dimensionen
des Überzeugungsprozesses, die später (z.B. von Cicero) unter dem
Aspekt von ‚Aufgaben' des Redners behandelt wurden: zu besänftigen, zu erregen und zu belehren. Überzeugung – so lautet die
Grundvorstellung – kommt nicht durch Gründe allein zustande,
sondern verlangt ein Eingehen auf den (schwachen) Hörer. Dies
aber erfolgt dadurch, daß sich einerseits der Redner selbst als
charakterstark ausweist und daß er andererseits die (immer vorhan-

denen, also nicht zu ignorierenden) Affekte der Hörer richtig einschätzt; unter diesem Flankenschutz können sich dann auch die Gründe vorwagen. Mit anderen Worten behandelt Aristoteles unter den allgemeinen Voraussetzungen des Überzeugungsprozesses folgende drei Punkte: Ethos (des Redners), Pathos (des Publikums) und Logik (der Rede).

Während das Thema des Ethos – mit Hinweisen z.B. auf Einsicht, Tugend und Wohlwollen als Voraussetzungen von Glaubwürdigkeit – nur kurz behandelt wird, bietet Artistoteles beim Thema der Affekte eine breit ausgeführte Lehre. Diese Lehre hat in der Tradition auch selbständig gewirkt und stellt in gewissem Sinne die ‚Psychologie' Alteuropas dar. Als für die normalen Redesituationen bedeutsame menschliche Affekte behandelt Aristoteles folgende zehn: Zorn (und Verachtung), Besänftigung, Freundschaft (und Liebe bzw. Haß), Furcht (und Mut), Scham, Freundlichkeit (oder Wohlwollen), Mitleid, gerechter Unwille, Neid, Rivalität (und Eifersucht). Um einen Eindruck zu gewinnen, sei ein Auszug aus dem Kapitel zum Zorn angeführt:

Es ist also Zorn ein mit Schmerz verbundenes Trachten nach dem, was uns als Rache für das erscheint, worin wir eine Kränkung unserer selbst oder eines der unsrigen erblicken von jemandem, dem das Kränken nicht zukommt...

Da aber Kränkung die Äußerung einer Ansicht ist über einen Gegenstand, der nichts wert zu sein scheint ..., gibt es drei Arten von Kränkung: Verachtung, kränkende Behandlung und übermütige Behandlung. Wer verachtet, der übt Geringschätzung... Auch wer jemanden übermütig behandelt, übt Kränkung aus; denn übermütige Behandlung liegt dann vor, wenn man jemandem etwas antut oder über ihn etwas redet, daraus demjenigen, der es erduldet, Schande entsteht... Man glaubt aber, Anspruch darauf zu haben, von denen geehrt zu werden, die geringer sind an Herkunft, Macht, Tugend...

Hieraus geht hervor, aufgrund welcher Disposition wir zürnen, gegen wen und worüber: man ist nämlich zornig, wenn einem Schmerz zugefügt wird; denn wer Schmerz empfindet, trägt ein Verlangen nach etwas... Ferner zürnt man Freunden mehr als solchen, mit denen man nicht befreundet ist...Ferner (zürnt man besonders) denen, die von unseren Übeln ohne innere Anteilnahme entweder hören oder sie sogar wahrnehmen... Ferner denen, die sich uns gegenüber ironisch verhalten...Wem man also nun zürnt, in welcher Verfassung und weswegen, das wurde zugleich dargelegt. Es ist daher offenkundig, daß man selbst mit Hilfe der Rede die Zuhörer in den Zustand versetzen muß, in dem sie zum Zorn geneigt sind, und die Gegner als solcher Dinge schuldig darzustellen, worüber man Zorn empfindet, und als solche Menschen, denen man zürnt. (2,2,1ff.)

An die Behandlung der Affekte schließt sich eine Charakterologie des Zuhörers als Voraussetzung zur Berechnung seiner Reaktionen an. Berücksichtigt sind die folgenden sechs Fälle: Charakterologie der Jugend, des Alters, der Menschen auf der Höhe ihres Lebens, des Adels, der Besitzenden, der Macht und Glück Besitzenden. Wie all dies gemeint ist, faßt noch einmal der folgende Satz zusammen:

Daraus ergibt sich nun, daß derjenige, der besänftigen will, aus diesen allgemeinen Gesichtspunkten seine Mittel zur Beweisführung hernehmen muß, indem er einerseits sich selbst als einen solchen darstellt, andererseits diejenigen, denen gegenüber man zürnt, als solche, vor denen man sich fürchten muß, bzw. als solche, die der Schande wert sind, oder als solche, die sich verdient gemacht haben, die unfreiwillig gehandelt haben oder die Reue über ihre Taten empfinden. (2,3,17)

Logische Überzeugungsmittel

Nach der Behandlung der ethischen und pathetischen Grundlagen des Überzeugungsprozesses kommt Aristoteles zur Logik, also zum Beweis bzw. zu den (für die Rhetorik typischen) Beweisverfahren, die in der Wissenschaft die *einzigen* Stützen der Wahrheit darstellen. Drei Möglichkeiten werden unterschieden: Amplifikation (d.h. verbreiternde Darstellung eines Gegenstands, wie es für die Lobrede typisch ist), Induktion (d.h. Anführung von Beispielen, also Schluß vom Besonderen aufs Allgemeine) und Deduktion (d.h. Angabe von Gründen, also Schluß vom Allgemeinen aufs Besondere). Dabei ist die Amplifikation nur gestreift und bei den Beispielen kurz die Funktion von Fabel und Sentenz erläutert. Aristoteles macht speziell in bezug auf die Sentenz darauf aufmerksam (2,21,15), daß es in der Rhetorik vornehmlich um den ungebildeten Zuhörer geht, der sich darüber freut, wenn er einen allgemeinen Satz (den er kennt) auf einen besonderen Fall zutreffen sieht. Der Redner muß sich in diesem Sinne durchaus an der ‚vorgefaßten Meinung' orientieren, will er Glauben finden. Allerdings bedeutet dies keineswegs ein Abweichen von der Wahrheit, und zwar genausowenig wie im Falle der Verwendung von solchen Sentenzen, die den Redner letztlich (nur) als guten Charakter erscheinen lassen sollen. Worauf es ankommt, ist eben die Tatsache, daß in der Rhetorik Ethos, Pathos und Logik immer miteinander *zusammenwirken* müssen.

Mit der Logik ist die dritte – und wie sich bald zeigt: die wichtigste – Möglichkeit überzeugender Rede angesprochen, die (deduktive) Schlußfolgerung. Das Grundmuster stellt der Syllogismus dar, dessen Anwendung Aristoteles in den (für den Bereich des ‚reinen' Wissens geltenden) *Analytiken* ausführlich beschrieben hat. Einfachstes Beispiel: Wie kann man beweisen, daß Sokrates sterblich ist? Man deduziert es (leitet es ab), indem man zeigt, daß die Sterblichkeit des Sokrates der Spezialfall eines allgemeinen Falls darstellt: Alle Menschen sind sterblich – und Sokrates ist ein Mensch. Aristoteles hat in seiner *Topik*-Schrift gezeigt, wie Syllogismen auch unter der Voraussetzung benutzt werden können, daß die verwendeten ‚Sätze' oder Prämissen nur wahrscheinlich sind. In der *Rhetorik* geht er noch einen Schritt weiter (zurück). Nun reduziert er nicht nur die fast zahllosen Fälle der *Topik* auf genau achtundzwanzig, sondern bietet die (dreigliedrigen) Syllogismen als (zweigliedrige) Kurzformen dar: als sog. Enthymeme bzw. Topen-Enthymeme[15]. Im Grunde handelt es sich dabei um eine Sammlung von fertigen Beweisen für mögliche Fälle, um Formeln, die sich in vielerlei Situationen bewähren und rasch auf spezielle Situationen übertragen werden können. Ihre Stärke liegt nicht in Genauigkeit oder Unwiderlegbarkeit, sondern in der Fähigkeit, einen Fall zu ‚problematisieren', ihn auf eine Lösung hin zuzuschneiden[16]. Enthymeme stellen so gesehen auch nicht einfach *reduzierte* Schlüsse dar, sondern eher Entwürfe für Schlußmöglichkeiten. All dies wird an Beispielen klarer.

Als ersten Fall behandelt Artisteles den Topos (bzw. das auf ihm beruhende Enthymem) des ‚Gegensatzes'. Ist eine bestimmte Sache gut (sinnvoll), so trifft (meistens) für ihr Gegenteil zu, daß dieses entsprechend nicht gut (nicht sinnvoll) ist: „sich mäßigen ist gut, zügellos leben dagegen schädlich" (2,23,1). Wie ist dies gemeint? Man stelle sich vor, man müsse die These begründen, daß Maßhalten sinnvoll ist. Aristoteles sagt nun: genau dafür gibt es ein (rhetorisches) Beweisverfahren. Und zwar fußt dieser ‚Beweis' nicht auf einer strengen Ableitung, sondern auf einer im Leben oft

---

[15] J. Sprute: Die Enthymemtheorie der aristotelischen Rhetorik. Göttingen 1982; J. Klein: Der Syllogismus als Bindeglied zwischen Philosophie und Rhetorik bei Aristoteles. In: H. Schanze und J. Kopperschmidt (Hgg.) 1989, S. 35–54.
[16] Vgl. L. Bornscheuer 1976, S. 31ff.

zu machenden Beobachtung: daß man den Sinn einer Sache am Unsinn ihres Gegenteils ablesen kann. Wer eine Rede entwirft, soll an eine solche Möglichkeit denken; sie bietet in jedem Fall eine Art Starthilfe für die Argumentation. Daß der Topos als solcher noch nichts ‚beweist‘, wird wettgemacht durch die Tatsache, daß er flexibel ist, für unendlich viele Fälle benutzt werden kann, darunter durchaus auch für einander entgegengesetzte. Wer die Topoi kennt, weiß (zunächst) nur, wo Argumentations*möglichkeiten* liegen. Die Bedeutung der Topik innerhalb der Rhetorik beruht letztlich auf der Tatsache, daß der Redner mit ihrer Hilfe an die Vorstellungen der Hörer anschließt, sich auf die Basis einer gemeinsam anerkannten ‚Welt‘ stellt. Die Topoi formulieren präsentes Wissen und bieten damit die Chance, einzusteigen. Ihre Unschärfe ist deshalb beabsichtigt und zielt auf Allgemeinverständlichkeit bzw. Allgemeinverwendbarkeit.

Aristoteles behandelt die weiteren Fälle in betont lockerer Reihung, wobei die meisten wenig Schwierigkeiten machen. Besonders anschaulich ist z.B. der Topos des ‚Mehr und Minder‘:

Ein weiterer Topos resultiert aus den Relationskategorien des Mehr und Minder, z.B. „Wenn sogar die Götter nicht alles wissen, um wieviel weniger die Menschen." Dies bedeutet nämlich: Wenn das nicht von dem prädiziert werden kann, von dem es doch in höherem Maße prädiziert werden müßte, dann ist klar, daß es auch nicht dem, von dem es in geringerer Weise prädiziert werden kann, zukommt. Das Urteil aber, daß der, der sogar seinen Vater schlägt, seine Mitmenschen schlägt, basiert auf dem Satz: Wenn die Relationskategorie des Minder vorhanden ist, so auch die des Mehr. (1,23,4)

Von selbst verstehen sich wohl auch Topoi wie derjenige, der im Schluß von den Teilen auf das Ganze zustandekommt, oder derjenige, der aus der Annahme resultiert, daß bei gleichem Ergebnis auch die Voraussetzungen einander gleich sind. Wie gering allerdings die Beweiskraft bei diesem Verfahren werden kann, zeigt der letzte Fall: der Topos, der auf der Bedeutung des Namens beruht. Wenn die Gesetze des Drakon als unmenschlich bezeichnet werden, weil schon der Name ihres Gebers ‚drückend‘ bedeutet, kann man eigentlich nur noch von sehr freier Assoziation sprechen – allerdings einer Assoziation mit nicht unbedingt geringer Wirkung. Daß Aristoteles selbst sieht, wie leicht hier der Übergang zur Manipulation ist, belegt seine ausführliche Abhandlung der Topik falscher bzw. scheinbarer Enthymeme, der er übrigens auch (als Ergänzung zur *Topik*) eine eigene Schrift gewidmet hat: die *Sophi-*

stischen Widerlegungen. Vorgeführt (und ihrerseits widerlegt) sind
hier Widerlegungen, die Aristoteles für typisch sophistisch hält: für
unredlichen Wortstreit also, der nach jedem Mittel greift, um zu
obsiegen. Und zwar geht es dabei nicht nur um psychologische
Tricks (die Aristoteles durchaus verteidigt[17]), sondern um direkt
falsche oder irreführende Argumente, um verwirrende Paradoxien
etwa, die man auf Anhieb schlecht durchschaut. Auch in der *Rhetorik* hat Aristoteles Fälle dieser Art vorgeführt, z.B. eine antitheti-
sche Ausdrucksweise, die leicht den Schein des ‚Logischen‘ erweckt, sich aber bei näherem Hinsehen als purer Unsinn erweist:
„Folglich ist dies und das nicht, notwendigerweise ist also dies und
das" (2,24,2). Ein Trugschluß liegt auch vor, wenn aus der Tatsache, daß die doppelte Menge einer Sache gesundheitsschädlich sei,
‚geschlossen‘ wird, die einfache Menge fördere die Gesundheit.
    Die Topen-Enthymeme – so ist zusammenzufassen – stellen das
‚logische‘ Rüstzeug des Redners dar. Der Redner verfügt einerseits
über mehr Möglichkeiten als der Wissenschaftler, sofern er auch
die ethischen und pathetischen Mittel ausschöpfen kann, aber er
soll (bzw. muß) sich mit Rücksicht auf seine Zuhörer beim Schluß-
folgern zurückhalten. Wenn er den vielfältigen Stoff beherrscht,
der für die drei Redegattungen zuvor ausgearbeitet wurde, wenn er
also solcherlei Wissen in seine Schlußverfahren einfließen läßt, hat
er gute Chancen, seine Sache glaubhaft zu machen. Erzwingbar ist
dieses Ziel *nicht*: wo nur Wahrscheinlichkeit herrscht, gibt es keine
endgültige Gewißheit. Daß dies nicht gegen die Rhetorik überhaupt spricht, macht Aristoteles am Beispiel des Arztes deutlich.
Niemand will auf dessen Kunst verzichten, obwohl ihre Grenzen
bekannt sind. Im übrigen operiert die Rhetorik nicht weit von der
Wissenschaft entfernt. Sie hat gerade über die Topik Tuchfühlung
mit ihr, auch wenn die wissenschaftliche Topik (Dialektik) komple-
xer angelegt ist. Aber im entscheidenden Punkt herrschen gleiche
Voraussetzungen: auch in der Wissenschaft ist Wahrscheinlichkeit
die Ausgangsbasis, wenn man nicht ganze (und äußerst wichtige)
Bereiche des für den Menschen Wichtigen ausklammern will. Umso
mehr gilt es, diese Bereiche im Alltag der Kontrolle zu unterstel-
len. Wo kein endgültiges Wissen erreichbar ist, erfüllt gemeinsames
Fürwahrhalten genau den Minimalanspruch, auf den sich bauen

---

[17] Das gesamte achte (und letzte) Buch der *Topik* ist diesem strategischen
Aspekt gewidmet.

läßt. Topisches Argumentieren führt nicht zu endgültigen Schlüssen, bedeutet aber auch nicht Verzicht auf Schließen überhaupt; ,schlüssiges Vermuten' ist die Signatur eines solchen Denkens[18]. Man muß allerdings mitberücksichtigen, daß Aristoteles dabei an Steigerungsmöglichkeiten denkt. Die Rhetorik – und dies wird nirgends deutlicher als bei der Behandlung der logischen Überzeugungsmittel – ist von der wissenschaftlichen Dialektik abgesetzt, und zwar nicht mit Rücksicht auf Zuhörer überhaupt, sondern auf ,schwache' Zuhörer. Was angesichts der Veränderlichkeit in der Welt überhaupt gilt, ist in der Rhetorik also freiwillig verschärft: Rückzug auf Vorläufigkeit, Sichbegnügen mit Wirksamkeit. Aristoteles hat die Rhetorik nicht zu einem Instrument der Vertretung von Interessen gleich welcher Art gemacht, sondern sie in diesem Punkt mit der Wissenschaft völlig gleich, d.h. auf Orientierung an der Wahrheit bzw. Wahrscheinlichkeit gestellt. Aber Aristoteles markiert auch ein Ranggefälle; auf rhetorischem Wege vermitteltes Wissen bleibt ein Zugeständnis an den Hörer, wenn auch der Akzent auf der Vertretbarkeit dieses Zugeständnisses, auf der Disziplinierbarkeit dieses Wissens liegt. Nicht zufällig ist der mögliche Mißbrauch mitreflektiert, die faktische Übernahme sophistischer Positionen mit der peniblen Herausarbeitung ihres Rechts und ihrer Grenzen verbunden.

Stilistik

Mit der Lehre von Ethos und Pathos sowie insbesondere mit der Topik hat Aristoteles die Rhetorik als Argumentationskunst entfaltet bzw. – wie es dem formulierten Programm mehr entspricht – den Prozeß der Überzeugung einer Analyse unterzogen. Aber Aristoteles hat – wahrscheinlich in einem späteren Zusatz – ebenfalls schon die Frage der sprachlichen Ausgestaltung behandelt. Auch die Frage, „*wie* man (etwas) sagen soll" (3,1,2), trägt seiner Meinung nach zur Überzeugung bei, und zwar ausdrücklich „wegen der Verderbtheit des Zuhörers" (3,1,5). Dabei orientiert sich Aristoteles entgegen einer zu starken Übernahme poetischer Elemente, wie er es am Sophisten Gorgias kritisiert, im Prinzip an den vier rhetorischen Tugenden, wie sie später zum System ausgebaut wurden: an Korrektheit, Verständlichkeit, Schmuck und Angemessenheit des sprachlichen Ausdrucks. Bemerkenswert an diesen

---

[18] So die glückliche Formulierung von G.K. Mainberger 1987, S. 233ff.

Ausführungen ist die Hervorhebung des Hörerbezugs, der auch hier eine entscheidende Rolle spielt. Aristoteles fordert eine bewußt kontrollierte, ja gesteigerte Rede, weil gerade weniger aufmerksame bzw. weniger kompetente Hörer ohne diesen ‚Glanz' nicht ‚ansprechbar' sind. Andererseits ist sich Aristoteles der Tatsache bewußt, daß zu stark verwendete Kunst negative Effekte haben kann:

> Daher ist es erforderlich, die Kunstfertigkeit anzuwenden, ohne daß man es merkt, und die Rede nicht als verfertigt, sondern als natürlich erscheinen zu lassen – dies nämlich macht sie glaubwürdig, jenes aber bewirkt das Gegenteil; denn die Zuhörer nehmen wie gegen jemanden, der etwas im Schilde führt, Anstoß daran wie gegen gemischte Weine. (3,2,4)

Als besonders wichtiges Mittel gesteigerter bzw. (bewußt) ‚fremdartiger' und damit eben ‚spannender' Rede bespricht Aristoteles den Gebrauch der Metapher bzw. der bildlichen Redeweise, worunter bei ihm auch Metonymien und Synekdochen fallen. Er hebt dabei vor allem die Möglichkeit hervor, bestimmte gedankliche Inhalte regelrecht vor Augen zu führen, also mit der Verbildlichung eine Form von Rationalität anzusprechen, die (vom Hörer) besonders gut zu verarbeiten ist (3,10,1ff.). Wenn Wahrheit auf ‚Einsicht' beruht, wirkt nichts mehr als das ‚Sehen', so daß es zur Aufgabe des Redners wird, gewissermaßen mit sprachlichen Mitteln die Grenzen der Sprache zu überschreiten. Von da aus hat sich Aristoteles, allerdings in einem eigenen Traktat, auch mit dem Gedächtnis befaßt: wie beim Erkennen selbst, so soll auch beim Speichern bzw. Abrufen des Erkannten die Bildlichkeit eine unterstützende Rolle spielen[19]. Gedächtniskunst beruht danach auf der Verwandlung abstrakter Gedanken in konkrete Bilder. Daraus sollte sich bald ein eigenes Kapitel der Rhetorik entwickeln.

Nur angemerkt sei, daß Aristoteles die Stilistik auch durch eine kurze Betrachtung von Stilgattungen abrundet und dem allem noch Bemerkungen zum Aufbau der Rede hinzufügt.

---

[19] Aristoteles: Über Gedächtnis und Erinnern. (Anhang zur Schrift: Über die Seele); vgl. H. Blum: 1969, S. 70ff; F.A. Yates 1990, S. 38ff.

1.3 Der Streit zwischen Rhetorik und Philosophie

(anonym)
Rhetorik an Alexander (4./3. Jh. v. Chr.)
Zenon (ca. 390–300)
Theophrast (372–287)
Epikur (341–270)
Seneca (4 v. Chr.–65 n. Chr.)
  Luciliusbriefe (62–65)

Die *Rhetorik* des Aristoteles ist auf dem Hintergrund des Streits zu
verstehen, der zu seiner Zeit zwischen Rhetorik und Philosophie
entstanden war. Gegen eine Verselbständigung der Rhetorik in
Form der sophistischen Technik und gegen ihr Aufsaugen in der
platonischen Philosophie untersuchte er die *Voraussetzungen* argu-
mentativer Rede: wissenschaftliche Rhetorik entgegen technischer
bzw. philosophischer Rhetorik. Damit hat Aristoteles keineswegs
die Tradition bestimmt. Wenn man von der großen Ausnahme
Ciceros (und über Cicero auch Quintilians) absieht, blieb die
Wirkung eher beschränkt und setzt im Grunde erst in der Renaissance ein[20]. In der unmittelbaren Nachfolge traten diejenigen
Traditionen weiterhin nebeneinander (und vor allem gegeneinan-
der) auf, die Aristoteles für einen Moment zusammenzwang:
Rhetorik als selbständige Redekunst und eine sich davon z.T.
energisch absetzende Philosophie.

Die *sophistische* Tradition der Rhetorik, die ihr Fach vermark-
tete und sich dabei ganz und gar auf die praktische Vermittlung von
Fertigkeiten verlegte, läßt sich in einem Lehrbuch studieren, das
noch in unserm Jahrhundert Aristoteles selbst zugeschrieben
wurde, aber nur in dessen Zeit fällt: die *Rhetorik an Alexander*[21].
Vernunft im Bunde mit Erziehung als Führerin des Lebens ist das
erklärte Programm (S. 20). Aber die Ausführung dieses Programms
wird weder den wissenschaftlichen Vorstellungen des Aristoteles
gerecht noch den pädagogischen, wie sie bei Gorgias oder Isokrates
anzutreffen sind. Das Charakteristische liegt vielmehr in der Prä-

---

[20] Zur Edition in den *Rhetores Graeci* bei Manitius (1508/09) vgl. B. Vickers:
Rhetorik und Philosphie in der Renaissance. In: H. Schanze und J.
Kopperschmidt (Hgg.) 1989. S. 121–58, S. 125.
[21] Rhetorik an Alexander. Hg. von Paul Gohlke. Paderborn 1959.

sentation von ‚Topoi‘, die einem Schüler das Halten von Reden
(aus dem Stegreif) erleichtern sollen. Nicht unbedingt die Tatsache,
daß dabei die Pro- und Kontraargumente für ein- und dasselbe
Thema genannt werden, macht die Schwäche des Konzepts aus;
denn am Durchdenken des Gegensätzlichen als solchem hat sich
immer auch große Rhetorik entfaltet. Es ist vielmehr die inhaltliche
Bestimmtheit der Topoi, die nun jenseits aller Überlegungen
hinsichtlich eines gemeinsamen Glaublichen allein auf strategische
Verwendung abgestellt sind. Ein Beispiel mag den Unterschied zu
Aristoteles erläutern:

> Handelt es sich um das Heilige, muß man eine ungewöhnliche Sprache
> führen. Und zwar wird man entweder sagen, das Bestehende sei zu erhalten,
> oder es sei prächtiger oder einfacher auszugestalten. Tritt man ein für
> Beibehaltung des Bestehenden, wird man ein Anknüpfungspunkt mit dem
> Begriff ‚gerecht‘ finden, indem man erklärt, es gelte in aller Welt als unge-
> recht, den Brauch der Väter zu verlassen, und alle Propheten wiesen die
> Menschheit an, Opfer nach überkommenem Brauch auszurichten ... Tritt
> man dagegen für eine prächtigere Ausgestaltung der heiligen Gebräuche ein,
> so wird man für die Änderung des Überkommenen ehrenhafte Gründe
> haben, wenn man ausführt, das Vorhandene mehren bedeutet nie, es aufzu-
> lösen, sondern in seinem Bestand zu heben. (S. 26 und 27)

Auf diese Weise sind ebenso etwa Vorwände für den Beginn eines
Krieges wie zu dessen Vermeidung angegeben, all dies zwar in
auffälliger Übereinstimmung mit einigen Einteilungen und Prinzipien der aristotelischen Rhetorik, aber eben unter völliger Abkehr
von dessen Grundansatz. Die *Rhetorik an Alexander* ist ein reines
Nachschlagewerk für sehr genau umrissene Fälle ohne jede Pro-
blemvertiefung. Die Verachtung der Philosophen für diese Form
der Rhetorik beruht auf der Instrumentalisierung der Redekunst,
die dann auch durch moralischen Appell nicht kompensiert werden
kann.

Auf andere Weise wurde der Streit zwischen Philosophie und
Rhetorik innerhalb der verschiedenen philosophischen Schulen
selbst ausgetragen, die sich in der Zeit des Hellenismus etablier-
ten[22]. Aristoteles, der seine eigene Rhetorikauffassung zunächst in
Platons Akademie vorgetragen hatte, bestimmte naturgemäß den
später von ihm begründeten Peripatos (die Schule der Peripateti-
ker). Das Interesse war hier ‚analytisch‘ geprägt und bildete keinen

---

[22] J. Villwock: Rhetorik und Philosophie im Hellenismus. In: H. Schanze
und J. Kopperschmidt (Hgg.) 1989, S. 55–73.

herausragenden Teil der philosophischen Lehre im Ganzen. Immerhin hat Theophrast, ein Schüler noch von Aristoteles selbst, die wohl als unvollkommen empfundene Stillehre des Meisters weiter ausgearbeitet. Die Schrift ist verlorengegangen, kann aber in Umrissen rekonstruiert werden, vor allem aufgrund der Benutzung durch Cicero. In Platons Akademie, die dank der Vorgaben ihres Gründers als rhetorikfeindlich eingestuft werden muß, trat eine Wendung ein, als die Schule insgesamt ein skeptisches Konzept zu entwickeln begann. In dem Maße wie der hohe Anspruch Platons jegliches Wissen in immer weitere Ferne rückte, konnte die rhetorische ‚Philosophie' des Wahrscheinlichen bzw. Vorläufigen ihre Bedeutung entfalten. Cicero, der Aristoteles und Isokrates zu seinen Lehrmeistern zählte, gibt an, am meisten von dieser skeptischen Akademie gelernt zu haben. Hier am ehesten wurde der Versuch eines Ausgleichs zwischen Philosophie und Rhetorik angestrebt[23].

Wiederum anders einzuschätzen sind die beiden weiteren großen Schulgründungen, die noch genannt werden müssen: Zenons Stoa und der Epikureismus. Während im Epikureismus aufgrund der Forderung nach einem Rückzug aus der Welt (in den Freundeskreis) kaum Ansätze einer Rhetorik gedeihen konnten, setzten die Stoiker der Rhetorik mit einem rigorosen Wahrheitsanspruch Grenzen. Beachtung fand deshalb in erster Linie die (platonische) Dialektik, aber auf einem Nebenweg kam auch die Rhetorik zum Zuge[24]. Dieser Nebenweg lag im Interesse an der Sprache als Substrat jeder Verständigung und führte vor allem zu einer Sprachentstehungstheorie. Bei der dazu notwendigen Durchforstung von Grammatik und Logik kam es auch zur Behandlung rhetorischer Probleme, wie sie insbesondere mit der sprachlichen Darstellung der Gedanken verbunden sind. Und nicht nur Korrektheit und Deutlichkeit sowie die schultypische Kürze gehörten zum Diskutierten, sondern auch die Frage des Schmucks. In diesem Zusammenhang entstand eine eigene Lehre von den Tropen, die im Blick auf sprachliche Kreativität untersucht wurden. Dennoch muß man betonen, daß die Rhetorik auch in der Stoa eine geringe Reputation besaß – Cicero nannte sie buchstäblich eine Lehre zum Abgewöhnen[25]. Alles, was mit bloßer Wirkung, vor allem mit Wirkung

---

[23] Näheres etwa bei S. IJsseling 1985, S. 43ff.
[24] Vgl. M. Pohlenz: Die Stoa. Göttingen 1984, S. 37ff.
[25] Vgl. ebd., S. 53.

aufgrund von Affekten (die die Stoiker bekämpften) zu tun hatte, wurde als Abweg von der Wahrheit diskreditiert, war wie für Platon Schmeichelkunst. In Rom, das im zweiten vorchristlichen Jahrhundert von der Stoa stark beeinflußt war, galt die Rhetorik als ‚griechisch' und damit suspekt; wiederholt kam es zur Schließung von Rhetorikschulen (als Schulen der Unverschämtheit). Den großen Durchbruch, und zwar auf der Grundlage einer Auseinandersetzung mit der Rhetorik insbesondere des Aristoteles und Isokrates, brachte erst Cicero. Man darf aber nicht annehmen, daß sich die Rhetorik damit unangefochten durchsetzte. Von philosophischer Seite erfolgte weiterhin Einspruch. Im ersten nachchristlichen Jahrhundert gehört Seneca, selbst Sohn eines bedeutenden Redelehrers, zu den Gegnern. Von stoischen und epikureischen Grundsätzen aus läßt er in seinen *Briefen an Lucilius* an der Rhetorik kein gutes Haar:

Daß du allzu gewissenhaft bist mit Wortwahl und Satzbau, mein Lucilius, will ich nicht: ich kenne wichtigere Dinge, um die du dich kümmern kannst. Frage, was du schreiben kannst, nicht, wie; und eben das nicht, damit du schreibst, sondern nachdenkst, damit du deine Gedanken dir zu eigen machst und sie gleichsam siegelst. Wessen Redeweise immer du für besorgt und gefeilt hältst, bei dem ist auch die Seele – sollst du wissen – ebenso von Belanglosigkeiten in Anspruch genommen. Ein bedeutender Mensch formuliert entspannter und selbstsicherer; was immer er sagt, es enthält mehr Selbstvertrauen als Sorgfalt. Du kennst die geschniegelten jungen Männer, Bart und Haupthaar glänzend, ganz aus dem Schmuckkästchen: nichts Mannhaftes kannst du von ihnen erhoffen, nichts Gediegenes. Die Sprache ist das Kleid der Seele; wenn sie wohlfrisiert, geschminkt und künstlich hergerichtet ist, zeigt sie, daß auch die Seele ihrer nicht sicher ist und etwas Gebrochenes an sich hat… Daher wird die Philosophie für dich durch das förderlich sein, was, meine ich, das Beste von allem ist: niemals wirst du Reue über dich selbst empfinden. Zu diesem fest gegründeten Glück, das kein Sturm erschüttern kann, werden dir nicht verhelfen sorgsam formulierte Worte und eine sanft dahinfließende Redeweise: sie mögen daherkommen, wie sie wollen, wenn nur die harmonische Verfassung der Seele Bestand hat, wenn sie nur groß und erhaben über Meinungen bleibt und sie wegen eben der Dinge, die anderen mißfallen, mit sich selbst einverstanden ist, sie ihren Fortschritt an ihrem Leben abschätzt und zu dem Urteil kommt, sie kenne alles, was sie nicht begehrt, was sie nicht fürchtet[26].

Es war Quintilian, der auf diese Attacke seines Intimfeindes antworten sollte.

---

[26] Seneca: Ad Lucilium epistolae. An Lucilius Briefe über Ethik. Hg. von M. Rosenbach. Darmstadt 1980, 115,1–2 und 18.

2. Forensische Rhetorik: Cicero

2.1 Schulrhetorik

Cato der Ältere (234–149)
Hermagoras (2. Jh.)
Cicero (106–43)
  Von der Erfindungskunst (zw. 91 und 88)
(anonym)
  Rhetorik an Herennius (zw. 86 und 82)

Cicero, *Von der Erfindungskunst* (*De inventione*)
  I 1– 9   Vorbemerkungen und Grundbegriffe
     10– 19   Statuslehre
     19– 26   Einleitung (der Rede)
     27– 30   Erzählung
     31– 33   Ankündigung des Beweisziels
     34– 77   Beweisführung
     78– 96   Widerlegung
     97–109   Schluß
  II 1– 10   Vorbemerkungen
     11–154   Gerichtsrede
     157– 76   Politische Rede
     177– 78   Lobrede

Rhetorik an Herennius (*Rhetorica ad Herennium*)
  I 1– 4   Vorbemerkungen
     5–11   Einleitung (zur Gerichtsrede)
     12–16   Erzählung
     17   Ankündigung des Beweisziels
     18–27   Beweis und Widerlegung
  II 1–26   Statuslehre
     27–46   Formale Bestandteile des Beweises
     47–50   Schluß (der Gerichtsrede)
  III 1– 9   Politische Rede
     10–15   Lobrede
     16–18   Gliederung der Gedanken
     19–27   Vortrag der Rede
     28–40   Memorieren der Rede

Zwischen der *Rhetorik* des Aristoteles und Ciceros *Von der Erfindungskunst*, also zwischen dem vierten und dem ersten Jahrhundert v. Chr. ist kein rhetorisches Werk (vollständig) überliefert. Aber die riesige Lücke täuscht: in diese Zeit fällt die Ausbildung der Schulrhetorik, die vor allem in Griechenland ihre Spezialisten hatte[1]. Dabei handelt es sich um praxisorientierte Anleitungen zur Redekunst, die insbesondere auf die Bedürfnisse des Rechtslebens zugeschnitten waren. Hermagoras, der bedeutendste Vertreter, baute die Statuslehre aus und gab auch die erste große Darstellung der Memoriertechnik. Als diese Kunst während des zweiten Jahrhunderts ins damals stoisch geprägte Rom kam, war ihr Erfolg keineswegs durchschlagend, ja sie wurde als Kunst der Geschwätzigkeit attackiert. Eine politische Führungsgestalt wie Cato der Ältere (Censorius) blieb prinzipiell anti-hellenistisch eingestellt und hielt alle ‚Kunst' für verdächtig. Seine Anforderungen an einen Redner, der er selber in hohem Maße war, beschränkten sich nicht ohne Polemik auf moralische Qualitäten: ein Mann von tadelloser Sittlichkeit, der auch noch reden könne, war das Leitbild (*vir bonus, dicendi peritus*). Und das Geheimnis jeder guten Rede hat Cato im gleichen Sinne formuliert: man solle sich an die Sache halten, die Worte kämen dann schon von selbst (*rem tene, verba sequentur*)[2]. Der Einfluß der griechischen Bildung wurde erst am Ende des zweiten Jahrhunderts bedeutender, wie es besonders der Scipionenkreis belegt, in dem auch die Rhetorik Anerkennung und vor allem Anhänger fand. Entsprechend traten in Rom bald glänzende Rednerpersönlichkeiten auf, z.B. Crassus und Antonius (nicht die Gegenspieler Cäsars, vielmehr deren Vorfahren), die beiden Wortführer in Ciceros *Vom Redner*. Allerdings hatte sich die äußere Situation radikal gewandelt: während die erste Blüte der Rhetorik in Griechenland in einem vergleichsweise winzigen Stadt-

---

[1] Überblick bei G. Kennedy 1972, S. 103ff. und 149ff.
[2] Belege bei G. Kennedy 1963, S. 293.

staat erfolgte, wo einige wenige Intellektuelle im persönlichen Wettstreit ihre unterschiedlichen Meinungen austrugen, kam die Rhetorik in Rom in die Zentrale eines Imperiums mit krisenreicher Entwicklung und ständig wechselnden politischen Lagern. Erziehung zum Reden bedeutete hier in erster Linie Anleitung zur Bewährung auf dem Forum, wo ebenso die Staatsgeschäfte wie die großen Prozesse abgewickelt wurden. Persönliche Bewährung und Beeinflussung der zunehmend schwieriger lenkbaren Massen durch das Wort stellen die neuen Anforderungen dar.

Niemand belegt diesen Wandel und auch die damit verbundenen Probleme deutlicher als Cicero, der in der Endphase der Republik lebte[3]. Er hatte die typisch römische Ausbildung mit grammatischer Elementarschule und erster Praxis im Gefolge des ebenso gebildeten wie politisch aktiven Crassus erlebt, hatte neben einem ersten Kontakt mit Philosophie auch eine Einführung in die Schulrhetorik erhalten, die er wahrscheinlich bei einem griechischen Lehrer absolvierte. Das Ergebnis dieser Bemühungen war eine eigene, wenn auch nur unvollständige Ausarbeitung des erworbenen Wissens: *Von der Erfindungskunst*[4], d.h. eine Einführung in den gedanklich-argumentativen (nicht darstellerisch-stilistischen) Teil der Rhetorik. Die Ergänzung dazu bietet ein anonymes Werk mit gleichem (Entstehungs)hintergrund, das während des Mittelalters Cicero selbst zugeschrieben wurde und auf diese Weise entsprechende Autorität erlangte: die sog. *Rhetorik an Herennius*[5]. *Von der Erfindungskunst* und die *Rhetorik an Herennius*, auch als *Erste* und *Zweite Rhetorik* (Ciceros) bezeichnet, bildeten für Jahrhunderte die Grundlage des Unterrichts, obwohl Cicero selbst sich später (in *Vom Redner*) von der Schulrhetorik im allgemeinen und seiner eigenen Frühschrift im besonderen distanziert hatte. Der Grund dafür liegt offensichtlich in der schematischen Anlage des Werks, das in erster Linie rhetorische Details katalogartig vorführt. So dominieren z.B. im Bereich der Erfindung Aufzählungen der Topoi, wie sie Cicero bald als zu wirklichkeitsfremd erschienen. Der Blick in einen beliebigen Paragraphen aus *Von der Erfindungskunst* belegt den ‚Stil‘ dieser Lehre:

---

[3] Vgl. O. Seel: Cicero. Stuttgart 1953.

[4] Cicero: Rhetorik oder Von der der rhetorischen Erfindungskunst. Hg. von W. Binder. Stuttgart o.J.

[5] Rhetorik an Herennius. Hg. von Ch. Walz. Stuttgart 1842; vgl. die Einleitung von H. Caplan zu seiner Ausgabe: Ad C. Herennium de ratione dicendi. With an English Translation. Cambridge (Mass.), London 1954.

Wofern er (der Anwalt) aber behauptet, es habe nicht Einer aus Antrieb, sondern mit Überlegung Etwas verübt, so wird er beweisen, was für einen Vortheil er verfolgt, oder welchem Nachteil zu entgehen er gesucht habe, und er wird dieses so auffallend als möglich schildern, damit, so weit es sich nur machen läßt, Jener als der erscheine, der eine möglichst starke Veranlassung zu seiner Freveltat gehabt habe. Wenn es des Ruhmes wegen geschah, so wird er dartun, welch großen Ruhm sich Jener davon versprochen habe; ebenso, wenn aus Herrschsucht, aus Geldgier, aus Freundschaft, aus Feindschaft; überhaupt, was immer für eine Ursache er angeben mag, immerhin wird er recht gewissenhaft erwägen müssen, nicht nur, wie sich die Sache in Wahrheit verhalte, sondern noch weit nachdrücklicher, wie es mit der Ansicht dessen stehe, den er beschuldigt. Denn es kommt nicht darauf an, ob kein Vorteil oder Nachteil dabei stattgefunden habe, oder stattfinde, sobald sich dartun läßt, daß es dem Angeschuldigten so vorgekommen sei. Denn die Meinung täuscht die Menschen auf doppelte Weise: wenn entweder die Sache anderer Art ist, als man meint, oder der Erfolg nicht so ist, wie man ihn erwartet hat. Die Sache ist anderer Art in dem Fall, wenn man entweder das, was gut ist, für schlimm hält, oder im Gegenteil, das was schlimm ist, für gut; oder, was weder schlimm noch gut ist, für schlimm oder gut; oder, was schlimm oder gut ist, weder für schlimm, noch für gut. Hat man sich hiervon einen klaren Begriff gemacht, so wird, wenn Einer behauptet, kein Geld liege ihm mehr am Herzen, und mache ihm größere Freude, als das des Bruders oder Freundes Leben, oder überhaupt die Erfüllung seiner Pflicht, der Ankläger dieses nicht in Abrede zu ziehen haben. Denn mit Vorwürfen und dem bittersten Hasse wird der sich beladen, der das, was mit solcher Wahrheit und solcher Gewissenhaftigkeit ausgesprochen wird, in Abrede zieht. Aber das wird er sagen müssen, es sei dem Täter nicht so vorgekommen, und dies wird er aus dem zu entnehmen haben, was die Person betrifft, wovon später die Rede sein wird. (II 6)

Statt Problematisierung also Methodisierung der einzelnen Aspekte des Überzeugungsvorgangs! Auch die zusätzliche Einführung einer Ankündigung des Beweisziels (*partitio* oder *divisio*) sowie einer Widerlegung der gegnerischen Argumente (*refutatio*) in die alten vier Redeteile (Einleitung, Erzählung, Beweis und Schluß) erklärt sich aus dem Wunsch nach einer möglichst schablonenartigen Präparierung der einzelnen Arbeitsschritte.

Der schulmäßige Charakter dieser Art von Rhetorik kommt schließlich besonders stark bei der Behandlung der Stilistik zum Ausdruck, die Cicero selbst nicht mehr bearbeitet hat. Hier wurde das vierte Buch der *Rhetorik an Herennius* zum Vorbild, das seit dem (späteren) Mittelalter bis weit in die Neuzeit den Rang einer fast verbindlichen Darstellung der Tropen und Figuren erlangte.

Und zwar unterscheidet die *Rhetorik an Herennius* fünfundvierzig Wortfiguren und neunzehn Sinnfiguren, wobei die (zehn) Tropen den Wortfiguren subsumiert bzw. an deren Ende gestellt sind. Sofern die Metapher an die vorletzte Stelle rückt, wird deutlich, daß der gesamte Bereich der Figürlichkeit nicht am Problem der (Hervorbringung von) Bedeutung orientiert ist, sondern an den Möglichkeiten einer (nachträglichen) ‚Ausschmückung‘, ja Kolorierung der Gedanken. Der Schüler konnte bzw. mußte Figur für Figur auswendig lernen, um über weit gefächerte Variationsmöglichkeiten zu verfügen, auch wenn nebenbei einmal vor kindischem Gebrauch gewarnt wird (4,32). Zu Beginn des vierten Buches hat der Autor in einer breiten Vorrede zudem dargelegt, daß er eigene Beispiele für die jeweilige Anwendung gebe, sich also bewußt nicht an die (griechische) Tradition halte. Aktualität, Umsetzbarkeit und ausdrücklich Vermeidung von Unverständlichkeit gehören zu diesem Konzept einer Rhetorik, das sich ausschließlich an praktischen Bedürfnissen orientiert. Dazu paßt auch die hohe Wertschätzung der Memoriertechnik, die in keiner antiken Rhetorik detaillierter behandelt ist, sowie die breite Darstellung des stimmlichen und gestischen Vortrags der Rede. Was sich irgend ‚verschulen‘ läßt, haben *Von der Erfindungskunst* und die *Rhetorik an Herennius* erfaßt.

Allerdings muß man im Falle von Ciceros Beitrag auch noch einen andern Aspekt hervorheben. Bei allem Interesse an griffigen Schemata, die Cicero übrigens, wie das ganz und gar auf Schulgebrauch hin angelegte Spätwerk der *Topik* zeigt, immer zumindestens unter propädeutischen Gesichtspunkten durchaus schätzte[6], kündigt sich auch jenes Thema an, das dann in *Vom Redner* im Vordergrund stehen wird: die Bedeutung der Redekunst als Instrument der (politischen) Willensbildung, ja als Voraussetzung von Gemeinschaft überhaupt. Die *Macht* der Rede, ihre kulturstiftende, aber auch ihre gefährliche Rolle kommt in einer berühmten Formulierung innerhalb der Einleitung zum Ausdruck, die übrigens erkennbar an Isokrates anknüpft[7]:

Es gab nämlich eine Zeit, wo die Menschen zerstreut auf den Feldern nach Art der Tiere umherschweiften, und sich roher Nahrung zu ihrem Lebens-

---

6 Vgl. L. Bornscheuer 1976, S. 62.
7 Vgl. A.D. Leeman und H. Pinkster: Kommentar zu: M. Tullius Cicero: De Oratore libri tres. 3 Bde. Heidelberg 1981, 1985, 1989, Bd 1, S. 64.

unterhalte bedienten, nichts durch geistige Tätigkeit, sondern das meiste
durch Körperkraft bewerkstelligten, wo noch nicht die Scheu vor dem
Göttlichen, nicht die Erwägung der Pflicht zur Geltung gekommen war,
niemand einen gesetzlichen Ehestand gesehen, niemand mit Gewißheit seine
Kinder erkannt, niemand einen Begriff davon hatte, welchen Nutzen gleiches
Recht aller gewähre. So mißbrauchte, aus Irrtum und Unverstand, die
Leidenschaft, diese blinde und tollkühne Herrscherin, zu ihrer Befriedigung
die Kräfte des Körpers, eine höchst verderbliche Begleitung. Da erkannte
denn einer – gewiß ein großer und weiser Mann – welcher Stoff und welches
so bequeme Mittel für die wichtigsten Dinge in dem menschlichen Geiste
liege, wofern nur jemand sie hervorzulocken und durch Vorschriften zu
veredeln imstande wäre. Derselbe war es auch, der die auf dem Felde
zerstreuten und im Dickicht der Wälder versteckten Menschen nach einem
bestimmten Plane an einem Ort zusammenbrachte und vereinigte und, indem
er sie zu jeder nützlichen und anständigen Tätigkeit hinleitete, wogegen sie
anfangs, weil sie es noch nicht gewohnt waren, Widerwillen äußerten,
nachher aber, durch vernünftige Gründe und die Macht der Rede gewonnen,
ihm mit immer größerem Eifer zuhörten, sie aus wilden und unbändigen
Wesen zu sanften und nachgiebigen umbildete. Das konnte, nach meinem
Dafürhalten, nicht eine Weisheit, welcher die Rednergabe ganz abging, oder
nur in dürftigem Maße verliehen war, ins Werk setzen, daß sie nämlich die
Menschen mit einem Male von ihrer Gewohnheit abbrachte, oder zu einer
von ihrer vorigen ganz verschiedenen Lebensweise hinführte. Nun aber,
nachdem Städte gegründet waren: wie war es möglich, die Menschen daran
zu gewöhnen, daß sie Treue und Glauben hielten, wenn jene Weisen die
Menschen von den Ergebnissen ihres Nachdenkens nicht auch durch ihre
Beredsamkeit überzeugen konnten? Fürwahr, keiner, der im Besitze hervor-
ragender Kraft war, hätte sich ohne den Eindruck einer inhaltsreichen und
einschmeichelnden Rede dazu verstanden, ohne Anwendung dieser seiner
Kraft sich einem Rechtsspruche zu fügen, sich geduldig auf gleiche Stufe mit
solchen, vor denen er weit den Vorrang behaupten konnte, stellen zu lassen
und gutwillig einer ihm liebgewordenen Gewohnheit zu entsagen, welche
dazu noch durch die Länge der Zeit schon die Gewalt der zweiten Natur
behauptete. Auf diese Weise scheint mir die Beredsamkeit zuerst entstanden
zu sein. Nachdem aber eine gewisse Geschicklichkeit, welche in verwerflicher
Weise die Tugend nachahmte, ohne alle Rücksicht auf die Pflicht, sich der
Fülle der Rede bemächtigt hatte, da gewöhnte sich die Schlechtigkeit, im
Vertrauen auf ihr Talent, ganzen Städten und dem Zusammenleben der
Menschen den Umsturz zu bereiten. (I 2)

Wenige Jahre nach dem Niederschreiben dieser Worte kam Cicero
erneut und intensiver denn je zuvor in Kontakt mit der (griechischen) Tradition. Er studierte nicht nur die Fachrhetorik weiter,
sondern machte sich das Wissen sämtlicher hellenistischer Philo-

phieschulen zu eigen[8]. Auf dieser Grundlage erfolgte eine erneute Auseinandersetzung mit der Rhetorik, die nun statt auf Indienstnahme insbesondere für die juristische Praxis auf eine rednerische Gestaltung des (öffentlichen) Lebens überhaupt hinauslief. Im Zusammenspiel von persönlicher Integrität und Verantwortungsbewußtsein, von umfassender Bildung und solidem Fachwissen, schließlich auf dem Hintergrund einer skeptischen Einschätzung menschlicher Erkenntnisfähigkeit und daraus folgender Notwendigkeit des freien Dialogs mit wechselseitiger Anerkennung entgegengesetzter Meinungen wird Rhetorik zur ‚Philosophie‘ einer bestimmten Form des Lebens, und zwar des Lebens in der Republik, wie es vom Forum her bestimmt ist.

2.2 Der ideale Redner

Cicero, *Vom Redner* (*De oratore*)

---

[8] Vgl. ebd. S. 3ff. und 43.

Machtvolles Wissen

Ciceros *Vom Redner*[9], in der durch C. Julius Cäsar ausgelösten Krise der römischen Republik (55 v. Chr.) entstanden, ist als Dialog konzipiert, der realitätsnah zur Zeit einer andern Krise stattfindet, und zwar im Jahre 91, kurz vor Beginn des Bürgerkriegs in Italien[10]. Das Thema ‚Rhetorik‘, dem sich die (inzwischen schon verstorbenen bzw. der Krise zum Opfer gefallenen) Partner in einer äußerlich idyllischen Atmosphäre widmen, stellt sich nicht nur vor dem Hintergrund des bedrohten Staates dar, sondern ist mit dieser Thematik direkt verwoben: es kommt auf die Rettung der Republik an, weil allein in ihr jenes menschenwürdige Dasein möglich ist, das von der Rede geprägt wird[11]. Aber Cicero denkt dabei nicht mehr an eine Redekunst, wie sie in den entsprechenden Schulen gelehrt wurde. Vielmehr ist das Vertrauen in die ‚technischen‘ Möglichkeiten einer Beherrschung der Redekunst eher gebrochen angesichts der Probleme, die sich auf dem Forum stellen. Von Anfang an wird klar, daß die Macht, deren es zur Führung, ja Hinführung der Menschen zu Frieden und Gesittung bedarf, keine Frage der Kenntnis von Schemata und Details ist. Ausdrücklich hebt Cicero hervor, daß die Redekunst unter allen Fähigkeiten die seltenste und am schwersten zu lernende darstelle (1,6ff.). Sie verlangt den Weisen, den umfassenden Kenner des Menschen und der Welt. Auf diesem Hintergrund aber zeichnet sich eine neue Konzeption ab: sie liegt in der Konzentration auf die Fähigkeiten einer Persönlichkeit, die die Probleme der Menschenführung dank überlegener Autorität löst[12]. Schon der Titel des Werks signalisiert die Tendenz: im Vordergrund steht nicht die Rhetorik, sondern der Redner. Republikanisch-zivilisatorisches Leben ist gekennzeichnet durch den Verzicht auf äußere Macht, andererseits aber darauf angewiesen, daß große Persönlichkeiten über *rednerische* Macht

---

[9] Cicero: Über den Redner. De oratore. Hg. von H. Merklin. Stuttgart 1981. Hintergrund und Einzelheiten im Stellenkommentar von A.D. Leeman und H. Pinkster 1981–89. Ich stütze mich im folgenden besonders auf L. Bornscheuer 1976, S. 61ff., und G.K. Mainberger 1987, S. 263ff.

[10] Zur ‚Kulisse‘: A.D. Leeman und H. Pinkster 1981, S. 66.

[11] Diese Klage hat Cicero am prägnantesten im *Brutus* (hg. von B. Kytzler. München, Zürich 1986) formuliert (1,2–2,7).

[12] G.K. Mainberger 1987 spricht von einer „mythischen Persönlichkeit" (S. 271).

verfügen, um jenen gemeinsamen Willen zu erzeugen, der dem Ganzen Bestand verleiht.

Die Grundidee hat Cicero schon im Prolog ausgedrückt, wenn er die Fähigkeit des Redners anspricht, wie sie besonders in der Besänftigung und Erregung der Zuhörer wirksam wird (1,17). Aber das erste Buch macht es schwer, die Idee im Auge zu behalten, weil sie sich scheinbar innerhalb der Kontroversen über die Leistungsfähigkeit rhetorisch angeleiteter Rede auflöst. Zweimal tritt Crassus mit einem Lob dieser Leistungsfähigkeit hervor, das jeweils von Antonius ,widerlegt' wird, ehe im zweiten und dritten Buch eine ruhigere Behandlung des üblichen Stoffs erfolgt. Zu diesem Zeitpunkt aber hat Antonius bereits zum Ausdruck gebracht, daß seine Gegenreden ,spielerisch' zu verstehen waren, daß sie im Sinne bzw. im Stil der skeptischen Akademie nur die andere Seite eines Gedankens herausarbeiten wollten, der auf diese Weise umso schärfer zum Ausdruck kommt[13]. Dazu aber gehört zunächst die Macht des Wortes, die Fähigkeit, die Menschen durch die Rede in Bann zu schlagen, ja – so drückt es Crassus aus – „ihre Neigung zu gewinnen, sie zu verleiten, wozu man will, und abzubringen, wovon man will" (1,30). Auf den Einwand hin, daß die großen Redner (wie im Falle der Gracchen) den Staaten eher schadeten bzw. hervorragende Taten mit wenigen Worten verrichtet wurden, gibt Crassus negative Effekte durchaus zu, zeigt aber auch, auf welche Weise diese vermieden werden können. Gerade wenn man die Rhetorik *nicht* auf eine bloße Worttechnik reduziert, sondern sie auf der Grundlage eines umfassenden Wissens einsetzt, ist sie überhaupt erst wirkungsvoll und entzieht sich zugleich den Möglichkeiten einer Pervertierung (1,48ff.). Der Redner soll entsprechend auf allen Gebieten ,beschlagen' sein. Die Fähigkeit, die Menschen zu leiten, hängt ab von umfassender Kenntnis sowohl der menschlichen Natur wie im Prinzip des gesamten Wissens (1,53ff.). Aber umgekehrt kann nichts ohne das Wort vermittelt werden, so daß der Redner ausdrücklich den Philosophen überbieten muß:

Dabei erscheint das (Wissen) ganz als ein Spezialgebiet der Philosophen, und kein Redner wird, wenn es nach mir geht, je dagegen protestieren; doch wird er, wenn er ihnen die theoretische Erkenntnis der Welt zugesteht, weil sie sich nur darum bemühen wollten, die Beschäftigung mit ihrer sprachlichen Darstellung, die ohne jenes Wissen gar nicht möglich ist, für sich in Anspruch nehmen; denn das ist, wie ich schon oft sagte, das Spezialgebiet des

---

[13] A.D. Leeman und H. Pinkster 1981, S. 68.

Redners: eine wirkungsvolle, schöne, dem Geschmack und dem Empfinden des Menschen angepaßte Sprache. (1,54)

Über jedes Thema ,wortgewaltig und abwechslungsreich' (*copiose varieque*) reden zu können (1,59), bildet schließlich das Fazit dieser ersten Auseinandersetzung.

Ein neuerliches und offenbar noch schwerwiegenderes Problem liegt allerdings in der Frage, wieweit die Aneignung eines solchen Wissens möglich ist. Denn Crassus fordert etwas, was Aristoteles mit Bedacht vermieden hatte: statt in der Rhetorik eine formale ,Technik' überzeugender Rede zu sehen, statt sie als eine Anleitung zum *Umgang* mit Wissen zu betrachten, soll sie dieses Wissen nun selbst hervorbringen. Die Zweifel, die Cicero Antonius daraufhin formulieren läßt, gehen sogar in eine doppelte Richtung: nicht nur scheint umfassende Bildung ein Phantom zu sein, sondern gerade die sprachliche Darstellung könnte mehr mit Naturanlage als mit Kunst zu tun haben (1,80ff.) – ein Argument mit großen Folgen in der Tradition, wie wir noch sehen werden. Crassus hat daraufhin Gelegenheit, das Zusammenspiel von Begabung, Theorie und Übung zu klären (1,113ff.), und er tut dies wiederum in Abgrenzung von einer Schulrhetorik, deren ,Systeme' nur einem überlegenen Geist von Nutzen sind. Vor allem aber sucht Crassus seine Grundthese von der Notwendigkeit eines umfassenden Wissens zu erhärten, wobei er sich auf den allerdings (für römische Verhältnisse) entscheidenden Fall des Rechts beschränkt (1,166ff.). Auch dabei kommt es zur Gegenrede des Antonius (1,209ff.), die jedoch wie zuvor im Sinne einer Auspendelung der Extreme zu verstehen ist. Antonius möchte den universellen Anspruch des Crassus (nur) auf menschliches Maß bringen, insbesondere die Verfügung über Fachkenntnisse (für die man Spezialisten heranziehen kann) und philosophische Tiefe zugunsten von Geistesgegenwart und Einfühlungsvermögen zurückstellen:

(Der Redner) findet vielmehr Zugang zu den Menschenherzen und wirkt auf ihren Sinn und ihr Gemüt auf solche Weise, daß er nicht auf philosophische Definitionen angewiesen ist und nicht in seiner Rede untersucht, ob jenes höchste Gut im Geiste oder Leibe liegt, ob es durch Tugend oder Lust bestimmt wird und ob diese Dinge miteinander zu verbinden und in Übereinstimmung zu bringen sind, und ob man gar, wie mache meinen, nichts mit Bestimmtheit wissen und nichts voll erkennen und erfassen kann. Die Wissenschaft von diesen Dingen ist, wie ich bekenne, anspruchsvoll und kompliziert, und es gibt eine Vielzahl von ausführlichen und mannigfachen

Theorien. Wir aber, Crassus, suchen etwas anderes, etwas ganz anderes. Wir brauchen einen Mann mit scharfem Geist und einer Klugheit, die sich auf Begabung und Erfahrung gründet, einen Mann, der ein Gespür für die Gedanken und Gefühle, Meinungen und Erwartungen seiner Mitbürger und der Menschen hat, die er durch seine Rede von etwas überzeugen will. (1,222f.)

Die Standpunkte liegen demnach nicht weit voneinander entfernt: Menschenführung auf dem Forum ist genau das Programm, das auch Antonius vertritt. Und selbst hinsichtlich des umfassenden Wissens schlägt dieser in seinem eigenen Lob der Rhetorik (im zweiten Buch) bald andere Töne an (2,32ff.). Was Cicero also gerade in der Kontroverse zum Ausdruck bringt, ist die Forderung nach einer Rhetorik, die Erfolg auf der Grundlage von Kompetenz sucht. Über jedes Thema wortreich und wirkungsvoll (*ornate copioseque*) reden zu können, wie es der Eingangsdefinition entsprach (1,21), bedarf zwar der Einschränkungen und entbehrt nicht der Schwierigkeiten, stellt aber auf der andern Seite eine wohl bewußte Variante jener aristotelischen Definition dar, wonach die Rhetorik *in allem* das Glaubenerweckende zu erkennen lehrt[14]. Nur zeigt sich bei diesem Vergleich auch die Gewichtsverlagerung: Cicero sucht nicht nach den Bedingungen des Wissens, sondern will Wirksamkeit in der Welt. Die Fülle an Gedanken und Worten soll Macht verleihen, Führung ermöglichen. Welchen Beitrag dazu die rhetorische Theorie leisten kann bzw. in welchem Sinne die bestehende Theorie dazu umzuformen ist, wird in den folgenden Büchern im einzelnen zum Ausdruck gebracht.

Hinreißende Gedanken

Nach dem Grundschema der Rhetorik beruht jede Erörterung der Materie auf der Erfindung der Gedanken einerseits und ihrer sprachlichen Darstellung andererseits. Cicero läßt die erste Aufgabe Antonius zufallen (im zweiten Buch), die zweite Crassus (im dritten Buch). Aber diese klare Trennung täuscht. Die Pointe von Ciceros Behandlung liegt gerade in der Durchdringung der beiden Bereiche, ja in der Entdeckung, daß die Erfindung der Gedanken mit der sprachlichen Darstellung untrennbar verwoben ist. Die Kraft der Rede bzw. die Macht des Redners wurzelt förmlich in der Beherrschung einer ‚Sprache', die gedankenreich und ausdrucks-

---

[14] Vgl. L. Bornscheuer 1976, S. 71ff.

stark zugleich, ja ausdrucksstark, *weil* gedankenreich ist. All dies entspricht wenig der Systematisierungs- oder Katalogisierungspraxis der Schulrhetorik und es verwundert nicht, wenn in den langen einleitenden Bemerkungen zum zweiten Buch wieder die Polemik gegen diese Schulrhetorik eine wichtige Rolle spielt. Aber man muß auch sehen, daß Cicero sein Konzept dennoch aus deren Grundkategorien heraus entwickelt, wobei weniger Ablehnung als Umdeutung bzw. Begrenzung von Ansprüchen eine Rolle spielen. Dabei aber geht es immer wieder um die wirklichen ‚Schwierigkeiten' der Rede, um die Frage, was schematisch geleistet werden kann und wo eben die ganze Begabung und Kraft hinzutreten muß. Schon beim Ausschluß der Lobrede aus den zu behandelnden Gattungen spielt dies eine Rolle, wenn gesagt ist, daß nur vor Gericht und in der Politik die Kämpfe stattfinden, die wirklich den großen Redner erfordern. Angesichts der Unterscheidung der sog. finiten, d.h. auf einen Einzelfall (wie sie für Gerichtsreden typisch sind) begrenzten, gegenüber den infiniten Gegenständen (wie sie in Wissenschaft und Philosophie eine Rolle spielen) verficht Antonius voller Leidenschaft den hohen Anspruch der ersteren. In einer Rechtsfrage, die alle Gemüter bewegt, z.B. Haß in Wohlwollen umzulenken oder umgekehrt, ja „gleichsam durch einen Mechanismus eine Wendung bald zur Strenge, bald zur Nachsicht, bald zur Trauer, bald zur Freude zu bewirken" (2,72): dies erscheint als höchste Aufgabe, die sich der menschlichen Redefähigkeit stellen kann. Dafür bedarf es auch der technischen ‚Mittel', nur überschätzen soll man diese ‚Mittel' nicht, vielmehr muß man sich bewußt sein, daß sie lediglich Hilfen im Überzeugungsprozeß darstellen.

Bei ihrer Sichtung geht Antonius von der aristotelischen Differenzierung in die ethischen, pathetischen und logischen Aspekte der Überzeugung aus, die nun als Mittel zur Besänftigung und Erregung der Leidenschaften sowie der Belehrung erscheinen (2,115). Aber während Aristoteles in dieser Trias unterschiedliche Aspekte sah, die entsprechend getrennt zu behandeln waren, verwischt Cicero auch hier bewußt die Grenzen[15]. Es gibt also nur bedingt ‚Mittel' für die sachlich-argumentative Seite der Rede neben solchen, die auf die Affekte bezogen sind, vielmehr hat die Sachargumentation *selbst* eine affektische Seite. Darüber hinaus wird ausdrücklich hervorgehoben, daß es ohnehin weniger auf das

---

[15] Auch unter Berufung auf Aristoteles: vgl. A. D. Leeman und H. Pinkster 1985, S. 152 und 160.

Was als auf das Wie ankomme, daß die entscheidende Aufgabe darin liege, „etwas, das man sagen muß, schön, wortreich und abwechslungsvoll zu sagen" (2,120). Die Topoi, an die Antonius denkt, stellen gewissermaßen ‚Sprach-Gedanken' dar, die – wie es genauer heißt – einen Stoff liefern, der die Worte selbst hervorbringt (2,146). Zu ihrem Charakter gehört Allgemeingültigkeit, ja es sollen „Grundgedanken" sein, über die man verfügt wie beim Schreiben über die Buchstaben (2,130). Die Kunst besteht also darin, „daß man die Gefilde kennt, in denen man das, was man sucht, zu jagen oder aufzuspüren hat" (2,147). Ein Beispiel wie die Stützung der Argumentation auf ‚Ähnlichkeit' oder ‚Unterschied' verdeutlicht, wie nahe dies immerhin den aristotelischen Enthymemen kommt:

Bei einer Ähnlichkeit hingegen (kann man so argumentieren): „Wenn wilde Tiere ihre Jungen lieben, welche Hingabe müssen wir dann gegen unsere Kinder zeigen?" Bei einem Unterschied jedoch: „Wenn es Barbarenart ist, in den Tag hinein zu leben, so müssen unsere Pläne auf die Dauer ausgerichtet sein." Zu beiden Formen, der der Ähnlichkeit und der des Unterschieds, gehören oft Beispiele aus den Taten, Reden und Erfolgen anderer sowie erfundene Geschichten. (2,168f.)

Aber Cicero entfernt sich dennoch auf charakteristische Weise von seinem Vorbild. Vor allem die Zuordnung der ‚allgemeinen' Gedanken zu ‚grundsätzlichen' Fragen zeigt die neuen Akzente. Antonius verlangt vom Redner nicht nur, einen Fall auf das Wesentliche hin zu durchleuchten, um ihn etwa selbst besser zu verstehen, sondern sieht in dieser Reduktion die entscheidenden Voraussetzungen der Überzeugung überhaupt. Wer etwa beim konkreten Vorwurf aufwendiger Lebensweise seine Rede auf die allgemeine Frage der Verschwendung hin zuspitzt (2, 135), dringt beim Hörer leichter durch, schon weil nun alle dem individuellen Fall anhaftenden (möglicherweise störenden) Gesichtspunkte wegfallen. Und im übrigen ergibt sich noch ein anderer Vorteil: je allgemeiner die Quellen, umso unbegrenzter ihre Anwendungsmöglichkeit: letztlich verspricht eine Beherrschung der (im wahrsten Sinne des Wortes) ‚entscheidenden' Quellen stetige Souveränität. „Wie am Schnür-chen" soll der Redner entsprechend diese Topoi zur Verfügung haben (2,140).

Wo Antonius nach der Abhandlung der ‚sachlichen' Überzeugungsgründe auf die affektische Seite der Rede zu sprechen kommt, bringt er unumwunden zum Ausdruck, daß erst hier der wahre Kern der Redekunst liege:

Denn nichts ist ja beim Reden wesentlicher, Catulus, als daß der Zuhörer dem Redner gewogen ist und daß er selbst so tief beeindruckt wird, daß er sich mehr durch den Drang seines Herzens und einen inneren Aufruhr als durch sein Urteil oder seine Einsicht lenken läßt. Die Menschen entscheiden ja viel mehr aus Haß oder aus Liebe, Begierde oder Zorn, Schmerz oder Freude, Hoffnung oder Furcht, aus einem Irrtum oder einer Regung des Gemüts, als nach der Wahrheit oder einer Vorschrift, nach irgendeiner Rechtsnorm oder Verfahrensformel oder nach Gesetzen. (2,178)

Damit verlagert Cicero nicht nur wie gewöhnlich die Gewichte gegenüber Aristoteles, sondern er bringt auch eine Neuinterpretation ins Spiel. Während Aristoteles das Ethos allein auf die (für die Überzeugung wichtigen) ethischen Qualitäten des Redners bezog, streift Cicero diesen Gesichtspunkt nur (2,182). Für ihn ist der Charakter der beteiligten Personen – im Falle der Gerichtsrede besonders des Angeklagten – wichtiger, wobei deren auf Wohlwollen bzw. Mitleid berechnete Behandlung die mildere Variante zu den pathetischen Schilderungen von großen (verhängnisvollen) Entschlüssen oder Taten darstellt[16]:

Nicht immer ist ja ein energischer Charakter der Rede angezeigt, vielmehr ist es oft ein gefälliger, verhaltener und sanfter Stil, der die Betroffenen am ehesten empfiehlt. Als die Betroffenen bezeichne ich jedoch nicht nur die, die beschuldigt werden, sondern alle, deren Sache zur Debatte steht; das meinte man ja einst damit. Ihren Charakter also in der Rede als gerecht und lauter, gewissenhaft und scheu, als duldsam gegenüber Ungerechtigkeiten darzustellen, das wirkt wahre Wunder. Dieses Mittel hat auch, wenn man es ansprechend und geschmackvoll einzusetzen weiß, in der Einleitung, bei der Schilderung des Sachverhalts oder am Schluß der Rede solchen Einfluß, daß es oft mehr ausmacht als die Sache selbst. Der Ton der Rede hat indessen eine solche Wirkung, daß die Rede gleichsam ein Bild vom Charakter des Redenden entstehen läßt. Durch die entsprechende Art von Gedanken und Formulierungen kann man ja, wenn auch noch ein ruhiger und freundlich gestimmter Vortrag hinzukommt, die Wirkung erzielen, daß man als ein braver, gutartiger, tüchtiger Mann erscheint. (2,183f.)

Nirgendwo sonst hat Cicero so konsequent wie im Zusammenhang der affektischen Überzeugungsmittel die Möglichkeiten der Seelenführung ausgelotet, ja den Redner als einen Menschenkenner hingestellt, der buchstäblich sein gesamtes Sinnen und Trachten auf die Regungen der Zuhörer richtet, um daraus Gewinn zu ziehen. Die Segel in die Richtung zu setzen, aus der sich die Brise zeigt,

---

[16] Vgl. A.D. Leeman und H. Pinkster 1981, S. 62f.

gehört ebenso dazu, wie nach Feldherrenart die Stehenden ins
Wanken zu bringen bzw. die Widerstrebenden zu bezwingen
(2,187). Über solche Mittel zu verfügen – Antonius spricht immerhin von einem Schauder ihnen gegenüber (2,188) –, setzt jedoch
auch eine Identifikation mit dem Redeinhalt voraus. Bewegen kann
nur, wer selbst bewegt ist (2,189), so daß es nicht nur keiner Verstellung bedarf, sondern Verstellung letztlich überflüssig ist (2,191),
auch wenn dann ausdrücklich von einer ‚Kunst' gesprochen wird,
„beim Reden Zorn und Schmerz zu fühlen und Tränen zu vergie-
ßen" (2,196). Der Erfolg der Rede entscheidet sich jedenfalls ganz
und gar im psychologischen Bereich. Ohne die Gefühle der Zuhörer zu erwecken, z.B. ihre Freude oder Furcht anzusprechen, und
ohne ihre Zuneigung für den Mandanten zu gewinnen, kurz: ohne
Berücksichtigung der Affekte keine Wirkung! Und Haß zu besänftigen wie zu schüren, Neid zu erregen, aber auch z.B. mittels der
Angabe zu unterdrücken, ein Erfolg verdanke sich großer Mühe
oder Gefahr: all dies setzt eine Leidenschaftlichkeit und Energie
des Einsatzes voraus, die die logisch-argumentativen Kräfte zurücktreten läßt. So heißt es ungeschminkt:

Denn Argumente finden im Verstand selbst ihre Stütze und prägen sich ihm
ein, sobald sie vorgebracht sind; bei jenem Stil dagegen kommt es nicht auf
die Einsicht, sondern eher auf die Verwirrung des Richters an, und sie ist nur
durch eine ausgiebige, abwechslungsreiche und wortreiche Rede sowie durch
einen entsprechenden Aufwand beim Vortrag zu erreichen. (2,214)

Selbst der Witz wird als Mittel, den Zuhörer zu gewinnen, in einem
ausgedehnten Exkurs (2,216ff.) gewürdigt und dem Gesamtkonzept
psychologischer Dramaturgie eingefügt.

Wenn das Kapitel der Erfindung der Gedanken auf diese Weise
ganz im Zeichen der Affekte stand, so kehrt diese Problemstellung
auch noch bei der Erörterung der Gliederung wieder, mit der
Antonius seinen Beitrag zur rhetorischen Theorie abschließt
(2,307ff.). Auch die Gliederung der Gedanken hat Rücksicht auf
die Zuhörer zu nehmen, auch bei der Reihenfolge der Argumente
kann man die Wirkung steigern oder abschwächen. Keine Argumente führen zum Erfolg, wenn sie nicht klug plaziert sind, z.B. die
besten gleich zu Beginn, die guten am Schluß, während in der Mitte
auch weniger bedeutsame ihren Platz finden (2,314). Nicht die
sachliche Information, nicht die logische Präparierung des Falles
entscheidet, sondern dessen hinreißende Vermittlung. Dazu aber
gehört schließlich die sprachliche Umsetzung. Ausgerechnet Anto-

nius hat in den Vorüberlegungen zu ‚seinem' Thema, zur Erfindung der Gedanken, in aller Deutlichkeit hervorgehoben, welchem Kapitel der Rhetorik die höchste Priorität gebürt: der sprachlichen Darstellung der Gedanken.

Glänzende Darstellung

Genauso wie Cicero die Frage der Erfindung der Gedanken nicht ohne Blick auf die Rede als (Wirkungs)einheit erläutert, also bereits die sprachliche Darstellung mit im Blick hatte, behandelt er auch diese selbst unter der Voraussetzung der Zusammengehörigkeit von Gedanke und Darstellung, von Sache und Formulierung. Dabei dient die Verbindung von Körper und Seele als Vorbild: so wie es keinen Schmuck ohne Träger gibt, läßt sich kein Gedanke „ohne die erhellende Kraft des Ausdrucks" darstellen (3,24). Crassus, der diesen Teil übernimmt, untermauert das Prinzip in einem Exkurs, der die gesamte Geschichte der Philosophie seit Sokrates als die Geschichte der unseligen Trennung von Rede und Weisheit Revue passieren läßt (3,126ff.). Es darf also nicht mehr überraschen, wenn Crassus mitten in der Stilistik die Stoffbeherrschung und Bildung des Redners anspricht. Daß die Polemik gegen die schulmäßigen Behandlungen des Themas wieder hervortritt, gehört ebenso zum Erwarteten. Auch die Tugenden der Rede (*virtutes elocutionis*) lassen sich nach Crassus nicht auf Lernstoff reduzieren[17].

Dabei sprengen schon die ersten Bemerkungen den üblichen Rahmen: statt einer systematischen Darstellung mit technischen Hinweisen wird der Leser mit der Tatsache konfrontiert, daß jeder Stil etwas Individuelles darstelle, ja daß es so viele Stile gebe wie Redner (3,34). Nur unter dieser Prämisse ist Crassus bereit, die Standardthemen zu behandeln, zunächst Korrektheit und Klarheit der sprachlichen Darstellung. Daß sich rednerisches Können anderswo zeigt (3,52), braucht kaum betont zu werden. Erst der vom Schmuck bestimmte Glanz – auch hier kommt es wieder sofort zum Ausdruck – ist imstande, „die Hörer in jede Richtung, zu der man neigt, zu treiben" (3,55). Andererseits ist vor Häufung der Glanzmittel gewarnt, weil übermäßiger Reiz letztlich das Gegenteil des

---

[17] B. Vickers Kritik an fehlender Systematik, Unübersichtlichkeit und mangelnder Originalität von *Vom Redner* (1988, S. 29ff.) berücksichtigt zu wenig die Anlage des Ganzen.

Angestrebten bewirke, nämlich Verdruß (3,98). Ausdrücklich redet Crassus einer dezenten, ja strengen Ausdrucksweise das Wort, und zwar entgegen allem Süßlichen und Abgeschmackten (3,103).

Das wichtigste Mittel im Bereich des Redeschmucks aber liegt in der Amplifikation von Gedanken, d.h. in den Möglichkeiten der verallgemeinernden (steigernden oder abschwächenden) Ausgestaltung eines Themas[18]. Dazu dienen die sog. ‚Gemeinplätze' (*loci communes*), also jene Topoi, die sich auf besonders geläufige oder allgemeingültige Themen beziehen, wie sie im alltäglichen Leben von Bedeutung sind. Die alte sophistische Methode der Erweiterung eines Gedankens, die Aristoteles auf die Lobrede beschränken wollte, wird also von Cicero gerade auf die forensischen Gattungen übertragen. Ja man kann sagen, daß der Ausschluß der Lobrede als Gattung mit ihrer Wiederkunft als beherrschendes *Charakteristikum* aller Redearten einhergeht[19]. Wenn Überzeugung ohnehin weniger dank der argumentativen Details zustandekommt, sondern dank der affektischen Mittel, läßt sich die Rede vom individuellen Fall überhaupt loslösen und die Wirkung ganz den Themen anvertrauen, die den Hörer wirklich mitreißen. Denn nun geht es nicht um schwer zu durchschauende und entsprechend schwer zu beurteilende Einzelheiten, sondern um Fragen, die jeden interessieren. Es handelt sich um jene Belange, die für das (republikanische) Leben wirklich von Bedeutung sind, jeden unmittelbar betreffen, von allen (von vornherein) Zustimmung finden[20]. Tugend, Pflichterfüllung, Recht und Billigkeit, Ansehen, Nutzen, Ehre, Schande, Belohnung, Strafe (3,107) stellen Beispiele dar, die der Redner entsprechend im ständigen Repertoire haben soll. Dabei wird sogar empfohlen, möglichst jeder Rede eine solche Wendung ins Allgemeine zu geben:

Am wirkungsvollsten also sind die Reden, die besonders weit ausgreifen und von der individuellen, einzelnen Streitfrage zu einer wesentlichen und grundsätzlichen Erklärung führen; so können die Zuhörer sich nach der Erkenntnis der wesentlichen und grundsätzlichen Gesichtspunkte ein Urteil über die einzelnen Angeklagten, Vorwürfe und Streitfragen bilden. (3,120)

---

[18] Im *Redner* (hg. von B. Kytzler, Zürich und München 1988) wieder aufgenommen: 45 und 125f.- Zum Folgenden vgl. L. Bornscheuer 1976, S. 67ff.

[19] L. Bornscheuer 1976, S. 76.

[20] ebd., S. 74ff.

Mehr noch schließlich als bei den gewöhnlichen Topoi geht im Falle der Gemeinplätze die sprachliche Gestaltung aus den jeweiligen Gedanken hervor, ja in der großen ,Grundsatzrede' bringe die Würde des Stoffs den Glanz der Formulierung von selbst mit sich (3,125). Eine glänzende Darstellung ist also die *Folge* gehaltvoller Gedanken. Nur so ist es zu verstehen, wenn immer wieder der ,Sprache' eine grundlegende Funktion für die menschliche Gemeinschaft bzw. ihren Zusammenhalt zugesprochen wird. Nur dank der Verwurzelung in der gemeinsamen ,Sprache' vermag der Redner über seine Hörer Macht auszuüben. Nur indem er diese Gemeinsamkeit regelrecht ausbeutet, kann er mit seiner Rede letztlich Erfolg haben.

Den auf Tropen und Figuren beruhenden Redeschmuck – das Steckenpferd jeder Schulrhetorik – hat Cicero demgegenüber betont zurückhaltend, jedenfalls ohne systematische Ambitionen abgehandelt[21]. Crassus hebt vor allem die Rolle der Versinnlichung hervor und spricht damit eine Funktion der Tropen an, die über den Charakter des (bloßen) ,Schmucks' hinausgeht. Das Vor-Augen-Stellen, wie es schon Aristoteles in diesem Zusammenhang ansprach, ist das Entscheidende (3,161). Auch bei der Behandlung der Figuren wird auf diese Funktion wieder hingewiesen (3,202). Die Problematik der Wortfügung mit ihrer sprachrhythmischen Seite sowie die Frage der Stilgattungen ist schon in der Richtung des ciceronianischen Ideals eines glanzvollen Attizismus ausgearbeitet, wie er allerdings erst im *Redner* voll zur Geltung kommt (worauf noch näher einzugehen ist). Daß Crassus auch bei der Behandlung des Vortrags auf Stilisierung bedacht ist und die Möglichkeiten auszuschöpfen sucht, die einer Gewinnung des Hörers förderlich sind, versteht sich von selbst. Die Einheit von *res* und *verba* dehnt sich zum Schluß auch noch auf die Einheit von Sprache und Körper(ausdruck) aus, und zwar dank der Tatsache, daß letztlich aller Ausdruck ein Fundament in der für alle gleichen Welt hat (3,223).

Blickt man noch einmal auf *Vom Redner* im Ganzen zurück, so liegt ein, wenn nicht das wichtigste Charakteristikum in der eigenartigen, ja eigenwilligen Durchdringung von Gedanke und sprachlicher Darstellung. Cicero beschränkt das Problem dieser sprachlichen Darstellung nicht (mehr) auf die *elocutio*, und innerhalb der

---

[21] Zur Frage, wieweit Cicero dies im Exkurs zum Witz ,nachgeholt' hat, vgl. A.D. Leeman und H. Pinkster 1989, S. 92ff.

elocutio ist es keineswegs ‚Schmuck‘, was die besonderen Möglichkeiten der Sprache auszeichnet. Das Entscheidende liegt vielmehr
darin, daß die Sprache gewissermaßen auf den Gedanken ausgreift,
die Hervorbringung der Wahrheit selbst in einen sprachlichen Akt
verlegt erscheint[22]. Die sprachliche Hervorbringung der Wahrheit
aber bürdet die Last dem Sprecher auf, ja der Redner wird regelrecht zum Stifter der Wahrheit in eins mit den Möglichkeiten, ihr
zur Anerkennung zu verhelfen. Nicht dialektische Aufspürung des
Wahrscheinlichen und dessen Präsentation als ‚vernünftigste‘ Lösung, sondern das Moment des Erzeugens und Überwältigens
macht das Eigene und Neue aus[23]. In der Sprache liegen letztlich
die Möglichkeiten von einzelnen herausragenden Persönlichkeiten,
ebenso über die Welt wie über die Menschen zu verfügen. All dies
aber läßt sich nicht als technische Fähigkeit beschreiben, sondern
führt zu einem Rednerideal, bei dem es auf die schöpferischen
Kräfte ankommt. In seinem späteren *Redner* hat Cicero dieses
Ideal konsequent weiter verfolgt. Dabei verlagert sich das Interesse
jedoch noch einmal deutlich. Zwar ist auch jetzt wieder die Beherrschung aller Aspekte der Rhetorik verlangt. Aber das Hauptinteresse wendet sich der sprachlichen Darstellung zu, und diesmal
werden deren Qualitäten in einer neuen Akzentuierung und vor
allem neuen Differenzierung behandelt. Mehr als ein Drittel des
Werks beschäftigt sich mit dem Klang und dem Rhythmus der
Rede.

2.3 Attizismus und Asianismus

---

[22] Vgl. ebd., S. 71ff.; G.K. Mainberger 1987, S. 271ff.
[23] L. Bornscheuer spricht treffend von „Überwältigungsrhetorik" (1976,
S. 78ff.).

Bei einer Würdigung von Ciceros Rhetorikauffassung darf man nicht völlig davon absehen, daß ein Autor spricht, der selbst in hohem Maße ein Redner war[24]. Ungefähr hundert Reden sind erhalten, darunter insbesondere die bedeutungsvollen politischen, die berühmten gegen Catilina etwa oder die fünf gegen Antonius gerichteten sog. Philippischen Reden (aufgrund der Parallele zu Demosthenes' Reden gegen den Makedonenkönig Philipp). Cicero wurde von seinen Zeitgenossen in erster Linie als Redner wahrgenommen – und kritisiert. Diese Kritik richtete sich gegen die Brillanz des Vortrags, die als Asianismus (nach der in Asia, also Kleinasien, beheimateten schmuckreichen Rhetorik; auch: Asiatismus) gebrandmarkt wurde und in der Einfachheit des Attizismus (nach Attika, also der Heimat der großen athenischen Redner) ihren Widerpart fand[25]. Cicero hat diesem Vorwurf energisch widersprochen, und zwar in zwei Werken, die beide ins Jahr 46 fallen. Im *Brutus* behandelt er dialogförmig die Geschichte der Beredsamkeit insgesamt und stellt sich am Ende der langen Reihe der griechischen und römischen Vertreter als wahren Erben, ja Vollender dar. Dabei hat er deutlich auf den drohenden Verfall der Beredsamkeit hingewiesen angesichts einer politischen Entwicklung, die das republikanische Forum überflüssig mache (2,6). Aber Cicero hat das Problem auch ,theoretisch' behandelt: im *Redner* sucht er zu zeigen, daß Sprachbrillanz etwas genuin Rhetorisches darstellt und keineswegs unbesehen als Schwulst zu verurteilen ist. Ausdrücklich wird der asianischen Redekunst die Reverenz erwiesen, allerdings dem Athener Demosthenes und damit dem Attizismus der Vorrang eingeräumt.

Cicero hat in diesem Zusammenhang einige generelle Betrachtungen über den Stil an die Spitze der Ausführungen gestellt, ehe er auch die weiteren Aufgaben der Rhetorik kurz berührt. Dabei zeigt sich eine gewisse Verlagerung des Interesses[26]. Während in *Vom Redner* die (unterschiedlichen) Stilqualitäten eher locker mit gewissen Situationsfaktoren, insbesondere mit dem zu behandelnden Gegenstand, in Zusammenhang gebracht wurden (3,212), ergibt sich nun eine sehr viel aufmerksamere Durchleuchtung der Voraussetzungen, und zwar zunächst in bezug auf die Erwartungen der Hörer (24ff.). Dazu gehört eine entsprechende Flexibilität des

---

[24] Vgl. C.J. Classen: Recht – Rhetorik – Politik. Darmstadt 1985.
[25] Vgl. G. Kennedy 1972, S. 97ff. u.ö.
[26] Vgl. L. Fischer 1968, S. 110ff.

Redners, der jeweils den richtigen Ton zu treffen weiß und im übrigen verschiedene, ja im Grunde sämtliche Stilqualitäten beherrschen muß bzw. einsetzt. Eine eher ‚hochtümelnde‘ (oder harte) Ausdrucksweise hat ebenso ihren Wert wie eine schlichte sowie eine gemäßigte, die in der Mitte zwischen den Extremen stehend auf Ausgleich und Leichtigkeit bedacht ist (20f.). Die höchste Anerkennung aber zollt Cicero denen, die zwischen diesen Stilgattungen eben wechseln können und damit über das denkbar umfassendste Instrumentarium verfügen, den Hörer zu fesseln. Dies gilt nicht nur in dem Sinne, daß bestimmte Hörer bestimmte Stilgattungen bevorzugen und entsprechend etwa in Athen ein attischer und nicht ein asianischer Stil erwartet wird (25f.), sondern will verallgemeinert sein. In *jeder* Rede wollen *alle* Affekte der Zuhörer berücksichtigt und damit letztlich alle Register gezogen werden, freilich in entsprechend kluger Verteilung. Cicero behandelt diese Frage, indem er möglichst viele rednerische Probleme durchgeht und die jeweils vorbildlichen historischen Lösungen heranzieht.

Auf diese Weise ergibt sich eine besonders enge Beziehung zwischen dem Redestil und den drei Aufgaben des Redners, worunter der dritten, dem Erregen (*movere*), die größte Aufmerksamkeit zukommt (69f.). Aber es gilt auch das Prinzip der sachlichen Angemessenheit: der Stil muß sich nach dem Thema richten – in einer Erörterung etwa über Dachrinnen wäre Pathos fehl am Platz (72). Weiterhin kann (und soll) ein ‚Attiker‘ (nur) attisch reden, aber immer noch mit erheblicher Bandbreite: attisch ist nicht gleichbedeutend mit dem Verzicht auf Schmuck und Anmut – nur Kühnheit wirke hier fremd (78ff.). Typisch ist diese Anmut im übrigen für den mittleren Stil, während Kraft den hohen auszeichnet (91). Es bleibt allerdings kein Zweifel übrig, wo Ciceros Sympathien liegen:

An dritter Stelle nun erscheint jener weitausgreifende, wortreiche und wortgewaltige Redner in seinem Schmuck: er besitzt in der Tat die höchste Wirkungskraft... Diese Beredsamkeit vermag die Hörer zu beeinflussen, vermag auf jede Weise zu bewegen; bald bricht sie gewaltsam ein, bald schleicht sie sich ein in die Sinne, sät neue Gedanken, reißt aus die alteingewurzelten. (97)

Aber dennoch liegt das Ideal schließlich nicht beim hohen Stil, sondern darin, den Stil aufs Thema bzw. auf den Charakter dieses Themas abzustimmen:

Der ist jener (ideale) Redner, der das Gewöhnliche einfach, das Erhabene großartig und das in der Mitte liegende in rechter Mischung zu formulieren vermag. (100)

Mit dieser außerordentlich einflußreichen Wendung – wir werden ihr bereits bei Augustinus wiederbegegnen – bahnt sich eine Beziehung zwischen *res* und *verba* an, die einmal zur Vorstellung führen wird, daß bestimmte ‚Gegenstände‘ als solche das Niveau der Darstellung bestimmen (und zwar z.b. ranghohe ein entsprechend hohes Niveau bzw. einen hohen Stil). Cicero denkt jedoch noch nicht an Reden bzw. Texte insgesamt, sondern eher an einzelne Abschnitte oder Phasen. Für eine komplette Rede erscheint ihm gerade die Verfügung über die ganze Bandbreite stilistischer Möglichkeiten als eine Voraussetzung durchschlagender Wirkung. Nach genau solcher Virtuosität habe er „die Ohren der Bürgerschaft begierig" gefunden (106), heißt es. Dazu gehört die Einarbeitung von Schmuck einschließlich der Amplifikation mithilfe der ‚Gemeinplätze‘, die Orientierung an Ethos und Pathos – ja sogar die Berücksichtigung von Außersprachlichem wie die mitleiderregende Präsentation unmündiger Kinder. Keine Methode, „durch die der Sinn des Hörers entweder erregt oder aber besänftigt werden kann" (132), habe er zu testen versäumt, wobei all dies weniger auf taktische Überlegungen denn auf wirkliche Leidenschaft zurückgeführt wird:

Aber ich habe es ja schon gesagt: nicht die Kraft meiner Begabung, nein, die gewaltige Kraft meiner Leidenschaft entflammt mich so sehr, daß ich meiner selbst nicht mehr mächtig bin. Wird doch ein Hörer nur dann entzündet, wenn es eine flammende Rede ist, die ihn erreicht! (132)

Angesichts dieser Ausführungen wirken die klassischen Möglichkeiten stilistischer Brillanz eher nebensächlich: die Tropen und Figuren (134ff.). Und Cicero macht nach ihrer kurzen Abhandlung deutlich, daß es etwas ‚Besseres‘, d.h. für die Möglichkeiten des Brillierens Erfolgversprechenderes gibt – gemeint ist die klangästhetische Bearbeitung der Rede. Die ‚Fesselung‘ des Hörers gewinnt damit eine Verankerung beinahe im Unterbewußtsein, jedenfalls statt im Bereich des Rationalen in dem des Gehörs, ja im ‚Urteil‘ der Ohren, wie es immer wieder heißt. Dies vollzieht sich als erstes im Bereich der Wortfügung, also der kontrollierten Abfolge der einzelnen Wörter im Satz, wobei z.B. die Endsilben der vorangehenden zu den Anfangssilben der ihnen folgenden passen müssen (148). Nichts soll kleinlich abgezirkelt sein, aber

doch z.B. Hiate (das Zusammentreffen von Vokalen in aufeinander
folgendenWörtern) oder Kakophonien (klangliche Härten) vermieden werden. Wohlklang ist das Ziel, und Cicero belegt dies an
zahlreichen Beispielen, die für den mit der lateinischen Sprache
nicht völlig Vertrauten schwer nachvollziehbar sind. Wenn für
abfugit etwa *aufugit* empfohlen wird oder für *abfer aufer* (158), wird
das Prinzip jedoch deutlich.

Ähnlich steht es im Falle des Sprachrhythmus, dem Cicero noch
größere Aufmerksamkeit widmet. Zwar sollen im Satz keine Reime
(also direkt poetische Mittel) vorkommen, wohl aber werden
Längen und Kürzen nicht dem Zufall überlassen. Cicero geht dabei
sämtliche Versfüße durch und zeigt die Möglichkeiten ihres Einsatzes auf, vor allem auch ihre unterschiedliche Wirkung. Dabei
bedient er sich u.a. eines Verfahrens, wie es der modernen Linguistik vertraut ist, nämlich der systematischen Variation:

Wieviel es aber bedeutet, in gutem Rhythmus zu reden, das läßt sich erfahren, wenn man zum einen die wohlgeordneten Strukturen eines sorgfältig
formulierenden Redners durch die Umstellung von Wörtern zur Auflösung
bringt. Dann geriete nämlich das Ganze durcheinander, wie zum Beispiel in
der folgenden Passage und allem Anschließenden aus meiner Rede für
Cornelius: „Neque me divitiae movent, quibus omnes Africanos et Laelios
multi venalicii mercatoresque superarunt". Verändere nun ganz wenig, so
daß es heißt: „Multi superarunt mercatores venaliciique": sofort ist alles
dahin! (232)

Die Wirkung der Rede hat damit eine Voraussetzung in der Sprache bzw. der sprachlichen Formulierung, die bislang unbeachtet
geblieben war. Noch dem Laut (dem Klang) kommt eine Funktion
auf dem schwierigen Weg des Überzeugungsprozesses zu:

Wer diese Dinge nicht selbst empfindet – ich weiß nicht, was für eine Art
Ohren der besitzt, ja überhaupt, was Menschenähnliches an ihm zu finden
ist! Meine eigenen Ohren wenigstens genießen eine vollkommen abgerundete
Periode, sie bemerken Lücken und mögen Überflüssiges gar nicht. Was sage
ich denn ‚meine'? Oft genug habe ich ganze Volksversammlungen in Beifall
ausbrechen sehen, wenn eine gut abgerundete Periode gelang. Denn die
Ohren erwarten, daß der gedankliche Gehalt eines Satzes durch die Wörter
zusammengefaßt wird. (168)

Wenn in diesem Zusammenhang von Empfindung die Rede war,
so bedeutet dies jedoch kein Bekenntnis zu Irrationalität in einem
modernen Verständnis. Denn diese Empfindung hat (nach antiker,
speziell platonischer Auffassung) eine feste Stütze in der ‚Natur'.

Der Mensch ist genauso wie die Welt, in der er lebt, auf Sinn angelegt, so daß auch Empfindungen dank dieser Entsprechung ein sicheres (rationales) Fundament besitzen. Dies aber heißt hier: der Wahrheit, die so schwer erreichbar bzw. vermittelbar ist, kommt die Natur auf unverhoffte Weise entgegen, ja die Art, wie sie dies tut, ist auch noch von eigenartiger ‚Objektivität'. Über Recht und Unrecht (einer Tat) kann man streiten, über Höhe und Tiefe (von Lauten) nicht. In dem Maße, wie der Geist von Natur aus z.B. Wohlabgerundetes erwartet, läßt er sich auch von Wohlabgerundetem ‚schmeicheln'. Wenn die Worte ausdrücklich das „Rohmaterial" darstellen, dem die Rhythmen das „Raffinement" geben (185), eröffnen sich jedenfalls völlig neue Aussichten:

> Denn die Hörer richten ihre Aufmerksamkeit auf eben diese zwei und finden an ihnen ihr Vergnügen – ich meine die Wörter und die Gedanken. Während sie diese aufmerksamen Sinnes und voll Bewunderung in sich aufnehmen, entgeht ihnen der Rhythmus und fliegt unbemerkt vorbei. Fehlte er jedoch, dann würden auch jene ihrerseits geringeres Vergnügen verbreiten. (197)

Dies aber heißt zuletzt, daß der raffinierte Rhythmus nicht nur zuverlässig wirkt, sondern auch noch unerkannt. Er ist damit dem Verdacht enthoben, der sich mit ‚Kunst' immer so leicht verbindet: dem Verdacht der Manipulation (208). Die Überwältigung des Hörers ist auch noch gegen ihre Identifizierung immun – der ideale Redner als solcher unerkennbar. Höher läßt sich rednerische Kunst nicht steigern. Daß damit immer wieder Renaissancen programmiert waren, versteht sich ebenso wie die Warnungen: Ciceros Rhetorik, für die Lenkung der Massen durch eine ebenso gebildete wie moralisch gefestigte Persönlichkeit gedacht, ist auch die gefährlichste Rhetorik gewesen, die je formuliert wurde.

3. Rhetorik der Schrift: Augustinus

3.1 Rhetorik in der römischen Kaiserzeit

Pseudo-Longinos (1. Jh. n. Chr.)
Über das Erhabene
Quintilian (ca. 40–ca. 96)
Ausbildung des Redners (vor 96)
Tacitus (ca. 55–116)
Dialog über die Redner (nach 102)

Quintilian, *Ausbildung des Redners* (*Institutionis oratoriae libri XII*)

I		Grundlagen und Vorstudien
II	1–12	Beginn und Inhalt des Rhetorikunterrichts
	13–21	Grundlagen und Grenzen rhetorischer Theorie
III		Fachschriftsteller und Einteilung der Rhetorik (Gattungen)
IV	1	Einleitung (der Rede)
	2	Erzählung
	3	Exkurs
	4	Ankündigung des Beweisziels
	5	Gliederung der Beweisführung
V		Beweisführung
VI	1	Schluß
	2–5	Pathos, Ethos, Witz
VII		Gliederung der Gedanken (mit Statuslehre)
VIII	1	Sprachrichtigkeit
	2	Klarheit
	3	Schmuck
	4	Amplifikation
	5	Sentenz
	6	Tropen
IX	1–3	Figuren
	4	Wortfügung
X		Nachahmung und Übung (Lektüre)
XI	1	Angemessenheit
	2	Memorieren der Rede
	3	Vortrag der Rede
XII	1–9	Über den Redner (sittliche Grundlagen der Redekunst)
	10	Stilgattungen
	11	Schlußbetrachtung

Tacitus, *Dialog über die Redner* (*Dialogus de oratoribus*)
1– 4 Prolog und Vorgespräch
5–10 Apers Lob der Beredsamkeit (vs. Dichtung)
11–13 Maternus' Lob der Dichtung (vs. Beredsamkeit)
14–16 Zwischengespräch
16–23 Apers Verteidigung der modernen Beredsamkeit
25–35 Messallas Verteidigung der alten Beredsamkeit
36–41 Maternus über historische Bedingtheit der Beredsamkeit

Ciceros Rhetorikkonzeption war mit dem Forum verbunden, ja man muß sagen: angesichts dessen Untergangs entstanden. Mit der Errichtung des Principats durch Augustus im Jahre 31 v. Chr., wenige Jahre nach Ciceros Tod, änderten sich die Bedingungen grundlegend, und diese Änderung wurde von den Zeitgenossen auch wahrgenommen[1]. In der Schrift *Über das Erhabene*[2] eines anonymen Griechen, der als Pseudo-Longinos in die Geschichte einging, spricht im ersten Jahrhundert n. Chr. ein Gesprächspartner das Problem an, bezweifelt allerdings, daß es mit der üblichen Klage richtig beantwortet ist:

,Beim Zeus', rief er aus, ,muß man denn dem Gerede Glauben schenken, wonach die Demokratie eine gute Nährmutter für Großes ist, so daß wohl nur mit ihrem Geschick zugleich die Redegewaltigen blühen und sterben? Denn die Freiheit, so heißt es, vermag die Gedanken und Hoffnungen großer Geister zu nähren; mit ihr gewinnen sie Neigung und Ehrgeiz, miteinander zu streiten und um den ersten Platz zu kämpfen. Ja, die geistigen Kräfte der Redner werden dank der Kampfpreise, die in der Republik den Sieger erwarten, durch die Praxis jedesmal geschärft und gleichsam zurechtgeschliffen, und sie erstrahlen, wie es natürlich ist, zugleich im Glanz der politischen Freiheit. Wir Jetzigen aber', so sagte er, ,sind doch schon in der Kindheit in die Schule der gerechten Despotie gegangen, ihre Bräuche und Gepflogenheiten waren beinahe die Windeln, in die man die noch zarten Regungen unseres Bewußtseins hüllte, wir konnten den schönsten und reichsten Quell der Redekunst, ich meine, ,sagte er, ,die Freiheit, nicht mehr kosten; darum sind wir am Ende große Künstler nur in der Kunst der Schmeichelei.' Daher, so versicherte er, fänden sich die übrigen Fähigkeiten auch bei Knechten, aber kein Sklave könne ein Redner werden. Denn die Angst vor freier Äußerung und das Gefühl, eingekerkert zu sein, steige siedend in ihnen auf,

---

[1] Vgl. K. Heldmann: Antike Theorien über Entwicklung und Verfall der Redekunst. München 1982.
[2] Pseudo-Longinos: Vom Erhabenen. Hg. von R. Brandt. Darmstadt 1966.

eingebläut unter den fortwährenden Schlägen der Gewohnheit. Der Tag der
Versklavung, sage Homer, raube die Hälfte der Tüchtigkeit. ‚Wie die
Käfige‘, fuhr er fort, ‚in denen man – wenn es glaubwürdig ist, was ich
darüber höre – die Pygmäen (sogenannte Nani) aufzieht, die Eingeschlosse-
nen nicht nur daran hindern zu wachsen, sondern auch mit den eng anliegen-
den Fesseln ihre Körper verunstalten, so könnte man jede Despotie, und sei
sie noch so gerecht, als Kerker und gemeinsames Gefängnis der Seele
bezeichnen.‘ (44,2–5)

Tatsächlich endet die Auseinandersetzung mit einem neuen Ergebnis: nicht die (das öffentliche Leben bestimmende) Despotie sei
schuld, sondern (privater) Reichtum und Oberflächlichkeit
(44,6ff.). Am Urteil über den Niedergang ändert dies freilich
nichts. Die Rhetorik zog sich vom Forum zurück bzw. überließ den
Raum allein jener Gattung, die schon bei den frühen Sophisten
eine besondere Rolle gespielt hatte, jedoch von Cicero ausdrücklich in ihrer Bedeutung geschmälert worden war: der Lobrede, nun
in der Form des panegyrischen Herrscherpreises. Seit dem Ende
des ersten Jahrhunderts wurde dieses Fach besonders von Wander-
lehrern aus Griechenland gepflegt, die auch philosophisch-pädago-
gische Programme vertraten und damit die (bis zum Ende des
vierten Jahrhunderts wirksame) sog. zweite Sophistik begründeten[3]. Als das entscheidende Rückgrat der Entwicklung aber erwies
sich die Verankerung der Rhetorik in der Schule. In der römischen
Erziehung wurden die Schüler in den sog. Progymnasmata (Vor-
übungen mit Schwerpunkt auf dem Entwurf einer Rede), Suasorien
(Vortrag über ein historisches oder fiktives Problem) und Controversien (Lösung einer verwickelten juristischen Frage) aufs Leben
bzw. auf die berufliche Laufbahn vorbereitet[4].
   Die vollständigste Rhetorik der Antike, die auch noch heute
jeder Darstellung der Systemaspekte dieser Disziplin (mit Recht)
zugrundeliegt, stammt aus genau diesem Umfeld: die *Ausbildung
des Redners* von Quintilian[5], dem ersten Inhaber eines Rhetorik-

---

[3] G. Kennedy 1972, S. 553ff.
[4] ebd., S. 316ff.; J.J. Murphy 1974, S. 35ff. Einschränkend zu diesem
     Praxisbezug: Ph. Ariès und G. Duby (Hgg.): Geschichte des privaten
     Lebens. Bd 1. Frankfurt 1989, S. 33, 35, 223 u.ö.
[5] Quintilian: Ausbildung des Redners. Hg. von H. Rahn. 2 Bde. Darmstadt
     1972 und 1975. Orientierung bei G. Kennedy: Quintilian, New York 1969;
     O. Seel: Quintilian oder die Kunst des Redens und Schweigens. Stuttgart
     1977.

lehrstuhls in Rom und damit im Abendland. Quintilian hat seinem umfassenden Werk eine Tendenz gegeben, die ihrerseits zum Programm wurde und damit außerordentlich weitreichende Bedeutung gewann: Rhetorik als Grundlage von Erziehung überhaupt. Dabei liegt, auch wenn es speziell um eine Vorbereitung auf die Advokatenlaufbahn geht, das auf Cicero zurückweisende Ideal des *vir bonus* zugrunde, das Ideal des (allgemein) Gebildeten also, das bis weit in die Neuzeit immer wieder neue Abwandlungen erfuhr: als der *honnête homme* der französischen Klassik oder der *gentleman* der englischen Aufklärung insbesondere. Quintilian selbst behandelt von den allerersten Erziehungsmaßnahmen bis zum Schulstoff und seiner Verteilung auf die entsprechenden Altersstufen alles, was dem Endziel eines human gebildeten Elitemenschen förderlich erscheint. Wer die *Ausbildung des Redners* durchgearbeitet hat, kann in der Welt bestehen. Der *vir bonus*, der so sehr auf das gute Reden (*bene dicere*) vorbereitet wird, muß insbesondere die Philosophie nicht scheuen, da er sie im Gegenteil in ihrer einzig sinnvollen, nämlich praxisbezogenen Gestalt wirklich besitzt. Quintilian weist damit nicht nur einen Seneca forsch zurück, sondern wagt sich noch weiter vor als der in seinen Augen größte Rhetoriklehrer überhaupt, nämlich Cicero; nicht um einen Ausgleich zwischen Rhetorik und Philosophie gehe es, sondern um Dominanz, um die glatte Unterordnung der Philosophie unter die Rhetorik.

Quintilian hat diesen Ansatz gegen den seiner Vorläufer abgegrenzt, ja er bietet zusammen mit der systematischen Lehre auch eine komplette Geschichte der Auseinandersetzung um alle Einzelfragen. Daß die Rhetorik nicht als (bloße) Meisterin der Überredung gelten dürfe, ist z.B. gegen Gorgias eingewandt (2,15,5), während Aristoteles etwa angekreidet wird, daß er vom Erfolg absehe (2,15,13). Und auch ein Problem wie den möglichen Mißbrauch nimmt Quintilian ins Visier. Die menschliche Gesellschaft, die nicht umsonst über die Sprache verfüge, sei auf Verständigung angewiesen und damit wiederum zu deren Optimierung aufgefordert. Wirklich beherrscht werde die Rede ohnehin nur von einem *vir bonus*: nur wer selbst überzeugt ist, überzeuge auch andere, während den Schlechten sogar die Verstellung mißglücke (12,1,3f.). Im übrigen erneuert Quintilian wesentliche ciceronianische Lehrstücke, wenn auch in durchaus eigenständiger, insbesondere die Systematik stärker berücksichtigender Behandlung. Vor allem das Konzept der Überwältigung ist fortgeschrieben, ja als Ziel der Rede ausdrücklich der Sieg herausgestellt (5,8,1). Daß dieser Sieg

nur über die (Ausnutzung der) Affekte errungen wird, erscheint
Quintilian als selbstverständlich. Es geht um die „Schleichwege
zum Herzen" (4,1,42), wobei es der Täuschung bedarf, wenn
anders das Ziel (der Wahrheit) nicht erreicht werden kann:

> Denn auch sich einer Lüge zu bedienen ist selbst dem Weisen zuweilen
> gestattet, die Leidenschaften wird der Redner notwendigerweise erregen
> müssen, wenn der Richter auf andere Weise nicht zur Billigkeit gebracht
> werden kann; denn es sind ja unerfahrene Schöffen, die zu Gericht sitzen,
> und häufig muß man sie deshalb täuschen, damit sie nicht irrtümlich richten.
> Denn gäbe man mir Philosophen als Richter, bestänen die Volksversamm-
> lungen und alle Sitzungen aus Philosophen, hätte der Neid, hätte der Einfluß
> keine Macht, auch die vorgefaßte Meinung nicht und die falsche Zeugenaus-
> sage, so wäre der Raum für die Rhetorik recht schmal und könnte fast einzig
> im genußreichen Vortrag bestehen. Wenn aber die Zuhörer so schwanken-
> den Sinnes sind und auch die Wahrheit so vieler Bosheit ausgesetzt ist – so
> heißt es, mit Kunstkniffen zu kämpfen und einzusetzen, was nützen kann.
> Denn wer vom geraden Weg abgedrängt worden ist, kann nur durch eine
> andere Biegung auf ihn zurückgeführt werden. (2,17,27–30)

Auch die Tropen und Figuren werden als Waffen des Redners im
Kampf um die Wahrheit beschrieben. Ohne Kunst sei der Sieg
sowenig zu erringen wie im Falle des Fechters, der ebenfalls allererst Hiebe und Finten lernen muß, ehe er sich dem Gegner stellen
kann (9,1,20) – wir werden einer überraschenden Umformung
dieser Parabel noch begegnen.

Quintilian, der selbst ein (verlorengegangenes) Buch über den
Verfall der Beredsamkeit schrieb, hatte genügend Einblick in die
ihn umgebende politische Realität, um sich über die faktischen
Möglichkeiten der Rhetorik im klaren zu sein. Aber Quintilian hat
trotz allem auf den neuen idealen Redner gewartet, sein Kommen
offensichtlich (nur) von günstigeren Zeitumständen in den stets
wechselnden Strömungen der Kaiserzeit abhängig gesehen
(12,2,9f.). Genau diese Meinung ist von einem andern Großen
wohl direkt gegen Quintilian gewandt bestritten worden, und zwar
von Tacitus in dessen *Dialog über die Redner*[6]. Dabei bildet den
Ausgangspunkt ein Streit, der das Schicksal der Rhetorik sehr bald
tiefgreifend bestimmen sollte. *Gegen* die Zukunft der Rhetorik
spricht nicht ein Verächter der Wortkunst, vielmehr vertritt Mater-

---

[6] Tacitus: Das Gespräch über die Redner. Hg. von H. Volkmer. Zürich,
München 1979. Orientierung bei K. Heldmann 1982, S. 298; G. Kennedy
1969, S. 136ff.; M. Fumaroli 1980, S. 63ff.

nus (gegen Aper) die These vom neuen Vorrang der *Dichtung*. Die
Wortkunst ziehe sich in die Einsamkeit zurück, während ihre Pflege
in der Öffentlichkeit als gewinnsüchtige und blutsaugerische Beredsamkeit gebrandmarkt wird (11,2). „Reinheit und Lauterkeit" der
Dichtung steht gegen rhetorische Geschäftemacherei (11,4). Daraus aber entspinnt sich ein Gespräch über den Verfall der Redekunst, bei dem sich eine neue Frontlinie abzeichnet: Messalla
bestätigt den Verfall und möchte zum alten Glanz der ciceronianischen Rhetorik zurückkehren. Aper bestreitet dagegen den Verfall
und lobt die Anmut der neuen Rhetorik gegenüber der Trockenheit
der alten (20,3). Dies aber gibt Messalla das Stichwort zur Polemik;
nicht anmutig, sondern verweichlicht sei die neue Redekunst, ja
dirnenhaft herausgeputzt:

Denn das ist kein für den Redner, ja – beim Herkules – nicht einmal für
einen Mann passender Schmuck, den sehr viele Redner unserer Zeit in einem
Maße anwenden, daß sie durch die Leichtfertigkeit der Worte, die Oberflächlichkeit ihrer Sätze und die Zügellosigkeit im Satzbau Schauspielertöne
verlauten lassen. (26,2)

Der Grund für diese Fehlentwicklung aber liegt für den Ankläger
in der Verschulung: statt umfassender Bildung, wie Cicero sie mit
Recht gefordert habe, gebe es nur noch die Deklamationsübungen
der Suasorien und Controversien, und zwar zu realitätsfremden
Gegenständen (31,1ff.). Maternus, der Dichter, macht in seiner
großen Schlußrede jedoch klar, was auch in *Über das Erhabene*
diskutiert war und was Cicero selbst schon diagnostiziert hatte: die
Redekunst ist angewiesen auf das Forum, eine Rhetorik republikanischer Art gibt es nur bei Meinungsstreit:

Denn wie Rennen und Bahnen Rassepferde ausweisen, so gibt es auch ein
Feld für die Redner; wenn sie auf ihm nicht frei und gelöst dahinstürmen
können, verkümmert die Beredsamkeit und wird kraftlos. (39,2)

Der Redner brauche das Beifallsgeschrei des Publikums und er
brauche vor allem das Recht, die Mächtigen angreifen zu dürfen.
Fehlten diese Voraussetzungen, so sei der Streit über den Vorrang
der alten oder neuen Rhetorik müßig. Rhetorik – darin liegt die
eigentliche Pointe – ist ein zeit- und gesellschaftsabhängiges Phänomen.

Das Forum aber kehrte bekanntlich nicht mehr zurück, und für
die Dichtung sollte die Zeit noch kommen. Umso überraschender
die Neubelebung der Rhetorik von einer Seite, die dazu die

schlechtesten Voraussetzungen zu bieten schien. Denn das Christentum, das diesen Schritt tat, hatte die Verurteilung der Disziplin eigentlich schon vollzogen[7]. Paulus' Worte im *Korintherbrief* waren eindeutig:

> Als ich zu euch kam, Brüder, kam ich nicht, um glänzende Reden oder gelehrte Weisheit vorzutragen, sondern um euch das Zeugnis Gottes zu verkünden... Meine Botschaft war nicht Überredung durch gewandte und kluge Worte, sondern war mit dem Erweis von Geist und Kraft verbunden, damit sich euer Glaube nicht auf Menschenweisheit stütze, sondern auf die Kraft Gottes. (1 Kor 2,1 und 4)

Die bedeutenden Kirchenlehrer des dritten und vierten Jahrhunderts, selbst bestens in Rhetorik ausgebildet, nahmen dies durchaus wörtlich. Und auch das Urteil des ehemaligen Rhetoriklehrers Augustinus innerhalb der um 400 verfaßten *Bekenntnisse*[8] lautet vernichtend. Er habe nach Kenntnis entsprechender Bücher nur zu glänzen gesucht bzw. sein Streben dem ebenso „verwerflichen wie aufgeblasenen Ziel der Freude an menschlicher Eitelkeit" gewidmet (3,4): „Ich lehrte in jenen Jahren die Rednerkunst und verkaufte, selbst ein Besiegter der Begierde, die siegreiche Geschwätzigkeit"(4,2). Aber Gott habe ihm bald gezeigt, daß Wahrheit und Schmuck nichts miteinander zu tun hätten, „daß vielmehr Weisheit und Torheit gerade so mit geschmückten und ungeschmückten Worten dargeboten werden können, wie man gesunde und schädliche Speisen sowohl in gewählten als auch in schlichten Gefäßen auftragen kann"(5,10). Es war für die Rhetorikgeschichte von größter Wichtigkeit, daß Augustinus diese Meinung erheblich ändern sollte, sofern er einen Ansatz dafür fand, an die Tradition, insbesondere an Cicero, erneut anzuknüpfen. Denn Augustinus erkannte nicht nur die naheliegende Bedeutung der Rhetorik für die Predigt, sondern sah in den rhetorischen Reflexionen über Sprache eine Voraussetzung zur Bewältigung der Probleme, die sich mit dem Bibelwort überhaupt verbanden. Augustinus' Rhetorik, die er dann in seinem Buch *Über die christliche Lehre* formulierte, wurde eine Theorie der Auslegung und Verkündigung der (Heiligen) Schrift.

---

[7] J.J. Murphy 1974, S. 43ff.
[8] Augustinus: Dreizehn Bücher Bekenntnisse. Hg. von J. Perl. Paderborn 1964.

3.2 Rhetorik im Dienst von Auslegung und Verkündigung

Ambrosius (339–397)
Hieronymus (ca. 345–420)
Augustinus (354–430)
  Bekenntnisse (ca. 400)
  Über die christliche Lehre (397; 4. Buch 426)
  Über den Gottesstaat (413–426/27)

Augustinus, *Über die christliche Lehre* (*De doctrina christiana*)
    Prolog
  I   1–40 Über (Glaubens)sachen und (sprachliche) Zeichen
  II 1–17 Deutung der Zeichen (d.h. der biblischen Worte)
      18–43 Wissenschaftliche Hilfsmittel
  III 1– 9 Eigentlicher und bildlicher Sinn
      10–37 Hilfsmittel zur Deutung des bildlichen Ausdrucks (rhetorische
      Figuren)
  IV 1– 3 Rhetorik im Dienst der Verkündigung
      4–11 Klarheit und Anmut der Rede
      12–27 Lehre von den drei Stilen
      28–31 Streben nach Wahrheit (vs. schöne Worte)

Argumente für die Rhetorik der Heiden

In (überblickartigen) Darstellungen zur Geschichte der Rhetorik findet Augustinus' *Über die christliche Lehre*[9] gewöhnlich nur in reduzierter Form Beachtung: besprochen wird das vierte Buch mit der Behandlung der Rhetorik als Hilfsmittel im Dienst christlicher Verkündigung. Da dieser Teil erheblich später verfaßt wurde, erscheint er als Nachtrag und damit von einer gewissen Selbständigkeit. Aber dieser Eindruck täuscht bzw. führt zur Fehleinschätzung. Augustinus selbst betont in einem späteren kritischen Rückblick auf seine Schriften, daß er das Werk zunächst unvollendet gelassen, also das Fehlende schließlich ergänzt habe[10]. Liest man den Prolog, so zeigt sich, wie dies verstanden sein will. *Über die*

---

[9] Augustinus: Vier Bücher über die christliche Lehre. Hg. von P.S. Mitterer. München 1925. Orientierung bei Ch. Steffen: Augustins Schrift ‚De doctrinia christiana'. Kiel 1964; J.J. Murphy 1974, S. 43ff.; M. Fumaroli 1980, S. 70ff.; G.K. Mainberger 1987, S. 316ff.

[10] Vgl. G.K. Mainberger 1987, S. 359.

christliche Lehre stellt nichts anderes dar als eine Anleitung, wie das für den christlichen Glauben zentrale Wort Gottes zu vermitteln ist; dazu aber gehört ebenso ein Wissen über das Verstehen dieses Worts wie ein Wissen über die Weitergabe des Verstandenen: (Bibel)hermeneutik und Predigtlehre. Beides aber erfolgt nach Regeln, die Augustinus der Rhetorik entnehmen zu können glaubt. Man erkennt schon darin den Umschwung in der Fragestellung. Augustinus' Rhetorik wird eine Rhetorik des Lehrens und Lernens statt Diskutierens, vor allem eine Rhetorik der Schrift statt der Rede[11]. Ihr Grundproblem ist nicht die *Er*mittlung der Wahrheit, sondern deren *Ver*mittlung, ist schon gar nicht Verteidigung des Wahrscheinlichen, sondern Enthüllung und Weitergabe des ewig wahren Gotteswortes. Augustinus' ‚Rettung' der Rhetorik verändert sie also bis auf ihre Grundfesten, macht sie damit allerdings für Fragestellungen fruchtbar, die vor allem in der Neuzeit überragende Bedeutung gewinnen sollten. Augustinus' Rhetorik ist – auch wenn sie sich auf einen Text sehr bestimmter Art bezieht – die erste allgemeine Texttheorie der Geschichte.

Schon im ersten Satz des Prologs spricht Augustinus dabei ‚Regeln' an, die dem mit dem Schriftstudium Befaßten nützlich sein können (Prolog 1). Diese Regeln aber werden einerseits gegen diejenigen verteidigt, die diese Regeln selbst oder die Schrift nicht verstehen, andererseits – und hier liegt der wichtigere Aspekt – gegen diejenigen, die (im „Feuereifer") einen unmittelbaren, intuitiven Zugang zum Wort Gottes zu haben glauben (Prolog 4). Augustinus bezieht sich in diesem Zusammenhang mit allerdings nachsichtiger Gebärde auf den ägyptischen Mönch Antonius, der als Analphabet die Schrift nach bloßem Hören auswendig behalten und verstanden haben soll. Aber Augustinus warnt davor, solcherart immerhin für möglich gehaltenen Gnadenerweis als normal vorauszusetzen. Mit nicht geringer Ironie kritisiert er die Selbstüberschätzung derer, die darauf warten, in den dritten Himmel entrückt zu werden und dort unaussprechliche Worte zu hören – statt schlicht zu lernen und sich anzustrengen (Prolog 5). Was Augustinus mit seiner gegenteiligen Meinung im Auge hat, ist nicht zuletzt eine Kontrolle der Lehre, die ohne Regeln, ja ohne Dogmatisierung nicht gelingen kann. Wenn die Schrift die Wahrheit enthält, darf deren Verständnis nicht der Beliebigkeit anheimfallen.

---

[11] G.K. Mainberger spricht von einer „Rhetorik des Lesens" (1987, S. 350ff.).

Auch wenn es Augustinus umgekehrt formuliert, daß es nämlich
einer Reduzierung der Menschenwürde gleichkäme, „gäbe sich
Gott den Anschein, als wollte er sich nicht des Menschen bedienen,
um anderen Menschen sein Wort zu vermitteln" (Prolog 7): es
kommt wohl eher auf die Verwaltung der Lehre, auf deren Stabili-
sierung in der Hand der Experten an[12]. Darüber hinaus liegt in der
‚Vermittlung' nicht nur eine intellektuelle, sondern auch eine
soziale Dimension: dank der Notwendigkeit der Vermittlung würden die Menschen in Liebe miteinander verbunden, heißt es (ebd.).
Dazu aber bedarf es des „Leselehrers", der seine Schüler dazu
anleitet, mithilfe der Regeln das Verborgene zu enthüllen und auf
dem „aufgezeigten Weg" zur Wahrheit zu gelangen. Die Regeln
sind förmlich die Garanten der ‚Vermittlung' – ohne sie würde die
ewige Wahrheit für den Menschen unerreichbar bleiben. Sofern
sich diese Regeln aber als solche rhetorischer Art erweisen, ist auch
das Studium der (heidnischen) Rhetorik unverzichtbar.

Augustinus hat dazu im ersten Buch eine Lehre von der Erfindung der Gedanken in bezug auf die Heilige Schrift formuliert,
eine Lehre, die sich nun dem Lesen (und entsprechendem *Auf*finden der Gedanken) widmet. Dabei werden als die entscheidenden
res die einzelnen Inhalte des Glaubens angeführt, z.B. die Gebote
der Gottes- und der Nächstenliebe. Das zweite Buch wendet sich
der näheren Deutung der in Worte (Zeichen) gekleideten Gedanken zu. Hier liegt der wichtigste Punkt im seltsamen Paradox, daß
ausgerechnet das Wort Gottes in der Heiligen Schrift vielfach
schwer verständlich, ja dunkel ist. Genau in diesem Zusammenhang aber fällt die grundsätzliche Entscheidung: als wissenschaftli-
ches Hilfsmittel der Erklärung sollen die „Kenntnisse der Heiden"
herangezogen werden, und zwar Dialektik und Rhetorik. Augustinus mahnt immerhin zu einer „weisen Vorsicht", womit er offensichtlich Rücksicht auf diejenigen seiner Mitstreiter nimmt, die vor
dem letzten Schritt zurückschreckten oder doch die Anwendung
rhetorischer Kenntnisse auf spezielle Fälle beschränken wollten.
Ambrosius etwa, Augustinus' Lehrer und Taufpate, hatte bei einer
Betrachtung des Gebets, und zwar im Blick auf die Gestaltung des
Eingangs (mit dem Lob Gottes), die Redepraxis vor Gericht als
Vorbild herangezogen und auch schon rhetorische Gestaltungsele-
mente in der Heiligen Schrift nachgewiesen, z.B. die Benutzung

---

[12] Vgl. ebd., S. 345.

3. Rhetorik der Schrift: Augustinus

der *captatio benevolentiae* bei Paulus[13]. Aber dies war am Rande geäußert, nicht grundsätzlich zum Thema gemacht worden. Im übrigen war die Tendenz eher rückläufig: auf einem Konzil des Jahres 398 wurde die Lektüre heidnischer Schriften ausdrücklich verboten. Augustinus hat sich dem entgegengestellt, wobei es ihm buchstäblich ums Ganze ging: nicht einzelne Lehrstücke, sondern die Rhetorik insgesamt sollte aufgenommen werden. Die zentrale These in diesem Zusammenhang lautet: Gott selbst habe sein Wort rhetorisch gestaltet bzw. gestalten lassen, um angesichts der vor allem mit dem Gleichnishaften verbundenen Dunkelheit der Schrift den Geist der Forschenden anzuspornen und nicht zuletzt jenes Ergötzen zu ermöglichen, das vor Ekel bewahrt (2,6,7):

Es zweifelt aber niemand daran, daß der Mensch die Wahrheit viel lieber durch Vermittlung von Gleichnissen erforscht und an ihrem Auffinden viel mehr Freude hat, wenn es mit einigen Schwierigkeiten verbunden ist. Wer nämlich gar nicht zu finden weiß, wonach ihm verlangt, der leidet Hunger; wen aber nach gar nichts verlangt, obwohl es ihm zu Diensten steht, der wird oft vor lauter Ekel ganz mager; in beiden Fällen ist Schwäche zu besorgen. Da hat nun der Heilige Geist in großartiger und bekömmlicher Weise die heiligen Schriften so eingerichtet, daß er durch die klaren Stellen den Hunger stillt, aber auch durch schwerer verständliche den Ekel ferne zu halten weiß. Denn aus den schwierigen Stellen wird fast nichts erhoben, was sich nicht auch anderswo ganz deutlich finden läßt. (2,6,8)

Daß eine rhetorisch geprägte Ausdrucksweise auch entziffert sein will, macht die Beschäftigung mit ihr unausweichlich. Augustinus geht mit entsprechender Selbstverständlichkeit zur Ausarbeitung der Details über.

Deutung des allegorischen Schriftsinns

Dazu gehören in erster Linie Hinweise auf die Deutung dunkler Stellen, die sich der ‚zweiten Sprache' der Schrift verdanken, also auf der Tatsache beruhen, daß alle Dinge in der Welt (*res*) außer der eigentlichen auch eine übertragene Bedeutung besitzen[14]. Mit dieser Vorstellung wird die wichtigste Grundlage der Sprachauffassung des christlichen Mittelalters überhaupt angesprochen, die auch als Lehre von der doppelten Offenbarung bekannt ist. Außer der Offenbarung durch das Wort (Buch) der Bibel gibt es die Offenba-

---

[13] E.C. Lutz: Rhetorica divina. Berlin, New York 1984, S. 125f.
[14] Vgl. H. Brinkmann: Mittelalterliche Hermeneutik. Darmstadt 1980.

rung der Natur (Buch der Natur), in der alle Gegenstände neben dem eigentlichen einen weiteren, höheren Sinn besitzen. Man hat (später) zwischen verschiedenen Formen dieses gleichnisartigen (oder allegorischen) Sinnes unterschieden, u.a. von einem tropologischen Sinn gesprochen, bei dem speziell die moralische bzw. für die Lebensführung wichtige Dimension der Bedeutung angesprochen ist (im Gegensatz zum anagogischen, auf das jenseitige Leben bezogenen Sinn). Im Terminus ‚tropologisch' aber klingt der Begriff der Trope an: wie diese (etwa in der Gestalt der Metapher) eine bestimmte Form der Verhüllung (von etwas ‚Eigentlichem') darstellt, geht es nun darum, hinter den (vordergründigen) ‚Sachen' jeweils die (übertragene) ‚Bedeutung' aufzudecken[15]. Dazu bedarf es allerdings mehr als einer Art natürlichen Assoziation, es bedarf letztlich eines Wissens, wie es Augustinus in bezug auf die Bedeutung von Namen (wie Adam oder Jerusalem) sowie von Tieren, Steinen, Pflanzen und Zahlen aufzeigt. Ein Beispiel wäre etwa die ‚Bedeutung' der Schlange:

So ist es z.B. eine bekannte Tatsache, daß die Schlange jemanden, der nach ihr schlägt, gleich ihren ganzen Leib und nicht bloß ihr Haupt entgegenwirft: Was ist doch das für ein anschauliches Bild für das, was uns der Herr befiehlt, wenn er sagt, wir sollten klug sein wie die Schlangen? Auch wir sollen nämlich für unser Haupt, d.h. für Christus, den Verfolgern lieber den Leib anbieten, damit nicht der christliche Glaube (als das Haupt) in uns ertötet werde, wenn wir aus Schonung für den Leib Gott verleugnen. Man sagt auch, die Schlange zwinge sich in enge Höhlenritzen ein und streife so ihr altes Kleid ab und gewinne dadurch wieder neue Kraft: wie stimmt dies nicht zur Nachahmung dieser Schlangenklugheit, nämlich zum Ausziehen des alten und zum Anziehen des neuen Menschen, wie der Apostel sagt, und zwar zum Ausziehen vermittels der Enge (der Trübsal); sagt ja doch der Herr: „Geht ein durch die enge Pforte!" (2,16,24)

Im dritten Buch weist Augustinus ausdrücklich darauf hin, daß die allegorische Schriftdeutung nichts anderes darstellt als eine umgekehrte Rhetorik der Figuren, deren Kenntnis damit unabdingbar wird (3,29,40). Wie schwierig die Fälle im einzelnen liegen können und wie sehr es entsprechend der Führung bedarf, wird an zahlreichen Beispielen verdeutlicht:

Da jedoch Dinge einander in gar mannigfacher Beziehung ähnlich sind, so brauchen wir es durchaus nicht für ein unbedingtes Gesetz zu halten, daß

---

[15] Vgl. U. Krewitt 1971, S. 99ff.

etwa das, was es an einer bestimmten Stelle gleichnisweise bedeutet, nun immer bedeuten muß. So gebraucht z.b. der Herr den Ausdruck ‚Sauerteig' als Tadel, wenn er sprach: „Hütet euch vor dem Sauerteige der Pharisäer!", während er ihn als Lob gebraucht an der Stelle: „Das Himmelreich ist gleich einem Weibe, das Sauerteig in drei Maß Mehl mengte, bis es ganz durchsäuert war." (3,25,35)

Während des gesamten Mittelalters, ja bis ins 17. Jahrhundert hat man sich immerfort mit solchen Auslegungsmöglichkeiten beschäftigt.

Klare Verkündigung

Ehe sich Augustinus im vierten Buch seiner zweiten Aufgabe zuwendet, nämlich nach der Lese- oder Deutungskunst die Darstellungskunst zu behandeln, geht er noch einmal ausführlich auf den Wert der Rhetorik überhaupt ein. Dazu gehören auch Warnungen vor Überschätzung, deren Funktion offensichtlich aus der zeitgenössischen Diskussionslage zu verstehen ist. Die Rhetorik soll kein Selbstzweck werden, wie es in der zweiten Sophistik, die Augustinus noch unmittelbar vor Augen stand, der Fall war[16]. Dagegen ist das Beispiel des Gehens aufgeboten: niemand braucht Vorschriften für etwas derart Natürliches – genausowenig bedarf es solcher zur Verständigung (2,37,55). Im übrigen liege in Kenntnissen dieser Art immer der Keim der mißbräuchlichen Anwendung oder auch nur des Hochmuts, jedoch bei vorsichtigem und nüchternem Gebrauch sei der Nutzen nicht zu übersehen (2,39,58f.). Bloßes Schulwissen wird abgelehnt, aber auf ein Wissen zu verzichten, das dem Glauben dient, käme einer Selbstaufgabe gleich:

Die Rhetorik sieht ihre Kunst darin, jemandem eine feste Überzeugung nicht bloß vom Wahren, sondern sogar auch vom Falschen beizubringen: wer wagte demnach die Behauptung, die Wahrheit müsse in ihren Verteidigern gegen die Lüge unbewaffnet sein? So eine Forderung geschähe natürlich bloß zu dem Zweck, damit jene, die einem etwas Falsches beizubringen versuchen, schon von vorne herein das Wohlwollen, die Aufmerksamkeit und die Gelehrigkeit des Zuhörers zu erwecken verstehen, während die Verteidiger der Wahrheit dazu nicht imstande sein sollen. Jene sollen das Falsche kurz, klar und wahrscheinlich erzählen, diese aber das Wahre bloß so darlegen dürfen, daß das Anhören Ekel verursacht, das Verständnis erschwert und zuletzt Abneigung gegen das Glauben bewirkt wird! Jene sollen durch trügerische Beweisgründe die Wahrheit bekämpfen und der Lüge Geltung

---

[16] Vgl. J:J. Murphy 1974, S. 47f.

verschaffen dürfen, diese aber sollen weder die Wahrheit zu verteidigen noch die Lüge zu widerlegen vermögen! Jene sollen bei dem Versuch, ihre Zuhörer um jeden Preis in den Irrtum zu treiben, deren Gemüt schrecken, betrüben, erfreuen, feurig ermahnen dürfen; die Verteidiger der Wahrheit aber sollen eine kalte und matte Rede voll Schläfrigkeit halten müssen! Wer ist so töricht, eine solche Forderung zu ersinnen? (4,2,3)

Entsprechend geht es auch um Kenntnisse auf dem Gebiet der sprachlichen Darstellung der Gedanken, ja Augustinus erörtert den Punkt in fast völliger Übereinstimmung mit Cicero: mit Wortfülle und Redeschmuck soll der Verkünder des christlichen Glaubens zur Beredsamkeit erzogen werden, auch wenn – wie es wiederum offensichtlich aus Gründen der Rücksichtnahme heißt – „sehr viele ohne im Besitze der rhetorischen Vorschriften zu sein, viel beredter sprechen als gar manche, die sie gelernt haben" (4,3,5). Das letzte Wort lautet (gut ciceronianisch): keine Beredsamkeit ohne Weisheit, aber auch keine Weisheit ohne Beredsamkeit (4,5,7). Gerade den „heiligen Verfassern" (der Bibel) sei die Beredsamkeit als „eine unzertrennliche Dienerin" der Weisheit gefolgt (4,6,10), wie es am Beispiel des Apostel Paulus sowie der Propheten dann näher gezeigt wird (4,7ff.). Keine Beredsamkeit ohne Redekunst, keine Auslegung und Verkündigung ohne Rhetorik!

Gerade angesichts der Verkündigung aber ergibt sich ein neuer Gesichtspunkt. Während den „heiligen Verfassern" ausdrücklich Dunkelheit zugebilligt war (insbesondere aus erzieherischen Gründen, aber auch um die Heiden von der Kenntnis der Geheimnisse auszuschließen), erklärt Augustinus als höchstes Leitziel der christlichen Beredsamkeit die Klarheit (4,8ff.). Damit bezieht er sich auf die erste wichtige rhetorische Tugend (nach der grammatischen Tugend der Korrektheit), die nun ihr spezifisches Profil angesichts der oft schwierigen, aber in ihrem Sinn eben stets für eindeutig gehaltenen Glaubensinhalte erhält. Stilistische Eleganz ist in diesem Fall fast völlig zurückgedrängt; der sprachliche Ausdruck hat in erster Linie treffend zu sein, ja es soll keine Mühe bei der Erklärung gescheut werden (4,9f.). Aus Rücksicht auf den Hörer bedarf es einer gebräuchlichen Sprache, nicht unbedingt einer ‚reinen', die jedoch niemand versteht (4,10,24). Aber es folgt erst der wichtigste Gesichtspunkt: eine solche Klarheit muß nicht ohne Anmut (*suavitas*) sein und damit nicht auf die zweite bedeutende rhetorische Tugend verzichten: auf den Schmuck (4,11,26). Auch wenn es letztlich (nur) auf die Wahrheit ankommt, so besitzt doch auch die Schönheit einen unersetzlichen Wert:

Die Beredsamkeit, die belehren will, stellt sich nicht die Aufgabe, daß nun das wohlgefalle, was bisher abschreckte oder daß nun das getan werde, wovor man bisher Abscheu hatte, sondern sie besteht durchweg darin, daß klar gemacht werde, was bisher unbekannt war. Geschieht dies aber auf eine anmutslose Art, dann ziehen daraus nur ein paar Leute mit besonders großem Lerneifer einen Nutzen, die einen Gegenstand kennen lernen wollen, selbst wenn er mit ganz gewöhnlichen und ungebildeten Worten dargelegt wird. Haben sie diesen Zweck erreicht, so finden sie in der Wahrheit selbst einen ergötzenden Genuß; und dies ist in der Tat die auszeichnende Anlage guter Talente, die in den Worten liegende Wahrheit, nicht aber die Worte selbst zu lieben. Denn was nützt ein goldener Schlüssel, wenn er nicht öffnen kann, was wir wollen; was schadet aber ein bloß hölzerner, wenn er das kann? Wir wollen ja doch nichts anders als nur, daß überhaupt offen sei, was verschlossen war. Weil aber zwischen Essen und Lernen eine gewisse Ähnlichkeit besteht, so müssen wegen des Ekels, den sonst sehr viele empfinden würden, selbst die notwendigsten Nahrungsmittel gewürzt werden. (4,11,26)

Verkündigung auf allen (Stil)ebenen

Es ist jedoch kennzeichnend, daß Augustinus die Frage der kunstvollen sprachlichen Darstellung nicht in erster Linie in bezug auf Tropen und Figuren erläutert – sie spielen später nur eine Nebenrolle bei der Würdigung der stilistischen Qualitäten der kirchlichen Autoren –, sondern im Blick auf die Stilgattungen. Auch in diesem Punkt aber ist die Anknüpfung an Cicero deutlich, ja er wird direkt (wenn auch vorerst ohne Namensnennung) zitiert (4,12,27). Und zwar geht es zunächst um die Verknüpfung der Stilfrage mit den drei Aufgaben des Redners: um Belehrung, Ergötzung, Rührung. Wie Cicero setzt auch Augustinus auf die volle (bzw. abwechselnde) Nutzung dieser Möglichkeiten und damit insgesamt auf die Berücksichtigung der menschlichen Affekte. Und wie bei Cicero kommt der letzten Aufgabe, dem Rühren (*movere*), die wichtigste Rolle zu:

Um jener Menschen willen jedoch, deren verderbtem Geschmack die Wahrheit nur dann zusagt, wenn auch der Vortrag des Redners gefällt, ist in der Beredsamkeit auch der Ergötzung ein nicht geringer Spielraum eingeräumt. Aber selbst dieses Zugeständnis genügt für harte Herzen nicht: ihnen bringt es keinen Nutzen daß sie durch die Rede des Lehrenden zur Erkenntnis gebracht und ergötzt worden sind ... Wenn also der kirchliche Redner eine Pflicht einschärft, dann muß er nicht bloß lehren, um zu unterrichten und darf nicht bloß ergötzen, um zu fesseln, sondern er muß auch rühren, um zu siegen. Denn derjenige muß noch durch eine erhabene Beredsamkeit zur Zustimmung hingerissen werden, bei dem dies weder der bis zu seinem

Zugeständnis geführte Beweis der Wahrheit noch auch die Zugabe eines anmutigen Stiles bewirkte. (4,13,29)

Allerdings folgt die Warnung auf dem Fuß – als gelte es wieder einmal, die Ängstlichen zu beschwichtigen: die anmutige Rede ist pervertierbar, als bloßer Ohrenkitzel zu mißbrauchen:

O Beredsamkeit! Je feiner, um so schrecklicher und je gediegener, um so heftiger die Axt, die wahrhaft Felsen spaltet! ... Und mögen unsere Worte auch weniger verstanden werden und mögen sie weniger gefallen und weniger rühren, so soll doch nur Wahres gesprochen und Gerechtes, nicht Ruchloses gerne gehört werden. Letzteres würde gewiß nicht geschehen, wenn es nicht auf anmutige Weise vorgebracht würde. (4,14,30)

Aber Augustinus bleibt dennoch beim ‚rhetorischen Weg‘. Dessen Gefahren sind vielfältig zu kompensieren, z.B. durch frommes Gebet als Vorbereitung zur Predigt (4,15,32). Dabei wird auch noch einmal das im Prolog Vorgetragene aufgegriffen: der Prediger darf sich nicht auf den Gnadenbeistand Gottes allein verlassen – sonst könnte man auch beispielsweise auf das Gebet selbst verzichten (4,16,33).

Unter solchem Flankenschutz kommt es schließlich zur völligen Einarbeitung des ciceronianischen Konzepts der Drei-Stil-Lehre (nach dem *Redner*, 100), und zwar als Präsentation des bescheidenen Stoffs im niedrigen, des normalen im gemäßigten, des bedeutenden im erhabenen Stil (4,17,34). Nur gibt es für Augustinus ein neues Problem: ausdrücklich betont er (nun auch unter Namensnennung), Ciceros Lehre gelte uneingeschränkt lediglich für Gerichtssachen, während bei den kirchlichen Gegenständen eigentlich nichts niedrig und mäßig, sondern eben alles bedeutend sei; alles beziehe sich schließlich auf das ewige Heil, und der Apostel Paulus habe mit Recht aus diesem Grund selbst bei der Behandlung von (scheinbaren) Kleinigkeiten zu heftigen Worten gegriffen (4,18,36). Aber es gibt dennoch Anlaß, an Ciceros Einteilung festzuhalten:

Obgleich der christliche Lehrer ein Redner über große Dinge ist, so darf er doch darüber nicht die ganze Zeit im erhabenen Stil sprechen, sondern muß auch einmal im niederen reden, wenn er über etwas belehrt, und im gemäßigten, wenn er etwas lobt oder tadelt. Soll aber etwas getan werden und sprechen wir zu jenen, die es tun sollen, es aber nicht tun wollen, dann müssen große Dinge in erhabener und auf Rührung des Gemütes berechneter Weise gesprochen werden. Und manchmal kann es sogar vorkommen, daß über eine und dieselbe bedeutsame Sache im niederen Stil gesprochen wird, wenn sie gelehrt wird, im gemäßigten, wenn sie gepriesen wird und ihm

erhabenen, wenn das ihr abgeneigte Gemüt zur Umkehr bestimmt wird.
(4,19,38)

Dafür nun stützt sich Augustinus auf Beispiele aus der Heiligen
Schrift, die vielfältig belegen, daß auch höchste Glaubenswahr-
heiten auf schlichte oder gemäßigte Weise darzulegen sind
(4,20,39ff.). In diesem Zusammenhang sucht Augustinus mit großem Aufwand die These zu widerlegen, die Verfasser der Heiligen
Schrift hätten auf jede Kunst verzichtet. Selbst wenn dies etwa bei
der rhythmischen Gestaltung der Fall sein sollte, würden leichte
‚Nachbesserungen' zeigen, daß auch hier alle Möglichkeiten bereit-
lagen (4,29,41). Und wo eine eher lehrbuchartige Nutzung des
Sprachschmucks fehle, mangele es eben doch nicht an ‚natürlichem'
Schmuck, ersetze der „Feuereifer der Seele" dasjenige, was sonst
„mit ängstlicher Sorge" ausgewählt werde (4,20,42). Die Hauptzeu-
gen sind dabei auf der einen Seite Paulus (als ein Verfasser der
Heiligen Schrift selbst), auf der andern die Kirchenlehrer, darunter
besonders Cyprian und Ambrosius[17]. Die Rhetorik ist nicht nur
notwendig, ihre Lehren wurden auch gerade von den Großen der
Kirche angewandt und damit in ihrer Dignität bekräftigt.

Auf der Grundlage dieser umfassenden Rechtfertigung wendet
sich Augustinus noch einmal den praktischen Fragen der Stillehre
zu, wobei seine Antworten im Detail Cicero folgen. Dies betrifft
zunächst die Forderung nach Abwechslung in den Stilgattungen,
vor allem aber die besondere Wertschätzung des erhabenen Stils.
Ganz im Sinne Ciceros berichtet Augustinus voll Stolz, wie es ihm
einmal gelang, eine entzweite Menschenmenge dank der aufs
Höchste gesteigerten Rede zu Tränen zu rühren und damit wieder
zu vereinigen (4,24,53). Allerdings wird auch eingeschärft, daß der
Zweck der Rede die Erreichung des gesteckten Zieles sei, wozu
nicht nur auch die andern Stilgattungen beitragen können, sondern
was jede Form von Verselbständigung der Wortkunst verbietet
(4,25,55). Auch (harmlose) Anmut also kann den Hörer einneh-
men, ja fesseln, und auch ein schlichter Stil zum Sieg verhelfen:

Wenn aber der niedere Stil sehr schwierige Fragen löst und mit unerwarteter
Klarheit darlegt, wenn er die scharfsinnigsten Gedanken wider Erwarten aus
kaum geahnten Winkeln herbeizieht und vorzeigt, wenn er den Irrtum des

---

[17] Eine eigene Schrift von Augustinus zu diesem Thema ist verlorengegangen; vgl. P. Klopsch: Einführung in die Dichtungslehren des lateinischen
Mittelalters. Darmstadt 1980, S. 38.

Gegners widerlegt und das als falsch nachweist, was jener ganz unwiderleg-
lich gesagt zu haben schien, vor allem wenn er nicht gesuchte, sondern
gleichsam natürliche Anmut und einigen nicht prahlerischen, sondern notwendigen und, um mich so auszudrücken, den Dingen selbst abgerungenen
Rhythmus der Schlußglieder hat, so erntet selbst dieser Stil so große Beifalls-
bezeigungen, daß man kaum bemerkt, daß er bloß der niedere Stil ist. Denn
obgleich dieser Stil nicht im Festschmuck einhergeht und obgleich er nicht
bewaffnet, sondern gleichsam nur nackt kämpft, so erdrückt er doch den
Gegner mit seinen nervigen Armen, wirft den Widerstrebenden über den
Haufen und zerstört mit seinen riesenstarken Gliedern das Gebäude der
Falschheit. Warum wird denn solchen Rednern häufig und laut Beifall
geklatscht, wenn nicht darum, weil die auf solche Weise nachgewiesene,
verteidigte und unbesiegte Wahrheit auch ergötzt? Darum soll unser Lehrer
und Redner auch durch den niederen Stil zu bewirken suchen, daß er nicht
bloß mit verständigem, sondern auch mit willigem und gehorsamem Herzen
gehört werde. (4,26,56)

Im übrigen gilt: der Redner muß mit seiner Lebensführung die von
ihm formulierten Lehren selbst befolgen, ja Augustinus betont,
dieser Form von Praxis komme ein höherer Wert zu als jeder
Ausdruckskraft (4,27,59). Am Ende der Betrachtungen werden
damit (wieder einmal) die Beschränkungen formuliert, die der
Rhetorik aufzuerlegen sind. Die Wahrheit steht in jedem Fall über
den schönen Worten, die Wahrheit ist das Ziel, aber um dieses zu
erreichen, hat der Redner dafür zu sorgen, daß sie nicht nur klar
dargelegt wird, sondern auch gefällt und Einfluß gewinnt – in neuer
Formulierung das Cicero-Diktum aus dem *Redner*:

Was heißt also nicht bloß beredt, sondern auch weise sprechen anders, als im
niederen Stil zufriedenstellende, im gemäßigten glänzende und im erhabenen
Stil gewaltige Worte für wahre Dinge gebrauchen, die man einzig und allein
anhören sollte? (4,28,61)

Auch wenn all dem schließlich das Gebet um die Beihilfe Gottes
dient (4,30,63): Augustinus' Plädoyer für die Nutzung des rhetorischen Wissens ist damit nicht eingeschränkt, sondern eher abgesi-
chert.

Versucht man von da aus eine Gesamtwürdigung, so spielt die
‚Rettung' der Rhetorik zweifellos eine entscheidende Rolle. Das
Wort des wichtigsten Kirchenlehres der Spätantike, der nicht nur
die Theologie (mit der Gnadenlehre) entscheidend prägte, sondern
auch mit seiner Psychologie (in den *Bekenntnissen*) und seinem
Geschichtsdenken (im *Gottesstaat*) bestimmend wurde, mußte
schwer wiegen. Zwar hatten auch andere für die Übernahme der

antik-heidnischen Kultur im allgemeinen und die Rhetorik im
besonderen plädiert, aber diese Plädoyers waren mehr am Rande
der Betrachtungen entstanden und vor allem zwiespältiger ausgefal-
len. Hieronymus, der bedeutende Bibelübersetzer und Freund des
Augustinus, prägte zwar das Bild von der gefangenen Frau (gemeint: die heidnische Kultur einschließlich der Rhetorik), die man
schließlich heiraten dürfe, litt aber auch unter dem (Selbst)vorwurf,
eher ein Ciceronianer als ein Christ zu sein[18]. Augustinus' Entscheidung gerade im Falle der Rhetorik war eindeutiger. Selbst in zentralen theologischen Zusammenhängen gewinnen deren Kategorien
bzw. Erklärungsmuster eine tragende Bedeutung, wenn etwa die
Existenz des Bösen in der Welt damit gerechtfertigt wird, daß nur
auf dem Hintergrund der Abweichung das Gute überhaupt existie-
ren könne: genauso erhält die sprachliche ‚Abweichung‘ (als Figur)
ihren besonderen Wert[19]. Aber die Bedeutung der augustinischen
Rhetorik liegt nicht in der ‚Rettung‘ allein. *Über die christliche
Lehre* hat die Tradition in tiefgreifender Weise umgestaltet, ihr
einen Sinn gegeben, der sich erst nach und nach in seiner Bedeutung zeigen sollte. Die Redekunst verwandelte sich in eine Schrift-
kunst, wie es letztlich der Verlagerung von einer (vorwiegend)
mündlichen Kultur zu einer (vorwiegend) schriftlichen entsprach.
Augustinus führt weit weg von der „republikanischen Diskussions-
gemeinschaft", der die Rhetorik einmal diente, und zwar hin zu
einer „hierarchischen Glaubens-, Gehorsams- und Volksgemein-
schaft" auf dem Boden eines in der Form der Lehre (*doctrina*)
verwalteten Sinnangebots[20]. Dabei spielte die Entdeckung und
Entfaltung des Problems der ‚Vermittlung‘ von Sinn die entscheidende Rolle. Sinn versteht sich nicht von selbst: wie es bei der
Weitergabe der Unterstützung bedarf, so auch bei der Herausarbeitung des Vermittelten. Die Kultur insgesamt stellt sich auf die
Suche nach dem Sinn ein und verläßt sich dabei auf das Angebot
der ‚Kunst‘. Daß sich diese ‚Kunst‘ so kraftvoll entfalten sollte,
geht nicht auf Augustinus allein zurück, fand aber in seinem Werk
eine mächtige Stütze[21].

---

[18] J.J. Murphy 1974, S. 53f.
[19] Vgl. J. Kopperschmidt: Die Eloquenz der Dinge. In: Rhetorica 3. 1985,
S. 105–36.
[20] G.K. Mainberger 1987, S. 345.
[21] Zur eher geringen unmittelbaren Wirkung, die auch als gleich Null einge-
schätzt wurde, vgl. ebd., S. 316f.

3.3 Rhetorik im Mittelalter

Donatus (4. Jh.)
Martianus Capella (5.Jh.)
   Die Hochzeit Merkurs mit der Philologie (zw. 410 und 439)
Cassiodor (ca. 490–583)
   Unterweisungen in den göttlichen und weltlichen Texten (zw. 551 und 562)
Isidor von Sevilla (ca. 560–636)
   Etymologien
Alkuin (ca. 730–804)
   Erörterung über die Rhetorik und die Tugenden
Hrabanus Maurus (ca. 784–856)
   Über die Unterweisung des Klerus (819)
Hugo von St. Victor (1096–1141)
   Didascalicon (vor 1137)
Matthäus von Vendôme (12. Jh.)
   Dichtkunst (ca. 1175)
Galfred von Vinsauf (gest. 1210)
   Neue Poetik (ca. 1208–13)
Johannes von Garlandia (1195–1272)
   Pariser Poetik (nach 1229)

Zur fast unangefochtenen Autorität im Mittelalter wurde allerdings nicht Augustinus, sondern Cicero, und zwar sehr bald nur noch mit *Von der Erfindungskunst* sowie mit der *Rhetorik an Herennius*, die (fälschlicherweise) ebenfalls als sein Werk galt[22]. Man sieht an dieser Auswahl sofort, in welcher Form die Rhetorik ihre Wirkung entfaltete: als Schulrhetorik, als Einführung in die Redekunst sowie als Anleitung zur Abfassung der (zweckgebundenen) literarischen Formen, die in der Praxis gefragt waren: poetische Verse, Kanzleibrief, Predigt. Nachdem die große Schlacht um die Anerkennung der Rhetorik im Zusammenhang mit ihrer Herkunft aus der heidnischen Kultur geschlagen war – die Rückzugsgefechte lassen sich allerdings noch bis ins 11. Jahrhundert nachweisen[23] –, folgt eine eher ruhige Zeit. Nicht nur, daß gerade die großen Texte der Vergan-

---

[22] Orientierung bei L. Arbusow: Colores Rhetorici. Göttingen 1963; J.J. Murphy 1974, S. 89ff; J.J. Murphy (Hg.): Medieval Eloquence. Berkeley u.a.1978; G. Kennedy 1980, S. 173–94; B. Vickers 1988, S. 214ff.

[23] Vgl. H.-B. Gerl: Rhetorik und Philosophie im Mittelalter. In: H. Schanze und J. Kopperschmidt (Hgg.) 1989, S. 99–120, bes. S. 105.

genheit weitgehend verschollen bleiben, die Rhetorik wird vor allem von ihren beiden Schwesterkünsten an den Rand gedrängt: von Grammatik und Logik. Im Frühmittelalter hat man genug damit zu tun, (im Grammatikunterricht) Latein zu lernen und dabei die Schriften der Alten nach ihrem inhaltlich-moralischem Gehalt zu studieren. Das Hochmittelalter entwickelt an den seit dem 11. Jahrhundert entstehenden Universitäten eine Disputationskunst, die auf der (taktischen Einsetzung der) Logik beruht. Nur in zwei Phasen der Entwicklung erhält die Rhetorik mehr Eigengewicht, nicht zufällig in Phasen der Renaissance, der Belebung der antiken Literatur. Unter Karl dem Großen verfaßt Alkuin einen Dialog über die Redekunst, der die Kenntnis von Ciceros *Vom Redner* bezeugt[24], und sein Schüler Hrabanus Maurus greift darüber hinaus auf Augustinus zurück[25]. Im produktiven Humanistenkreis von Chartres, wo im 12. Jahrhundert wieder (fast) die gesamte Antike gelesen wird, erneuert Johannes von Salisbury die aristotelische Topik, ja macht sie mit ihrer Orientierung am Wahrscheinlichen zur Grundlage der Wissenschaft überhaupt[26]. Daneben spielt auch die isokratisch-ciceronianische Idee der Kulturstiftung durch Sprache wieder eine Rolle[27].

Aber all dies verblaßt dennoch vor der (Alltags)routine, wie sie in den Schulen herrschte. Hier fristet die Rhetorik unter jenen Künsten ihr Dasein, die sich während der Spätantike in noch relativ offener Form herausgebildet hatten und sich dann im 5. Jahrhundert endgültig zu den sog. sieben freien Künsten verfestigten[28]. Der heidnische Dichter Martianus Capella ließ in seinem Lehrgedicht der *Hochzeit Merkurs mit der Philologie* den Bräutigam mit sieben Brautgeschenken auftreten, die diese Künste darstellen. Es sind die drei sprachbezogenen: Grammatik, Logik (Dialektik), Rhetorik, sowie die vier mathematisch-zahlenbezogenen: Arithmetik (Zahlen als solche), Geometrie (Ausdehnung), Musik (Proportion in bezug auf die Klänge), Astronomie (Bewegung). Ohne näheres Interesse an den sprachlichen Vorgängen selbst, aber auch ohne die bei Quintilian erreichte Systematik reduziert sich die Lehre auf einige Reste der Tradition, die vor allem auf Cicero-Kommentaren be-

---

[24] U. Krewitt 1971, S. 172ff.
[25] J.J. Murphy 1974, S. 82ff.; kritisch dazu E.C. Lutz 1984, S. 25ff.
[26] H.-B. Gerl 1989, S. 108ff.
[27] ebd., S. 115.
[28] Überblick bei U. Krewitt 1971, S. 81ff.

ruhte. Cassiodor, der erste christliche Enzyklopädist, führt diese
Aufgabe fort und behandelt u.a. die Figuren im Zusammenhang
ihrer Bedeutung für die Schriftauslegung, wobei er z.B. den Hagel
in Ps. 17 als Schelte des Propheten an die Juden deutet[29]. Dabei
stammt gerade die Figurenlehre von einem Grammatiker, allerdings *dem* Grammatiker des Jahrtausends schlechthin: Donatus.
Für lange Zeit steht die Rhetorik, soweit überhaupt vorhanden, in
grammatischen Diensten, wobei die Figurenlehre als Anhängsel der
Sprachrichtigkeit thematisiert wurde. All dies trifft auch noch auf
die enzyklopädisch angelegten *Etymologien* des Isidor von Sevilla
zu, die im Worterklärungsverfahren alles Wissen für den mittelalterlichen Schüler (zum Auswendiglernen) aufbereiten. Übrigens
benutzt Isidor bei seinen Figurenerklärungen die Mischquellen
(also Zusammenschriften aus verschiedenen Autoren) der Spätantike, während in den etwas späteren speziellen Figurentraktaten
(den *Colores rhetorici*) die *Rhetorik an Herennius* den bedeutende-
ren Einfluß ausübt[30]. An der Randstellung der Rhetorik insgesamt
aber ändert sich auch lange Zeit danach wenig. Im bedeutendsten
enzyklopädisch angelegten Lehrbuch des 12. Jahrhunderts, in Hugo
von St. Victors *Didascalicon* herrscht die Logik fast uneingeschränkt; ausdrücklich ist ihr die Rhetorik untergeordnet[31].
Bewegung kommt in diese Stagnation erst in dem Augenblick,
als die Bedeutung der Rhetorik für bestimmte Aufgaben (wieder)-
entdeckt wird. Die wichtigste Rolle spielt dabei die neue Poetik,
die am Ende des 12. Jahrhunderts in eigenen Traktaten erscheint[32].
Wahrscheinlich im Zusammenhang mit der damals aktuellen (grammatischen) Spekulation über die Grundlagen des Bezeichnens
(*modi significandi*) entstanden[33], widmen sich Autoren vorwiegend
aus England, die in Paris lehrten, den Grundlagen des Dich-

---

[29] ebd., S. 142.
[30] ebd., S. 214.
[31] Hugo von St. Victor: The Didascalicon. New York, London 1961, Buch 1, Kap. 11 (Concerning the Origin of Logic).
[32] Matthew of Vendôme: Introductory treatise on the art of poetry. Hg. von E. Gallo 1974, S. 51–92; Geoffrey of Vinsauf: The New Poetics. In: J.J. Murphy (Ed.): Three Medieval Rhetoric Arts. Berkeley u.a. 1971, S. 27–108; John of Garland: The Parisiana Poetria. Hg. von T. Lawler. New Haven, London 1974. Literatur: U. Krewitt 1971, S. 280ff.; J. J. Murphy 1974, S. 135ff.; P. Klopsch 1980.
[33] J.J. Murphy 1974, S. 165.

tens. Das direkte Vorbild stellt Horaz' *Poetik* (*Ars poetica* oder sog. *Pisonenbrief*) dar, die ihrerseits in lockerer Form die Tradition (einschließlich von Aristoteles' *Poetik*) zusammengefaßt hatte; daneben treten Ciceros *Von der Erfindungskunst* und die *Rhetorik an Herennius* auf[34]. Matthäus von Vendôme behandelt in seiner *Dichtkunst* zunächst ausschließlich Stilfragen, wobei die *descriptio*, also die Personen- und Sachbeschreibung, eine besondere Rolle spielt. Vom Idealbild eines Papstes über den Preis Cäsars oder Helenas bis zur Vorführung eines Tadels reichen die Beispiele, die durch die ausführliche Behandlung von Einzelelementen wie etwa des Namens oder bestimmter körperlicher und geistiger Attribute ergänzt werden. Auch der Beschreibung eines idealen Ortes (*locus amoenus*) ist Rechnung getragen. Hinzu kommt im wesentlichen die Figurenlehre mit besonderer Betonung der Metapher, und zwar als *quaedam significationis transumptio*, d.h. als spezielle (logische) Bezeichnungsweise[35]. Der *color* (Farbe), ja die *festivitas verborum* (Festlichkeit der Worte) soll den Gedanken den nötigen Glanz geben, wobei Matthäus noch für leichten Schmuck plädiert.

Galfred von Vinsauf, der Nachfolger, dessen *Neue Poetik* schon im Titel die Fortsetzung (wenn nicht Überbietung) von Horaz signalisiert, hat die bedeutendste Wirkung erzielt – Chaucer und Dante griffen unmittelbar auf ihn zurück und noch Erasmus von Rotterdam benutzt seine Beispiele[36]. Dabei ist nun mit der *gravitas* (der Würde, und zwar neben der Anmut) des sprachlichen Ausdrucks ausdrücklich schwerer Redeschmuck gerechtfertigt bzw. gefordert. Im stilistischen Bereich dominiert die Amplifikation mit Techniken der Verbreiterung eines Themas[37]. Kurze Bemerkungen zur Gliederung auf der einen Seite und zu Memoriertechnik und Vortrag auf der andern runden die rhetorische Lehre schon erheblich ab.

Als komplette Rhetorik mit ausführlicher Behandlung auch der Erfindung der Gedanken ist schließlich die *Pariser Poetik* des Johannes von Garlandia zu nennen, die unter Einschluß der Briefschreiblehre den gesamten Bereich der Wortkunst erfaßt[38]. Be-

---

[34] Vgl. P. Klopsch 1980, S. 109f.; U. Krewitt mit Differenzierungen (1971, S. 280ff.).
[35] U. Krewitt 1971, S. 294.
[36] J.J. Murphy 1974, S. 168ff.; U. Krewitt 1971, S. 393ff.
[37] P. Klopsch 1980, S. 127ff.
[38] J.J. Murphy 1974, S. 177ff.; P. Klopsch 1980, S. 147ff.

rühmt wurde die Stillehre, die der Verfasser aus der damaligen Vergilinterpretation entwickelte und in der sog. *rota Virgilii*, dem Rad Vergils, anschaulich zur Geltung brachte. Und zwar werden die unterschiedlichen Stilgattungen mit dem unterschiedlichen (ständischen) Personal in Verbindung gebracht, so daß den Hirtengedichten (Vergils *Bucolica*) der schlichte, der Schilderung des Landlebens (in den *Georgica*) der mittlere, dem Heldenepos der *Aeneis* der hohe Stil zukommt. Nach diesem Vorbild sind die für dieses Personal jeweils charakteristischen Werkzeuge, Nutztiere und vieles andere mehr in der Weise zusammengestellt, daß sie drei große Speichen eines Rades bilden und damit die drei Stilgattungen materiell definieren. So begegnen im hohen bzw. schweren Stil (*gravis stilus*) der Feldherr mit Pferd und Schwert, im mittleren (*mediocris stilus*) der Bauer mit Ochs und Pflug, im schlichten (*humilis stilus*) der Hirte mit Schaf und Stab. Neben dieser detaillierten Lehre hat auch die theoretische Durchdringung der Kunst insgesamt einen Höhepunkt erreicht: Johannes von Garlandia entwickelt ähnlich wie die Grammatiker eine spekulative Poetik im Sinne einer Bestimmung der logischen Form der Dichtung[39].

Die neuen Poetiken waren jedoch nicht das einzige und auch nicht das früheste Produkt der Ausdifferenzierung spezieller rhetorischer Gegenstandsbereiche. Wie es letztlich nahelag, ging der erste Anstoß zu einer zweckgebundenen Rhetorik von den Bedürfnissen der Kanzleien (vor allem der päpstlichen und kaiserlichen) aus. Hier mußten Briefe angefertigt werden, deren Standardinhalt zu entsprechender formaler Bewältigung drängte. Dabei gab es schon in der Antike und Spätantike Ansätze, die dann im 12. Jahrhundert zu einer festen Form führten, wie sie bei Alberich von Montecassino vorliegt[40]. Kennzeichnend ist die Behandlung von Gliederung (mit der besonderen Rolle der *salutatio*, also der Begrüßung) und Figurenlehre, die bald auch Fragen des Sprachrhythmus einbezog. Bis gegen 1300 erscheinen immer neue Traktate, ehe die Tradition dann versteinert. Schließlich kommt als letzte ‚angewandte Rhetorik‘[41] die Predigtkunst hinzu, die nach Augustinus fast völlig erlahmt war und erst im 13. Jahrhundert wieder neu

---

[39] J.J. Murphy 1974, S. 180. Zu einem Versuch sprachlogischer Gliederung der Figuren vgl. U. Krewitt 1971, S. 409f.
[40] J.J. Murphy 1974, S. 194ff.; E.C. Lutz 1984, S. 28ff.
[41] J.J. Murphy 1974, S. 268.

auftritt. Der Grund für den Rückgang, der angesichts der Bedeutung des kirchlichen Lebens eigenartig erscheint, liegt in der Tatsache begründet, daß die Verkündigung des Wortes Gottes (trotz
Augustinus) als nicht ‚schmuckbedürftig' galt. In den wenigen
Äußerungen vor 1200 steht stets das Was, nicht das Wie zur Debatte. Genau in dem Augenblick, als diesem Wie dann doch Beachtung zufiel, entsteht fast mit einem Schlag eine Traktatliteratur, die
die üblichen Kategorien der Rhetorik auf die speziellen Bedürfnisse
abstimmt: die *artes* (bzw. *modi*) *praedicandi* mit Angaben insbesondere zu Gliederung und sprachlicher Darstellung[42].

---

[42] ebd., S. 269ff.

4. Von der Humanistenrhetorik zur barocken Komplimentierkunst: Christian Weise

4.1 Weltlicher und religiöser Humanismus

Francesco Petrarca (1304–1374)
Lorenzo Valla (1407–1457)
  Über die Lust (1431)
  Dialektische Disputationen (1439)
Erasmus von Rotterdam (1467–1536)
  Lob der Torheit (1509)
  Über die doppelte Fülle der Worte und Sachen (1514)
  Anleitung zum Briefschreiben (1522)
  Der Ciceronianer (1528)
Pietro Bembo (1470–1547)

In der Zeit der Renaissance und des Barock – etwa zwischen 1350 und 1700 – beeinflußt, ja beherrscht zuletzt die Rhetorik das gesamte System der Wissenschaften und Künste in Europa[1]. Ob ein Johannes Kepler seine astronomischen Werke mit stilistischem Schliff versieht oder ein König Edward VI. die Figuren auswendiglernt: keine Erziehung ohne Rhetorik[2]. Was sich am Schreibpult, auf der Kanzel und in der Kanzlei angebahnt hatte, setzt sich fort und verselbständigt sich in bislang unbekanntem Ausmaß. Professoren leben von diesem ihrem Fach, entwickeln Theorien und kämpfen um deren Verbreitung. Der Buchdruck zeigt zum erstenmal seine Kräfte: mehrere tausend Werke erscheinen, von denen einzelne zu Lebzeiten ihrer Autoren fast hundert Auflagen erreichen[3]. Aber diese Fülle ist alles andere als einheitlich. Kein Name

---

[1] Orientierung bei E. Grassi: Macht des Bildes: Ohnmacht der rationalen Sprache. Köln 1970; J. Lindhardt: Rhetor, Poeta, Historicus. Leiden 1979; G. Kennedy 1980, S. 195–219; P.O. Kristeller: Studien zur Geschichte der Rhetorik und zum Begriff des Menschen in der Renaissance. Göttingen 1981; M. Fumaroli 1980; W. Schmidt-Biggemann: Topica universalis. Hamburg 1983; A. Buck: Die humanistische Tradition in der Romania. Bad Homburg u.a. 1986; B. Vickers 1988 und 1989.
[2] B. Vickers 1988, S. 260ff.
[3] Eine Spezialbibliographie erfaßt ca. 3000 Titel von ca. 800 Autoren.

setzt sich völlig durch, weder ein alter noch ein neuer, und keine Richtung entbehrt ihres Widerspiels. Der einzige gemeinsame Nenner, der zugleich den Unterschied zum Mittelalter markiert, ist der philologische Unterbau sowie der neue Zweck dieser Philologie. Renaissance und Barock sind humanistisch orientiert, an den *studia humaniora*, mit deren Hilfe die Thematik der sozialen Ordnung an den ‚Alten' studiert und alles Denken auf die Bedürfnisse des Menschen bzw. auf den Nutzen für die Gemeinschaft abgestellt wird. Dazu dienen nicht länger einige wenige kanonisierte Schriften, sondern das ganze Spektrum der römischen und vor allem nun auch der im Urtext gelesenen griechischen Autoren. Seit etwa 1350 reißen die Entdeckungen nicht mehr ab. Petrarca sucht und findet Cicero-Briefe, ehe auf spektakuläre Weise 1416 in St. Gallen eine vollständige Ausgabe von Quintilians *Ausbildung des Redners* buchstäblich aus dem Staub gezogen wird. 1421 folgen in Lodi die rhetorischen Hauptwerke Ciceros, also *Vom Redner*, der *Redner* und der *Brutus*[4]. Die erste Welle der Humanistengeneration ist völlig ciceronianisch-quintilianisch geprägt, aber über ihr Ideal auch zerstritten[5]. Es entsteht (mindestens) ein doppelter Humanismus: ein weltlicher vorwiegend im Süden und ein religiöser vorwiegend im Norden Europas[6].

Das Stammland des weltlichen Humanismus ist Italien, von dem die Bewegung letztlich ausging. Hier läßt man sich insbesondere von den Ideen der Macht des Wortes und seiner Bedeutung für die menschliche Gemeinschaft leiten. Was Petrarca noch mit Religion bzw. Theologie verband und sich zwei Generationen später bei Pietro Bembo zu einer urban-heiteren Geselligkeitskultur entwikkelte, hat sein Zentrum im emphatischen Glauben an die in der Sprache liegende Leistungsfähigkeit und Würde des Menschen. Lorenzo Valla, der sich als Philologe um die moderne Bibelkritik wie um die Grundlagen der lateinischen Grammatik verdient machte, vertrat (in spektakulärer Bevorzugung Quintilians noch vor Cicero) auf dieser Grundlage gegen den mittelalterlichen Pessimismus, gegen Abstraktion und Kontemplation den Glauben an eine ‚gute' Welt, die eine ‚gute' Praxis ermögliche[7]. In seiner

---

[4] B. Vickers 1988, S. 254f.
[5] W. Rüegg: Cicero – orator noster. In: Entrentiens sur l'Antiquité classique 28. 1982, S. 275–319.
[6] Vgl. M. Fumaroli 1980, S. 93.
[7] H.-B. Gerl: Rhetorik als Philosophie. München 1974, S. 97ff.; B. Vickers 1989, S. 136ff.

Schrift *Über die Lust* verteidigte er die These, daß die Wahrheit
statt in logischen Strukturen im sprachlichen Zugriff auf die Welt
liege: im ‚Gemeinsinn' (*sensus communis*). Er hat dies mit erheblicher Provokation nicht nur an der Tatsache demonstriert, daß alle
Menschen in der Bejahung der Lust einig sind – und damit das
Vorhandensein evidenter Prinzipien bestätigen –, sondern auch
noch ausgerechnet am Beispiel des Geschlechtslebens[8]. Wenn Valla
in den *Dialektischen Disputationen* die Rhetorik dann als Königin
der Wissenschaften hinstellte, so deshalb, weil sie mit der Sprache
über die Welt verfügt, in den Worten die ‚Sachen' (wie man in
diesem Fall den Terminus *res* am besten wiedergibt) präsent hält.
In dieser Deutung der Einheit von *res* und *verba* liegt der Akzent
darauf, daß die ‚Sachen' (nur) als sprachlich verfaßte gelten[9]. Die
menschliche Welt ist eine Schöpfung der Gemeinsprache, weil die
Worte die Welt *deuten*, und zwar in ihrem menschlichen Aspekt.
Außerhalb der Sprache (d.h. abstrakt) gibt es buchstäblich nur
‚Hirngespinste'[10]. Genau darin liegt der Kern dessen, was als
Sprachhumanismus gefaßt wird und sich in seiner weiteren Ent-
wicklung über Giambattista Vico im 17. Jahrhundert bis zum
Neuhumanismus Wilhelm von Humboldts zu Beginn des 19. Jahr-
hunderts weiterverfolgen läßt[11].

Eine völlig andere Gestalt nahm der Humanismus (und von da
aus die humanistisch geprägte Rhetorik) im europäischen Norden
an, vor allem bei einer der großen Leitfiguren: Erasmus von Rotterdam[12]. Erasmus wendet sich gegen einen einseitigen Cicero-
nianismus, was ihn zum Intimfeind Bembos werden läßt, und sucht im
direkten Rückgriff auf Augustinus wieder eine Verbindung von
Rhetorik und Frömmigkeit. Dabei geht es nicht nur um einen
Vorrang der ‚Sachen' gegenüber den ‚Worten', sondern um ein
Ausrichten der sprachlichen Kunst auf *die* ‚Sache' schlechthin,
nämlich das Wort Gottes bzw. dessen Verteidigung. Schon in seiner
Studienzeit hatte Erasmus Augustinus' *Über die christliche Lehre*
kennengelernt und ihr noch ein Jahr vor seinem Tod eine große

---

[8] H.-B. Gerl 1974, S. 141ff.
[9] H.-B. Gerl 1974, S. 17.
[10] ebd., S. 220ff.; S. IJsseling 1985, S. 81ff.
[11] K.-O. Apel: Die Idee der Sprache in der Tradition des Humanismus von
Dante bis Vico. Bonn 1963, S. 159ff.; E. Grassi 1970, bes. S. 194ff.
[12] D. Harth: Philologie und praktische Philosophie. München 1970; M.
Fumaroli 1980, S. 92ff.

Auslegung zukommen lassen[13]. Der *vir christianus dicendi peritus*
(der Christ, der auch die Rede beherrscht) bedarf einer Rhetorik
der Praxis und des Nutzens; keiner rhetorischen ‚Philosophie',
sondern einer Anleitung zum wirkungsvollen Sprechen bzw. Schreiben. Mit Erasmus beginnt der Einzug der Rhetorik in die Schule,
wie er das konfessionelle Zeitalter prägte: Rhetorik im Dienst des
Wortes Gottes, nicht zuletzt als Verteidigung angesichts falscher
Deutungen. 1510/11 erarbeitete Erasmus ein Unterrichtskonzept
für die St.-Pauls-Schule in London. Dazu gehörte außer einer
breiten Kenntnis der antiken Autoren (in Neuausgaben) die Vermittlung des rhetorischen Handwerkszeugs zur Interpretation der
Texte, aber auch zur Abfassung eigener Stellungnahmen und
Traktate über entsprechende Themen. Nicht die Gründung der
Wahrheit in der Sprache, sondern die Funktion einer die menschli-
chen Affekte berücksichtigenden sprachlichen Fassung der Wahr-
heit stellt den Fluchtpunkt der Überlegungen dar. Dabei denkt
Erasmus wie übrigens auch Martin Luther bereits an die prakti-
schen Bedürfnisse der neuen Beamten, die als Juristen, Pfarrer und
Träger der staatlichen Verwaltung tätig sind, ja die Rhetorik als
Grundlage des sozialen Aufstiegs benötigen.

Schon aus diesen Gründen verfällt eine der (bloßen) stilistischen
Brillanz dienende Rhetorik dem Verdikt. Erasmus hat dies unzwei-
deutig formuliert, z.B. im *Lob der Torheit*, wo er die ebenso pe-
dantischen wie ängstlichen Wortkünstler verspottet, die ihre Mühe
mit Triefäugigkeit oder gar Blindheit bezahlen[14]. Den berühmten
Höhepunkt dieser Invektiven stellt der Dialog *Der Ciceronianer
oder der beste Stil* dar[15], in dem ein wahrhaft neurotischer Cicero-
Nachahmer auftritt, der tatsächlich seine Gesundheit darüber
ruiniert hat, jedes Wort des Meisters zu verzetteln. Die geringste
Abweichung von dessen Sprachgebrauch hält er für eine Katastro-
phe und benötigt für die Abfassung von sechs Sätzen sechs Nächte
(S. 41). Nicht nur, daß er dabei kein Wort benutzt, das bei Cicero
nicht ausdrücklich belegt ist: er rühmt sich der Kunst, „zum rhetorischen Schmuck den passenden Sinn zu finden" (ebd.). Nachdem
sich Erasmus weit über hundert Seiten lang seine Scherze mit dieser

---

[13] Im *Ecclesiastes*-Traktat; vgl. M. Fumaroli 1980, S. 106.
[14] Erasmus von Rotterdam: Das Lob der Torheit. Hg. von A. J. Gail.
Stuttgart 1977, S. 66ff.
[15] Erasmus von Rotterdam: Dialogus cui Ciceronianus. (Mit Übers.) hg. von
T. Payr. Darmstadt 1972.

Ausgeburt eines Rhetorikers erlaubt hat, entwirft er zum Schluß
sein Gegenkonzept: Cicero-Studium ja, aber ohne Verzicht auf die
andern Autoren und vor allem mit Blick auf die neuen ‚Sachen' des
Glaubens:

> Zu teuer erkauft ist, was einen so sehr in Anspruch nimmt, daß man darüber
> wichtigere Wissensgebiete vernachlässigen muß. Und zu teuer erkauft ist
> schließlich, was man mit dem Verlust des Glaubens bezahlt. Wenn wir
> Rhetorik zu dem Zweck studieren, um ein gelangweiltes Publikum zu unter-
> halten, was hat es dann für einen Sinn, eine Kunst, die nur der Schaustellung
> dient, in so mühsamer Arbeit zu erlernen? Wenn wir sie aber studieren, um
> die Zuhörer von der Ehrenhaftigkeit unserer Ziele zu überzeugen, dann hat
> der Athener Phokion viel wirkungsvoller gesprochen als Demosthenes, Cato
> Uticensis oftmals überzeugender als Cicero. Wenn wir hinwiederum Rhetorik
> dazu lernen, daß unsere Werke von möglichst vielen Menschen gelesen
> werden, und wenn sich dabei ohne eigenes Zutun eine gewisse Ähnlichkeit
> zur Diktion Ciceros ergibt, so müssen wir uns sogar bewußt um einen ande-
> ren Stil bemühen, um etwas für den angegriffenen Magen des Lesers zu tun.
> (S. 327)

Rhetorik lehrt, die Aufmerksamkeit der Zuhörer vor allem durch
Abwechslung zu fesseln – schon deshalb kommt Nachahmung eines
einzigen Vorbilds nicht in Frage (S. 329). Vorrang aber haben
ohnehin die ‚Sachen' selbst sowie die eigene Persönlichkeit:

> ... und es darf nicht sein, daß unsere Rede nichts als eine Ansammlung von
> Zitaten oder ein Mosaik ist, sie muß ein lebensvolles Bild der Persönlichkeit
> sein, ein Strom, der seinen Ursprung in unserem Herzen hat. Das erste und
> wichtigste Anliegen aber muß es sein, die Sache, über die man reden will,
> durch und durch kennenzulernen. Daraus wird sich dann die Fülle des
> Ausdrucks, ein echtes und natürliches Pathos der Darstellung von selbst
> ergeben. So werden wir schließlich erreichen, daß unsere Rede lebt und
> atmet, anregt, bewegt und mitreißt und Ausdruck unserer ganzen Persönlich-
> keit ist. (S. 335)

Wirklich ciceronianisch sei es, sachgerecht zu sprechen (S. 345) und
dazu die *aktuellen* ‚Sachen' zugrundezulegen:

> ... wir wollen das Gewicht vielmehr auf das legen, was in der Wissenschaft,
> in der Religion und im ganzen Leben gegenseitiges Wohlwollen schafft und
> nährt. Daher müssen wir in Dingen der Religion zunächst einmal die Haltung
> einnehmen, die eines echten Christen würdig ist. Wenn wir das tun, dann
> werden wir sehen, daß nichts so herrlich ist wie die christliche Lehre, nichts
> so lieb wie der Name Jesu Christi, nichts so schön wie die Ausdrücke, mit
> denen die Leuchten der Kirche die Glaubensgeheimnisse dargestellt haben.
> Dann wird uns der Stil eines Autors nicht mehr schön vorkommen, wenn er

das Dekorum der Person nicht wahrt und der Sache nicht Rechnung trägt, und wir werden ihn sogar absurd und häßlich finden, wenn er die Fragen des Glaubens im Vokabular der Ungläubigen behandelt und einen christlichen Stoff mit heidnischen Spielereien verbrämt ... Wer Ciceronianer auf Kosten seines Christseins ist, der ist auch kein Ciceronianer, weil er sich nicht in angemessener Weise ausdrückt, weil er das, worüber er spricht, nicht durch und durch kennt, weil er von dem, was er sagt, innerlich nicht überzeugt ist, und weil er schließlich die Fragen seiner Weltanschauung nicht mit der gleichen Vollendung behandelt, wie Cicero die Probleme seiner Zeit behandelt hat. Denn dazu studiert man die Wissenschaften, dazu die Philosophie, dazu die Rhetorik, um Christus zu erkennen und Christi Ruhm zu verkünden. Das ist der Sinn und Zweck aller Bildung und aller Beredsamkeit. (S. 353f.)

Wie sich Erasmus diese Beredsamkeit bzw. die entsprechende Ausbildung zu ihr gedacht hat, ist gut zu verfolgen. In seinem für die St. Pauls-Schule konzipierten Werk *Über die doppelte Fülle der Worte und Sachen* hat er die Probleme der Erfindung und der sprachlichen Darstellung gerade für Lehrzwecke erörtert, in einem Werk, das neben großem Erfolg (sechzig Auflagen zu Lebzeiten) breite Nachahmung gefunden hat[16]. Dabei ist in überraschendem Maße noch die Tradition der mittelalterlichen Traktate eingearbeitet, ja Galfred von Vinsauf neben Quintilian als Autorität genannt. Statt der bald ‚modern' werdenden Ausarbeitung des Lehrstoffes im Rahmen der fünf Bearbeitungsphasen der Rede behandelt Erasmus im Bereich der sprachlichen Darstellung die Möglichkeiten der amplifizierenden Ausarbeitung von Themen. Ein Beispiel stellen die hundertfünfzig Variationen des Satzes ‚Dein Brief hat mich sehr erfreut' dar, u.a. in folgender Gestalt: ‚Was für die Bienen der Klee, für die Ziegen die Weidenblätter, für den Bären der Honig bedeuten, das bedeutet für mich dein Brief'[17]. Bei der Erfindung sind es besonders die Gemeinplätze (*loci communes*) einschließlich einprägsamer Beispiele (*exempla*), die vorgeführt werden, übrigens auch einmal anhand einer Diskussion über Nutzen und Nachteil (!) des Ehesakraments[18]. In einem weiteren Werk hat Erasmus eine der damals besonders wichtigen Möglichkeiten sprachlichen Ausdrucks behandelt: die Briefkunst. Der große Schreiber, der er selbst war – über dreitausend Briefe sind von ihm

---

[16] B. Bauer: Jesuitische ‚ars rhetorica' im Zeitalter der Glaubenskämpfe. Frankfurt u.a. 1986, S. 119ff.

[17] ebd., S. 123f.

[18] ebd., S. 124 und 128f.

erhalten – geht in der *Anleitung zum Briefschreiben* die stilistischen Möglichkeiten durch, und zwar unter besonderer Betonung der Individualität des Verfassers[19]. Das Grundkonzept hat deutlich augustinische Züge; es ist ein Plädoyer für elegante Einfachheit:

Ich fordere kein Geschmeide, lehne aber gleichzeitig Lumpen ab. Ich verlange keine Löckchen, nur eine gepflegte Erscheinung. Mit Schminke darfst du zurückhaltend sein, doch trachte ja, Schmutz fernzuhalten. (S. 21)

Ausführlich werden Einzelheiten wie der Gebrauch von Adjektiven oder die Behandlung der Einleitung dargelegt und vor allem an den praktischen Fällen des Trost-, Empfehlungs- oder Mahnschreibens erläutert. Dabei wird auch etwa der Liebesbrief erfaßt, wobei Lob und Mitgefühl, ja der Einsatz von Seufzern und die Drohung mit Selbstmord als „Angriffswaffen" beschrieben sind. Sogar die Werbung eines Armen um eine Reiche ist – nach dem Vorbild mittelalterlicher Minnetraktate – als „Stoff für geistiges Training" behandelt.

4.2 Konfessionelle Schulrhetorik

Martin Luther (1483–1546)
Ignatius von Loyola (1491–1556)
Rudolf Agricola (1494–1566)
Philipp Melanchthon (1497–1560)
   Drei Bücher über Rhetorik (1519)
   Elemente der Rhetorik (1542)
   Dialektische Fragen (1547)
Johannes Sturm (1507–1589)
Petrus Ramus (1515–1572)
Cyprian Soarez (1524–1593)
   Drei Bücher über Redekunst (1560)
Gerhard Johannes Vossius (1577–1649)
   Sechs Bücher rhetorische oder oratorische Kommentare (1606)
   Kurzgefaßte Rhetorik (1621)

Erasmus' Stellung innerhalb der Reformation – er war sechzehn Jahre jünger als Martin Luther – blieb unentschieden, wenn auch

---

[19] Erasmus von Rotterdam: De conscribendis Epistolis. (Mit Übers.) hg. von K. Smolak. Darmstadt 1980, S. 10.

die Katholiken ihn bald zum Lager des Protestantismus rechneten. Aber die konfessionelle Spaltung wurde erst von der nächsten Generation ausgetragen. Ihre Rhetorik schloß an Erasmus an, setzte sein Konzept aber in einem stärker klassizistischen, also enger an die ‚Alten' angelehnten Sinne fort. Die bedeutendsten Werke fassen bei immer riesenhafterem Umfang – Johannes Sturms Lehrbuch für die Straßburger Gymnasiasten umfaßte ca. achthundert Seiten, ein wichtiges Nachschlagewerk der Zeit ca. fünftausend Termini[20] – die Autoritäten zusammen, wie es gelegentlich schon im Titel zum Ausdruck gebracht wird (ein Beispiel wird uns im weiteren noch begegnen). Es dominiert damit im übrigen das volle Fünferschema der klassischen Rhetorik, wobei lediglich Ergänzungen vorgenommen werden, wenn Philipp Melanchthon etwa eine vierte Gattung (das *genus didascalicon*) oder Gerhard Johannes Vossius eine fünfte Frageweise (den *status absolutus*) einführen. Angesichts dieser Grundvoraussetzungen verwundert es nicht, daß sich die Konzeptionen wenig voneinander unterschieden und stillschweigend durchaus auch voneinander profitierten. Die Gegensätze konnten im eigenen Lager größer sein, wenn sich etwa die Jesuiten teils an den geistlichen Exerzitien ihres Ordensstifters Ignatius von Loyola, teils an dem mehr weltlich ausgerichteten großen Studienprogramm von 1586 orientierten. Im übrigen beeinflußte die Schulrhetorik, die schließlich nicht nur Theologen erzog, auch die politische bzw. Parlamentsrhetorik, wie es vor allem in Frankreich beobachtbar ist[21]. Dort existierte ein (stilistisch brillanter) politischer Gallikanismus, der sich auf Cicero berief, neben einer (stilistisch kargen, an der Beredsamkeit des Herzens orientierten) religiös geprägten Rhetorik mit Augustinus als Kronzeugen. Dieser noch in seiner Zersplitterung imposant wirkende Aufschwung der Rhetorik war jedoch auch von heftigen Angriffen begleitet, und zwar nicht nur von Philosophen wie Francis Bacon oder René Descartes im Laufe des 17. Jahrhunderts. Schon Johann Fischart, selbst Zögling ausgerechnet des Straßburger Gymnasiums von Johannes Sturm, mokierte sich in seiner *Geschichtklitterung* (1575) über das rhetorische „Dintenteutsch"[22]. Und Michel de Montaigne

---

[20] B. Vickers 1988, S. 269.
[21] M. Fumaroli 1980, S. 475ff.; zu den Verhältnissen in Deutschland vgl. G.K. Braungart: Hofberedsamkeit. Tübingen 1986.
[22] J. Fischart: Geschichtklitterung. Hg. von U. Nyssen. Düsseldorf 1963, S. 120.

setzte in seinen *Essais* (1580) die gesamte Lehre mit einer Kunst der Lüge und Prellerei gleich, ja sah in den Figuren lediglich das Geschwätz von Kammerfrauen beschrieben[23].

An der Dominanz der Rhetorik hat dies freilich nicht rütteln können. Vorangetrieben wurde die Entwicklung zunächst von den reformatorisch gesinnten Gelehrten und Schulmännern, von Rudolf Agricola etwa, der mit seiner argumentativ ausgerichteten Rhetorik schon Erasmus beeinflußt hatte. Johannes Sturms Wirken in Straßburg entsprach dasjenige Philipp Melanchthons in Wittenberg. Auch Melanchthon, der bedeutendste Pädagoge der Zeit, knüpfte an Erasmus an, setzte vor allem wie dieser auf die Orientierung an den ‚Sachen‘, denen die Schmuckmittel nur dienen sollten[24]. In den *Drei Büchern über Rhetorik* von 1519 ist das Konzept der stilistischen Variation und lockeren Behandlung der Erfindung noch ganz im Stil des erasmischen Traktats *Über die doppelte Fülle der Gedanken und Sachen* betrieben, mit dem Schwerpunkt durchaus auf abrufbereitem Katalogwissen:

Wenn die Anwendung der dialektischen Regeln die Fundamente gelegt hat, soll der Jugendliche meiner Ansicht nach zu den allgemeinen Fällen geführt werden, in denen er den Gebrauch der loci communes, der Laster, Tugenden, des Glücks, des Todes, des Reichtums, der Wissenschaften und ähnlicher Themen, einüben soll. Dadurch wird er in die Lage kommen, sich für die höchsten Fächer zu rüsten, über die Schriften Anderer angemessen zu urteilen und selbst Neues verfassen zu können. Zu diesem Zweck wird es höchst nützlich sein, die sorgfältig aufgezeichneten Listen (formas) der loci communes in den Händen zu halten, damit man, wenn man eine Sentenz, ein Adagium oder ein Apophthegma, das sich in die Tabelle aufzunehmen lohnt, exzerpiert hat, sie unter ihrem spezifischen locus einordnen kann. (Nach Bauer, S. 125)

In der Darstellung der *Elemente der Rhetorik* von 1542 wird jedoch ein Abrücken von Erasmus erkennbar, wie es sich auch darin zeigt, daß dessen Traktat nicht mehr erwähnt ist[25]. Melanchthons Interessen liegen zunehmend – wie die Agricolas – im Bereich der Dialektik, der logischen Grundlagen der Argumentation also, der er auch ein eigenes Werk widmete (die *Dialektischen Fragen*). Während bei Erasmus trotz aller Abwehr eines bloßen Wortschmucks die Stili-

---

[23] M. de Montaigne: Essais. Hg. von H. Lüthy. Zürich 1984, Nr. 51 (Über die Eitelkeit der Worte).

[24] B. Bauer 1986, S. 67f.

[25] ebd., S. 124.

stik insgesamt noch erhebliche Beachtung genoß, verliert sie für Melanchthon mehr und mehr ihre Funktion. Petrus Ramus, der bedeutende französische Rhetoriker dieser Zeit, trennte die sprachliche Darstellung völlig von der nun allein behandelten (dialektischen) Erfindung der Gedanken ab und überließ jene damit einem Schattendasein. Auf diese Weise war allerdings ein Extrem erreicht, das sich zu einer eigenen Tradition (der sog. Ramistenrhetorik) entwickelte, die sich entsprechend deutlich von der übrigen europäischen Rhetorik unterschied.

Die in der Forschung lange verkannte eigentliche Überraschung des 16. Jahrhunderts stellt jedoch die Rhetorik der Gegenreformation dar: das Werk der Jesuiten. Während die offizielle kirchliche Lehre vom (aristotelisch orientierten) Thomismus beherrscht war und damit weitgehend der mittelalterlichen Tradition verhaftet blieb, griffen die Jesuiten im Kampf gegen die Reformatoren zu deren Waffen. Seit Igantius von Loyola in Rom den eigens zur Wiederherstellung des alten Glaubens bestimmten Orden gegründet hatte (1537), begann der Aufbau eines Bildungssystems in den Spuren der Reformatoren. Die Rhetorik gewann dabei eine entscheidende Bedeutung, ja provozierte – wie etwa im Falle des Schultheaters – ihrerseits Nachahmungen im andern Lager. In der großen *Ratio Studiorum*, dem gültigen Studienprogramm von 1586, war die Rhetorik als Königin der Wissenschaften festgeschrieben; sie beanspruchte das gesamte letzte Schuljahr. Das wichtigste Lehrbuch, das dank seiner lateinischen Abfassung in ganz Europa verlegt werden konnte und vor allem in Deutschland benutzt wurde – das französische Äquivalent schuf Nicolas Caussin – , stammte von Cyprian Soarez: *Drei Bücher über Redekunst. Vornehmlich aus Aristoteles, Cicero und Quintilian entnommen*[26]. Die Kompilation aus den Klassikern, bei der ausdrücklich Übereinstimmung im Wortlaut angestrebt wurde, war perfekt mit den neuen religiösen bzw. religionspolitischen Zielen verbunden. Unter Berufung auf den Schöpfungsplan Gottes preist Soarez die alles beherrschende Macht der Rede und fordert dazu auf, sich ihrer zu bedienen:

Die Rede ist nämlich gleichsam ein Abbild des Denkens. Gott hat dem Denken seinen Sitz im Verstand (in mente) gegeben, dem er die Herrschaft über unser ganzes geistliches Vermögen verliehen hat. Den Sitz der Sprache hat der höchste Schöpfer in den höchsten und erhabensten Teil des Körpers

---

[26] ebd., S. 147ff.; eindrucksvolle Aufzählung der Drucke in ganz Europa bei H. Schanze (Hg.): Rhetorik. Frankfurt 1974, S. 276f.

verlegt: Das Denken ist gleichsam ein Licht und Glanzpunkt des Lebens; die Sprache ist die Zierde und der Schmuck des Denkens. Es regiert und lenkt das eigenen Empfinden (animum), die Rede beeinflußt auch das fremde. Sie ist die bewundernswerte Erscheinungsform (species) des Denkens, die Schönheit der Rede bringt es als ein im Innern verborgenes an das Tageslicht. (Nach Bauer, S. 150)

Soarez lotet breit die Möglichkeiten der Seelenführung aus und zeigt zugleich, wie diese (im Kampf um den wahren Glauben) genutzt werden können:

Den Rechtschaffenen zum sittlichen Richtigen zu raten, ist allerdings kinderleicht. Wenn wir dagegen versuchen, bei schlechten Menschen Recht zu bekommen, müssen wir uns davor hüten, den Anschein zu erwecken, als machten wir ihnen aus ihrer von unserer verschiedenen Lebensauffassung einen Vorwurf. Auch muß das Denken desjenigen, der eine Überlegung anstellt, nicht nur durch die Empfehlung der Tugend beeinflußt werden, sondern nach der Auffassung des einfachen Volks (vulgus) auch durch Lob und durch den zu erwartenden Nutzen, mehr noch aber durch die Hervorrufung von Ängsten, falls man anders handeln würde. (Nach Bauer, S. 161)

Alle Möglichkeiten der Erfindung von Gedanken, wie sie die Lehre von den Topoi anbietet, sind aufgerollt, ebenso die darstellungsbezogenen einschließlich der ausführlichen Behandlung des Prosarhythmus[27]. Wenn die Seele von Emotionen bestimmt wird, ist das Eingehen auf diese höchstes Gebot und zugleich am meisten erfolgversprechend.

Das Konzept einer auf die Leidenschaftsnatur des Menschen aufbauenden Rhetorik, die in den klassischen Bahnen alle Probleme der gedanklich-sachlichen und sprachlich-darstellerischen Seite der Redekunst erörterte, liegt auch dem Werk jenes bedeutenden holländischen Humanisten zugrunde, das noch Lessing benutzte: Gerhard Johannes Vossius' *Sechs Bücher rhetorische oder oratorische Kommentare*, komprimiert innerhalb der *Kurzgefaßten Rhetorik*[28]. Die Rhetorik war mit all dem aber auch Gelehrtenrhetorik geworden. Was als Höhepunkt in bezug auf die Rückgewinnung und Durcharbeitung der Tradition erscheint, leitet auch den Niedergang ein, sofern sich diese Gelehrtenrhetorik trotz aller

---

[27] B. Bauer 1986, S. 173ff.; übrigens wird zugleich auch auf die Analyse- bzw. Entlarvungsmöglichkeiten dank dieser Kenntnisse hingewiesen (ebd., S. 172).

[28] Vgl. L. Fischer 1968, S. 138ff.; W. Barner 1970, S. 265ff.; V. Sinemus 1977, S. 57f.

gegenteiligen Programmatik von der Praxis mehr und mehr ent-
fernte. In ähnlicher Weise treten in der politischen Rhetorik Tendenzen von Agitation in Erscheinung, geht die höfische Beredsamkeit mehr und mehr auf in mondäner Süßlichkeit[29]. Dennoch sollte
gerade die Gelehrtenrhetorik noch erhebliche Bedeutung gewinnen, und zwar als Vorbild der im 17. Jahrhundert in den Vordergrund tretenden Poetikenliteratur in den Volkssprachen. Martin
Opitz' *Buch von der deutschen Poeterey* (1624) beispielsweise stellt
einen (äußerst knappen) Auszug aus der großen Poetik Julius Cäsar
Scaligers von 1561 dar, die selbst wiederum aus der Auseinandersetzung mit der humanistischen Rhetorik hervorgegangen ist[30]. Es
dauerte nicht lange, bis aus dem schmalen Rinnsal ein breiter
Strom wurde. Auf keinem andern Gebiet setzte sich die Rhetorik
so durch wie auf dem der Poetik, der Lehre von der *Dicht*kunst
also, die nun endgültig der alten *Rede*kunst ebenbürtig wird, ja sie
nach und nach in den Schatten stellt. Vorher jedoch nahm die
Redekunst selbst noch einmal einen Aufschwung, der wie eine
Widerlegung dessen wirkt, was man so häufig über die für sie
notwendigen Voraussetzungen gesagt hatte: gerade für die Zwecke
im *monarchischen* Staat, also weitab aller republikanischen Diskus-
sions- und Argumentationsbereitschaft, entsteht eine pragmatisch-
taktische Redekunst, die anläßlich der vielen förmlichen Angelegenheiten des höfisch geprägten Alltags Orientierungen bot. In der
zweiten Hälfte des 17. Jahrhunderts tritt ein (protestantischer)
Schulmann auf, der mit Rücksicht auf die Bedürfnisse der von ihm
betreuten angehenden Beamten im Fürstenstaat mit dem Erbe der
humanistischen Rhetorik energisch brach: Christian Weise. Was
der Weißenfelser Professor und dann Direktor des Zittauer Gymnasiums entwarf, entsprach auf völlig neue Weise der Praxis: statt
gelehrtem Klassizismus eine Kunst, die mit der Ausarbeitung
kleiner, übersichtlicher Formen dem Benutzer variable und vor
allem erfolgversprechende Lösungen seiner Redeprobleme anbieten. Während gleichzeitig in Frankreich die Rhetorik ins Zentrum
der Auseinandersetzung um die Grundlagen des Wissens und der
Verständigung gerät und dabei in die äußerste Defensive gedrängt
wird, formiert sich in Deutschland eine selbstbewußte Konzeption
pragmatisch-taktischer Redekunst, die indes – wie sich ebenfalls
zeigen wird – den Keim ihrer Auflösung mitentwickelte.

---

[29] M. Fumaroli 1980, S. 425ff.
[30] V. Sinemus 1977, S. 12ff.

4.3 Weises ‚politischer' Redner

Christian Weise (1642–1708)
Politischer Redner (1677)
Neu erläuterter politischer Redner (1684)
Curiöse Gedanken von deutschen Briefen (1691)
Gelehrter Redner (1692)
Freimütiger und höflicher Redner (1693)
Oratorisches System (1707)

Christian Weise, *Politischer Redner*
1. Kap. Von den Schul-Reden
2. Kap. Von der Übung mit den Komplimenten
3. Kap. Von bürgerlichen Reden
4. Kap. Von politischen Reden

Christian Weise, *Neu erläuterter politischer Redner*
Teil I
1. Kap. Vom Periodo
2. Kap. Wie ein Periodus mit dem andern soll verbunden werden (Von
        der Connexion)
3. Kap. Von der Chria
4. Kap. Wie ein Periodus mit dem andern durch Thesin und Hypothesin
        verbunden wird (Von Thesi und Hypothesi)
5. Kap. Wie sich die Periodi durch Antecedens und Consequens
        verbinden laßen (Von Antecedens und Consequens)
Teil II
1. Kap. Von der vollkommenen Oration
2. Kap. Von den Reden, die sich durch artige Connexionen und also
        durch ein stetiges Antecedens und Consequens ordnen laßen
3. Kap. Von den Reden, welche sich durch Thesin und Hypothesin
        dirigieren laßen
4. Kap. Von der vollkommenen und weitleufftigen Oration
5. kap. Von der Eloquenz, derer man sich in gelehrten Discursen
        gebrauchet (Von gelehrten Diskursen)

Reden als Komplimentieren

Christian Weises Anleitung zur Redekunst steht im Zeichen eines
Begriffs, der nicht der Disziplin selbst entstammt, sondern dem
moralphilosophischen Denken seiner Zeit: dem Begriff des ‚Politi-

schen' bzw. eines (moralischen) Handelns im Zeichen von ‚Politik'[31]. Man kann sich den Charakter der Konzeption klarmachen, wenn man sie in diesem Punkt mit der antik-mittelalterlichen Vorstellung vergleicht. Während damals die Fragen des ‚richtigen' Handelns vor dem Hintergrund einer göttlichen Schöpfungsordnung geklärt wurden, in deren hierarchischen Aufbau sich jeder einfügt und damit den Bestand des Ganzen ermöglicht, ging man seit dem Beginn der Neuzeit von andern Voraussetzungen aus. Die Frage setzt statt bei der Ordnung des Ganzen bei jedem einzelnen an. Zum Problem wird, wie sich dieser einzelne behaupten, sich selbst erhalten kann, und zwar zusammem mit allen andern, die das gleiche Ziel verfolgen. Dazu bedarf es der Prinzipien, die auf natürliche Weise gelten bzw. aufgrund dieser Natürlichkeit auch die Chance haben, von allen anerkannt zu werden (im Gegensatz zu bloß überlieferten Normen): ein Beispiel wäre der Verzicht, einander zu schädigen. Man spricht demgemäß vom neuzeitlichen (modernen) Naturrecht, dessen bedeutende Vertreter im 16. Jahrhundert Niccolo Machiavelli, im 17. Hugo Grotius, Thomas Hobbes und (in Deutschland) Samuel Pufendorf waren. Dieses Naturrecht war ebenso die Grundlage des Rechts (im juristischen Sinne) wie der Moral insgesamt, es bezeichnet weniger eine Disziplin als ein Denken über praktisches Handeln, das den verschiedenen mit Handeln befaßten Disziplinen zugrundeliegt. Genau darauf griff Weise zurück, d.h. er rückte die Frage der Redepraxis in den Zusammenhang des modernen Denkens über praktisches Handeln überhaupt. Der Redner wird entsprechend zu einer Figur, die sich gegenüber dem andern behauptet – die Frage ist: mit welchen Mitteln. Darauf aber war die Antwort vorgegeben: der Redner soll sich verhalten, wie sich jeder in der Gesellschaft auch sonst verhält, auf eine Art, daß er Erfolg hat, *sein* Glück macht. Der Redner soll also mit anderen Worten ‚politisch', d.h. taktisch klug vorgehen. Das einzig Überraschende dieser Empfehlung lag darin, daß sie für den ‚privaten' Bereich galt, daß nun auch zwischenmenschliche Beziehung wie (große) Politik zu gestalten war – als ‚Privatpolitik', wie bald gesagt wurde.

---

[31] Zum Folgenden vgl. G. Frühsorge: Der politische Körper. Stuttgart 1974; W. Barner 1970, S. 135ff.; V. Sinemus 1977, S. 100ff.; M. Beetz: Rhetorisches Textherstellen als Problemlösen. In: LiLi 11. H. 43/44. 1981, S. 164–91.

Jeder orientierte Zeitgenosse wußte also, was es bedeutete, als Weise seine wichtigsten Rhetorikschriften – den *Politischen Redner* sowie den *Neu erläuterten politischen Redner*[32] – unter diesen Leitbegriff stellte. Die Zielverfolgung, die der Rhetorik *prinzipiell* zugrundeliegt, nämlich wirksam zu reden, war damit präzisiert, ja das neue Ideal des Redners von den taktischen Möglichkeiten des Naturrechts her konzipiert. Dazu aber bedurfte es einer Umformung der traditionellen Rhetorik, die mit einer scharfen Absage an die (humanistische) Schulrhetorik einhergeht, und zwar speziell in ihrer Ausarbeitung durch Vossius[33]. Die antike Rhetorik, die von den Humanisten mehr oder weniger fortgeschrieben worden war, sei auf die Republik berechnet gewesen, in der es darum ging, „das vielköpfichte Thier des gemeinen Pöbels" zu gewinnen, während es nun darauf ankäme, „dergleichen auch im Leben selbst mit Ruhm und Nutzen anbringen (zu) können"[34]. An die Stelle der in den alten Gattungen behandelten großen öffentlichen Reden träten heute Reden auf dem „Schul- oder Universitäts-Catheder", „im Regiment und in Gesandtschaften", schließlich „auf der Cantzel der Christlichen Gemeine"[35], kurz: die Fälle „im Leben selbst"[36]. Genau dem entspricht der Aufbau von Weises Werken. Der *Politische Redner* und ebenso der *Neu erläuterte politische Redner* stellen neben theoretischen Erörterungen zugleich riesige Beispielsammlungen für die Redeanlässe dar, auf die die Schüler vorbereitet werden sollten: Hochzeits- und Grabreden, Gratulationen und Begrüßungen, Bitten und Mahnungen sowie vieles andere mehr. Die theoretischen Erörterungen beziehen sich insbesondere auf den gedanklich-argumentativen Aufbau kleiner Redeeinheiten, mit deren Hilfe man jedes Thema (auch aus dem Stegreif) behandeln kann.

In seinem *Politischen Redner* hat Weise diese Technik auf einen Begriff gebracht, der aus der heutigen Sicht provozierend wirken muß: auf den des Kompliments[37]. Jede Rede stellt demnach nichts

---

[32] Ch. Weise: Politischer Redner. Leipzig 1683; ders.: Neu-Erleuterter Politischer Redner. Leipzig 1684 (Nachdrucke: Kronberg/Ts. 1974).

[33] Neu-Erleuterter politischer Redner, S. 634f.

[34] ebd., S. 209f.

[35] Freymüthiger und höfflicher Redner. O.O. 1693, Kap. II.

[36] Gelehrter Redner. Leipzig 1692, S. 1130.

[37] M. Beetz: Komplimentierverhalten im Barock. In: Amsterdamer Beiträge zur neueren Germanistik 13. 1981, S. 135–81; K.-H. Göttert: Legitimationen für das Kompliment. In: DVjs 61. 1987, S. 189–205.

anderes dar, als eine Einbettung von (konkreten) Zielen oder
Wünschen in eine Art (allgemeine) Aufwartung, die der angesprochenen Person gemacht wird, ja die eine kostspielige „würckliche
Auffwartung" ersetzt bzw. voll-füllt, wie der Sinn von Kompliment
als *com-plere* vulgäretymologisch erläutert ist (S. 161). Ob es sich
um Anlässe im Schulleben, im bürgerlich-privaten Bereich oder um
die gleichen Szenen am Hof handelt: überall gilt es, zur Zufrieden-
heit der andern, und d.h. nicht zuletzt: mit deren Lob, aufzutreten,
um damit deren Anerkennung zu finden. Ausdrücklich ist auch die
Unterhaltung unter vier Augen einbezogen, die bislang aus der
Rhetorik ausgeschlossen war; gerade solche Situationen wollen
taktisch richtig bewältigt sein, will man dem andern „die Affection
unvermerckt (abverdienen)" (S. 166f.), d.h. auf kluge Weise sich
seiner Zuneigung versichern. Das Konzept beruht auf einer letztlich einfachen (psychologischen) Überlegung: wenn jeder sich
selbst erhalten will und deshalb bis zu einem gewissen Grade auch
selbstsüchtig sein muß, kann man dessen Wohlwollen nicht durch
die Demonstration der Wahrheit (allein) gewinnen, sondern eher
durch ein subtiles Spiel des Eingehens auf die Selbstsucht: schmei-
chelt man ihr, löst sie sich gewissermaßen in Zuneigung auf. Die
Rhetorik gibt Anweisungen, wie dies anzustellen ist.

Weise hat dazu in erster Linie die rhetorischen Kernstücke der
Erfindung und Gliederung der Gedanken (weniger ihrer sprachlichen Darstellung) ins Spiel gebracht – nur in ebenso neuartiger
Dimensionierung wie eigener methodischer Durchdringung der
psychologischen Abläufe. Und zwar soll ein Kompliment aus drei
Teilen bestehen: aus dem eigentlichen Wunsch, den man äußert,
aus der Schmeichelei (Insinuation) gegenüber dem andern sowie
aus der Unterwürfigkeit des Selbst, wie sie sich etwa in der Empfehlung als ‚gehorsamer Diener' ausdrückt. Weise diskutiert ausführlich die Reihenfolge der Stücke, z.B. den Platz der Insinuation,
die bei Bitten besser an die Spitze rücke, während das eigentliche
Gesuch ans Ende gehöre (S. 175). Regeln dieser Art ergeben sich
aus psychologischen Überlegungen, die der Schüler als solche
nachvollziehen lernen soll, um sie in fremden Situationen selbst
anwenden zu können. Dies zeigen die Bemerkungen zur Erfindung
der einzelnen Stücke:

Wir wollen sehen/ob sich die Sache in kurtze Regeln bringen lässet. Vor allen
Dingen zwar hat ein iedweder zu dencken/was ihm selbst lieb ist/und was er
gerne höret/so wird er leicht errathen können/Was ein andrer gerne hö-

ret/welcher eben so ein Gemüthe/ebenso einen Willen/mit einem Worte/eben
so eine Philavtie oder Selbst-Liebe hat/als er selbst. Was höret aber ein
Mensch lieber/als daß er gelobt wird? (S. 188)

Ja Weise fügt hinzu, daß Ablehnung von Komplimenten psycholo-
gisch unverständlich ist und nur auf ein ‚fishing for compliments‘
hinauslaufen kann:

... so hab ichs doch erfahren/Jemehr sich die Leute wehren/desto mehr
Anlaß wollen sie dem andern geben solche Complimenten fort zu setzen. Ja
wenn auch mancher vor den Leuten wolte die Demuth selbsten seyn/so wird
es ihm doch heimlich wol thun/wenn er per indirectum und unvermerckt mit
einer Ehre gekützelt wird. (ebd.)

Der Rat reicht bis zum *heimlichen* Lob, das der Schamhaftigkeit
des Gegenübers mehr entgegenkommt, z.B. anläßlich der Hochzeit
eines Gelehrten der Wunsch, die „neue Liebste" werde ihren Mann
„von dem übermässigen Studiren abhalten/und seinen bißherigen
Fleiß durch eine gute Abwechselung erträglicher machen" (S. 191).
Ebenso soll man billigen, was der andere vermutlich gutheißt, oder
man soll nicht loben, wovon das Gegenteil feststeht – etwa bei
einer „pockengrübichten Jungfer" deren „mit Milch und Blut
ausgemahlt(es)" Angesicht (S. 191f.). Das Kompliment reagiert auf
den natürlichen Selbsterhaltungswillen eines jeden, überwindet die
natürliche Unlust zuzuhören aufgrund der größeren Lust, sich
schmeicheln zu lassen. Auf diese Weise dient es einer Interessens-
durchsetzung, die unter den klassischen Aufgaben des Redners am
ehesten der des Erfreuens (*delectare*) entspricht, wobei die Erregung der Leidenschaften (*movere*) als zu stark, der Versuch der
Belehrung (*probare*) als zwecklos gilt. Der Vorwurf der Unredlichkeit, ja der permanenten Unredlichkeit ist in diesem Zusammenhang immer wieder mit dem Hinweis zurückgewiesen, daß die
faktische Unwahrheit durch eine Art höhere Liebe zum Mitmenschen kompensiert werde. Der ‚Politicus‘ erscheint buchstäblich als
der wahre Christ, der dem andern außer freundlichen Werken auch
freundliche Worte entgegenbringt (S. 296). Aber solche Argumente – wie sie innerhalb einer (mitten im *Politischen Redner* ausgeführten) Komödie vorgebracht werden – überdecken nur den
pessimistischen naturrechtlichen Kern der Konzeption. Das Kompliment ist eine notwendige Waffe im Selbstbehauptungskampf,
und zwar im (aufgezwungenen) *Abwehrkampf*.

Die Kunst der Chrie

Aber diese Waffe will eben kenntnisreich geführt sein, und genau
dazu werden (in neuer Dosierung) die entscheidenden rhetorischen
Lehrstücke herangezogen. Das Charakteristische liegt zunächst
darin, daß Weise zum Aufbau einer Rede auf eine Kurzform zurückgreift, die seit der Antike in den Progymnasmata, also zu
Übungszwecken benutzt wurde: die Chrie. Es handelt sich um eine
(gerade noch selbständige) Argumentationseinheit, um eine ,Zelle',
die mit andern zusammen eine komplette Rede ergibt. Der Vorteil
liegt in der günstigen Handhabung, nicht zuletzt auch in didakti-
scher Hinsicht: Weise kann so die verschiedenen rhetorischen
Lehrstücke immer an überschaubaren Beispielen dokumentieren.
Dies gilt als erstes für den Gebrauch der Topoi im Rahmen der
Erfindung. Weise bietet dabei nicht nur sachliche Orientierungsge-
sichtspunkte, die im (Rede)alltag von Nutzen sind, sondern zeigt
auch Wege auf, wie man solche Gesichtspunkte gewinnt. So wird
z.B. bei der Kondolenz eine Untersuchung empfohlen, „worinn
dergleichen vernünfftige Tröstungen bestehen/damit man dergleich-
chen selbst erfinden lerne" (S. 285). Dazu sind fünf ,Fontes', also
(topische) Quellen, genannt: die Notwendigkeit des Todes, der
Vergleich mit noch größerem Unglück, die Tatsache, daß nur
Frauen weinen, die Hoffnung auf einen besseren Zustand und der
Vorschlag, für Ablenkung zu sorgen (S. 285ff.). Entsprechend soll
sich der Redner bei Grabreden die Frage stellen, „warum bei den
Leichen geredet wird", um auf ,Gedanken' wie die zu stoßen, daß
der Verstorbene zu loben, zu beweinen sowie selig zu preisen ist,
während die noch Lebenden getröstet werden müssen (S. 456f.).
Auch für eine (amplifizierende) Ausschmückung solcher Gedanken
bietet Weise Hilfestellung, und zwar in Form von sog. Collecta-
neen, d.h. Sammlungen von insbesondere historischen Beispielen,
die einer Rede Anregungen zu bieten versprechen (S. 464). Weil
alle möglichen Vorkommnisse (wie der Ausdruck des Schmerzes
bei der Kondolenz) letztlich allgemeinen Charakter haben, gibt es
Anknüpfungspunkte überall. So wird für jeden Sonntag im Kir-
chenjahr etwas Passendes zur Kondolenz beim Tod eines Kindes
notiert (S. 530ff.), wird eine Anknüpfung an Wappen und ihre
Farben sowie an Zahlen im Schilde geboten (S. 671ff.). Daß dies
gerade auch für Improvisationszwecke nützlich ist, zeigt Weise am
Beispiel einer Grabrede bei schlechtem Wetter. Der – völlig unvor-
bereitete – Redner denkt an die durchnäßten Zuhörer sowie ihre

Ungeduld und beginnt: „Ach/wenn es doch bald aus wäre/daß wir aus dem heßlichen Wetter nach Hause kämen!" Dies aber führt fast mühelos zur allegorischen Ausdeutung, die zum Rückgrat der Rede wird: „Ach! wenn es bald aus wäre/daß ich aus dem bösen Wetter der Eitelkeit nach Hause und in den Himmel käme!" (S. 551). Auch Improvisation ist also ein (beherrschbares) Kunststück, ja gerade die Improvisation beweist, daß selbst der spontanste Einfall auf eine rhetorische Verarbeitung angewiesen bleibt.

Weise hat in einem Nachfolgewerk, dem *Neu erläuterten politischen Redner*, seine Auffassung weiterentwickelt, und zwar insbesondere die rhetorische (Aufbau)technik zu verfeinern gesucht. Dabei orientiert er sich wiederum an den gedanklich-argumentativen Möglichkeiten der Redestrukturierung innerhalb der Chrie, ja sucht gewissermaßen nach Tiefenstrukturen überzeugend-komplimentierender Rede. Den Ausgangspunkt bildet die Betrachtung des einzelnen Satzes und seiner Abwandlungsmöglichkeiten (Kap.: Vom Periodo), die nächste Stufe die Verbindung von Sätzen durch Konjunktionen („Connexionen"), die eine Rede wie ein Skelett strukturieren (Kap.: Von der Connexion). Die „Abmahnung von der Saufferey" – nebenbei ein hübsches Beispiel dafür, was bei Weise Praxisbezug bedeutet – demonstriert diese Art von Gedankenführung:

Nach dem es leider dahin kommen ist, daß er sich durch lose und ungesunde Gesellschafft zu allerhand üppigen Wesen schändlich verleiten lassen;
So bin ich nicht unbillig von Hertzen betrübet/daß ich sein gewisses Verderben soll vor Augen sehen.
Und gleichwie er selbst allbereit an sich befinden wird/welcher massen sein Leib und sein Gemüthe ein grosses Theil von seiner vormahligen Hurtigkeit eingebüsset hat:
Also kan er sich leicht die Rechnung machen/wie er sich von Tag zu Tag eines grössern Unglücks/so dann auch einer unfehlbahren Verachtung bey allen rechtschaffenen Personen wird zu bewahren haben.
In maßen ich um seiner eigenen Wohlfarth willen bitte/in der Zeit noch umzukehren/und das endliche Verderben nicht zu erwarten.
Im übrigen mag es lauffen/wie es will/so verhoffe ich mein Gewissen in dieser treuen Erinnerung verwahret zu haben. (S. 38)

Entscheidend aber ist die Beherrschung des argumentativen Aufbaus selbst, für den Weise ausdrücklich auf das klassische Enthymem zurückgreift (S. 235). Schon im *Politischen Redner* basierte die Kunst des Komplimentierens auf der Abfolge von ‚These' und ‚Grund', also der fürs Enthymem typischen Verkürzung des Syllogismus. Im *Neu erläuterten politischen Redner* bemüht sich Weise um eine gewisse Differenzierung des Schemas, wobei es letztlich nur um zwei unterschiedliche Ausprägungen der Abfolge von These und Grund geht. Die erste Möglichkeit stellt die Explikation des Ganzen als Abfolge von These und Hypothese dar (ich habe einmal das und das gesehen...; ebenso ist es...), die zweite als Abfolge von Antecedens und Konsequens (nachdem das so und so ist, muß ich...). Es schließen sich dann jeweils Amplifikationen an, also Ausmalungen der Argumente etwa durch (historische) Beispiele. Vollständige Reden sind nichts anderes als Zusammenstellungen solcher Einheiten, wobei die jeweiligen Stoffe die entsprechende logische Form bestimmen. Als Beispiel sei der Fall einer Kondolenz herausgegriffen, die zunächst als eine Art Rohentwurf mittels Antecedens und Consequens vorgeführt wird:

Antecedens:
Nunmehr ist ein hochverdienter/wohlbeliebter/ansehnlicher und nützlicher Mann zu seiner Ruhestatt beygesetzet worden:
Consequens:
Und also erfodert der Leidtragenden Schuldigkeit/gebührenden Danck gegen alle sammt und sonders abzustatten/welche mit Hindansetzung ihrer anderweit obliegenden Verrichtungen das Geleite biß hieher gegeben haben.
Antecedens:
Es wird niemand an diesen Orten so unbekand seyn/daß er nicht Glückwünsche bekennen sollte/welcher massen die angestelte Hochzeit auff beiden Theilen vielfältige Freude und Vergnügung erwecket habe.
Consequens:
Und dannenhero ist auch die Ehre um so viel desto mehr zu rühmen/da meine Hochwehrte Herren sich in so ansehnlicher Gegenwart haben einfinden wollen. (S. 236)

Dann folgen Vorschläge zur Amplifikation, von der nur ein einziger Fall wiedergegeben sei, und zwar für das erste Antecedens („So haben wir einen Ehrlichen/rechtschaffenen und hochverdienten Mann aus dem Hause/aus der Stadt und aus unsern Augen zu dem finstern Grabe begleiten müssen"):

Ja billich wird er ein ehrlicher Mann genennet/der die Tugend im Gemüthe/die GOttesfurcht im Hertzen/und die unverrückte Treu in allen Verrichtungen wol verwahret hat. Vor der Welt hat er mit einem auffrichtigen Wandel/und vor dem grossem GOtte mit einer demüthigen Busse hervorgeleuchtet. Nichts schätzte er seines Hasses würdig als die Laster/und kein Mensch war seiner Liebe und Freundschafft undwürdig/wenn er anders beweisen konte/daß er das Boßhafftige beginnen zuvor seines Gemüthes unwürdig schätzte. (S. 237)

Wie sich Weise die Ausarbeitung der Chrien näher vorgestellt hat, geht aus dem zweiten Teil seines Buches hervor, wo die einzelnen Chrienarten im Zusammenhang von Rede*anlässen* abgehandelt werden. So wird etwa die Frage erörtert, „was ein Theologus zu reden (hat)" (S. 210), wobei gerade nicht die Predigt angesprochen ist, sondern Anlässe wie die Absolution im Beichtstuhl, die „bei Einfältigen (...) durch das Antecedens und Consequens (...) bey Vornehmen durch Gelegenheit eines Dicti, einer Allussion auff das Evangelium/oder auff die Zeit/Thesis und Hypothesis in acht genommen" wird (S. 211). Einen anderern Fall stellt die Tröstung am Krankenbett dar, weiter muß man zanksüchtigen Eheleuten oder unversöhnlichen Geschwistern zureden, sind Vermahnungen bei Eidesleistungen vor Gericht, ja eine Ansprache vor der Hinrichtung auszuarbeiten. Die Redeanlässe von Juristen und Medizinern – bei letzteren wird die Verschickung von Medikamenten erwähnt, wozu Antecedens und Consequens das Rechte seien (S. 214) – bedürfen keines großen Aufwandes. Gerade auch der Dienst des Hofmanns, der sich auf Empfänge, Audienzen, Gratulationen, Kondolenzen usf. bezieht, soll bescheiden gehalten werden: „wer sich etlicher Connexiones, so dann auch etlicher höfflicher Formuln im Submittiren/im Wünschen/im Versprechen gebrauchen lernet/der hat etwas grosses gethan" (S. 217).

Klugheit und Verbergung

Aber Weise hat die Chrie bzw. die auf ihr beruhende Komplimentierrede nicht nur nach der Seite der Erfindung und Gliederung von Gedanken behandelt. Ein Hauptproblem ist die *Anwendung* all dieser Techniken selbst. Den zentralen Begriff in diesem Zusammenhang stellt das kluge rhetorische Urteil (*iudicium*) hinsichtlich der Angemessenheit dar, ursprünglich die Kategorie, in deren Zeichen vor allem die Worte und Gedanken zur Übereinstimmung gebracht wurden. Unter dem Vorzeichen des ‚Politischen' aber ist diese Entscheidung nicht mehr von einer vorgegebenen (gottgewollten) ‚Ordnung der Dinge' bestimmt, sondern orientiert sich an den neuen Vorstellungen des (seinen privaten) Erfolg suchenden Redners allein. Das Urteil über die Angemessenheit verliert seine ‚Objektivität', wird ‚individualisiert'. Der neue Begriff, der dieser für die Moderne so grundlegenden Erfahrung Akzeptanz verleihen

sollte, ist der des ‚Geschmacks'[38]. Wie im Falle des Naturrechts
folgt Weise in seiner Rhetorik auch den Spuren von dessen Herausbildung, wobei es kennzeichnend ist, daß die alten rhetorischen
Kategorien für die Fassung der neuen Erfahrung umgeprägt werden.

Einer der wichtigsten Punkte in diesem Zusammenhang betrifft
die Forderung nach Natürlichkeit bzw. das Verbergen der (rhetorischen) Kunst[39]. Während die Barockrhetorik, die Weise unmittelbar vorausging, noch ohne Zögern auf Schmuck gesetzt hatte und
mit ‚zierlicher' Rede alle Themen angemessen darzustellen suchte,
mißtraut Weise jedem Aufwand. Wenn allein der Hörer über den
Erfolg einer Rede entscheidet, muß die Rede ausschließlich hörer-
gerecht verfaßt sein, wozu Erfahrung („Experienz") insbesondere
auch psychologischer Art (also Wissen um die Affekte) gehört. Da
sich aber zeigt, daß ‚Kunst' Argwohn erregt, muß sie streng verborgen werden – ein altes Motiv, das nun unter neuen Bedingungen
eine neue Bedeutung gewinnt. Schon im *Politischen Redner* hatte
Weise diesem Punkt besondere Aufmerksamkeit zugewendet (etwa
S. 62ff.), und auch im *Neu erläuterten politischen Redner* taucht das
Problem ständig auf, z.B. im Zusammenhang der Benutzung von
Stoffsammlungen: „Doch er (der Politicus) muß alles heimlich
halten/auch den besten Freund nicht darüber kommen laßen" (S.
402). Es geht darum, „alle Klugheit in der geschickten Application
beruhen (zu lassen)", sich „ein gelehrtes Ansehen (zu) geben"(S.
489). Dazu empfiehlt Weise, sich in der Stadt umzusehen, damit es
bei einer dort zu haltenden Rede an Realien nicht mangele (S.
495). Auch im *Gelehrten Redner*, der sich den Aufgaben einer
Redekunst auf wissenschaftlichem Terrain widmet, wird das Verbergen der Kunst ausdrücklich erwartet: „Man mache von aussen
keine Profession von der Redens-Kunst" (S. 1025f.), heißt es dort,
weil derjenige, der zu übertreffen scheinen will, Haß erweckt.
Wieder werden neben den Stoffsammmlungen die Realien hervorgehoben, weil man an sie anknüpfen kann, „als wenn sie nur vor
sich selbst in dem Kopffe gewachsen wären" bzw. „als wenn es
gleichsam ohne alle Mühe und ohne beschwerliches Nachsinnen aus
dem Munde geflossen ist" (S. 1025f.). Vor allem aber fällt das

[38] Zur Umwandlung des rhetorischen *aptum*-Begriffs vgl. L. Fischer 1968,
S. 214ff.; V. Sinemus 1977, S. 67ff.; H.-J. Gabler: Geschmack und Gesellschaft. Frankfurt, Berlin 1982.
[39] C. Henn: Simplizität, Naivetät, Einfalt. Zürich 1974.

Wort, man solle als „Original" zu erscheinen suchen, wozu es allerdings (noch) genügt, als jemand anerkannt zu werden, der lediglich „der Schuldigkeit wegen" redet (S. 1027). Aber das Problem hat noch eine interessante Seite, die Weise im *Freimütigen und höflichen Redner* behandelt, wo – als Einleitung zu einer Komödien-Ausgabe – der stimmliche und gestische Vortrag der Rede das Thema ist. Hier stellt sich die Frage von Kunst und Natürlichkeit als Problem der Affektiertheit – und Weise spricht sich deutlich gegen jede Übertreibung aus, ja hält die antiken Vorstellungen nicht mehr für vorbildlich: im Kabinett könne man nicht mehr genauso auftreten wie auf dem Forum (Kap. XCI). Weise läßt sich an dieser Stelle weitertreiben zur Überlegung, daß ein Redner seiner Zeit eigentlich immer vor Experten spricht, die seine Kunst kennen, und zwar auch die Kunst des Verbergens. Er macht das Problem an einem überraschenden Selbstzeugnis deutlich. Als seine Frau nach einer Niederkunft mit dem Leben rang, überbrachte ihm ein Student Genesungswünsche, allerdings genau in den Formulierungen, die er ihm und seinen Kommilitonen in einem Komplimentierkolleg beigebracht hatte:

Das kam mir so wunderlich vor/daß ich bald mitten in meinem Haus-Creutze gelacht hätte. Denn ich hatte gewiesen/wie man einen andern bereden und gleichsam künstlich betriegen solte/daß er einen grossen Schmertz vor etwas kleines halten könte: doch nun wuste ich entweder die Kunst schon besser/oder ich hatte längst erkant/wie man sich in die argumenta demonstrativa et probabilia schicken müste. (XCII)

Aber die Folgerung daraus ist keine Preisgabe der Rhetorik:

Nach der Zeit bin ich auch so ausgehärtet worden/daß ich mich in der schönsten action sehr wenig bewegen lasse. Wenn iemand redet/so verwundere ich mich über die galanten affecten/und wenn iemand ein penetrantes argument mit schöner Manier anzubringen weiß/so gefällt mir der annehmliche Betrug/und die künstliche persuation über die massen wol. Inmittelst sehe ich es an/als ein Ding/das ich admiriren/nicht dem ich folgen und einfältig gehorchen soll. (XCIIf.)

Die Rhetorik kennt ihre Grenzen, aber eine Alternative zeichnet sich nicht ab. *Bloße* Natürlichkeit jedenfalls kommt nicht in Frage, die Herren „Empirici" bleiben bei der nächsten Gelegenheit stekken oder verheddern sich in den Fallen, die die Affektnatur des Menschen stellt.

Wie sehr der Weg aber in *Richtung* Natürlichkeit führt, zeigt sich besonders deutlich an einem Punkt, den Weise in seinen Rhetori-

ken nur am Rande behandelt, um ihn in seinen Briefstellern ausführlich auszuarbeiten: an der Frage des Stils[40]. Statt sprachlicher
Ausschmückung der ‚Sachen' nach ihrem Rang, wie es die Barockpoetik bislang in ihrer Drei-Stil-Lehre vorgesehen hatte, fordert
Weise schon im *Neu erläuterten politischen Redner* eine Orientierung an der „gemeinen Mode" (S. 228), aufgrund der sich allerdings nach und nach das entwickeln soll, was sich als eigentliches
Ziel entpuppt: ein *eigener* Stil. In den *Curiösen Gedancken von*
deutschen Briefen ist dies näher begründet und im späten *Oratori-*
schen System auf den Punkt gebracht, jeder müsse (über die Nachahmung entsprechender Vorbilder) herausfinden, was seinem „Naturell" entspreche, womit sich der klassische Stilbegriff vollends
auflöst. Eine Charakterisierung wie die des ‚politischen' Stils oder
die Unterscheidung zwischen einem ‚kurzen' und einem ‚weitläufi-
gen' Stil zeigen, wie ungenau das Ziel noch zu beschreiben ist.
Nachdem es nicht mehr um eine mehr oder weniger ‚richtige'
Abbildung der Welt geht, sondern die Kriterien des ‚Richtigen' auf
den klug herbeigeführten Erfolg des einzelnen überwechseln,
werden alle Vorgaben fragwürdig.

Damit aber verliert die Rhetorik auf eigenartige Weise gerade im
Moment ihres erneuten Triumphes ein wesentliches Stück der
Voraussetzungen, die sie bislang getragen hatten. Der ‚politische'
Redner verläßt sich noch auf Kunst, aber er kontrolliert sie in
einem Maße durch seine Urteilskraft, daß alle Regeln relativiert
werden. Weise fand noch zahlreiche Schüler – die sogenannten
Galanten –, die sein Konzept begeistert aufnahmen und sich, gegen
die alte Schulrhetorik gewandt, ihrer ‚Modernität' sicher waren.
Aber die Schleusen für die Kräfte, die auch die letzten Stützen
fortrissen, waren geöffnet. Wiederum eine Generation später sollte
sich der Schlachtruf der Natürlichkeit mit dem der (bloßen) Vernünftigkeit vereinen und Weises ‚Komplimentierkunst' mehr als die
Schulrhetorik verdächtig machen. Daß Natürlichkeit durch Kunst
‚herzustellen' sei, leuchtete dann nicht mehr ein und traf vor allem
auf ein neues moralisches Bewußtsein, das mit der Betonung der
Autonomie jede (bloß) psychologische Form der Erzielung von
Wirkung verdächtigte bzw. sie ablehnte. Allerdings zeigte sich, daß
auch im Zeichen dieser neuen Allianz der alte Gedanke der ‚Kunst'
noch nicht völlig ersetzbar war.

---

[40] Vgl. L. Fischer 1968, S. 178ff. ; V. Sinemus 1977, S. 182ff.

5. Aufgeklärte Rhetorik: Johann Christoph Gottsched

5.1 Rhetorik als Problem

René Descartes (1596–1650)
  Regeln zur Ausrichtung der Erkenntniskraft (1628)
  Die Leidenschaften der Seele (1649)
Antoine Arnauld (1612–1694)
  Die Logik oder die Kunst des Denkens (1662, 1685)
Géraud de Cordemoy (ca. 1620–84)
  Physikalische Abhandlung über die Sprache (1668)
Bernard Lamy (1640–1715)
  Kunst zu reden (1675)

Bernard Lamy, *Kunst zu reden* (*De l'art de parler*)
1. Buch: Grammatik
        1. Hst. Wörter, Sachen, Gedanken
        2. Hst. Wortarten und Bezeichungsweisen
        3. Hst. Ausdrückbarkeit
        4. Hst. Gebrauch und Zierlichkeit
2. Buch: Tropen und Figuren
        1. Hst. Notwendigkeit der Tropen
        2. Hst. Gebrauch der Tropen
        3. Hst. Notwendigkeit der Figuren
        4. Hst. Anzahl der Figuren
3. Buch: Klanglehre (Prosodie)
        1. Hst. Töne und Aussprache
        2. Hst. Voraussetzungen der Annehmlichkeit
        3. Hst. Gestaltung des Satzes
        4. Hst. Verslehre
4. Buch: Stilistik
        1. Hst. Stil und Einbildungskraft
        2. Hst. Drei-Stil-Lehre
        3. Hst. Stil der Redner, Historiker, Dichter
        4. Hst. Angemessenheit des (künstlichen) Schmucks
Abhandlung von der Kunst zu überreden
        1. Hst. Bearbeitungsphasen der Rede
        2. Hst. Psychologische Mittel
        3. Hst. Über Leidenschaftserregung
        4. Hst. Erfindung und Gliederung der Gedanken

Nach dem Aufschwung der Rhetorik im Zeitalter der Renaissance und des Barock folgt in der Aufklärung die Phase des Umbruchs. Zu den wichtigsten Leitfiguren gehört René Descartes, der auf dem Hintergrund seiner kritischen Durchleuchtung der menschlichen Erkenntnisfähigkeit die alte Kunst der überzeugenden Rede vehement ablehnte[1]. Schon in den ersten Paragraphen der *Regeln zur Ausrichtung der Erkenntniskraft* scheidet die Rhetorik mit ihrer Orientierung am Wahrscheinlichen aus einer Philosophie aus, die gerade in unumstößlichen Prinzipien die Voraussetzungen einer Klärung aller Probleme sieht. Aber nicht die Ablehnung als solche, die in der Geschichte nichts Neues darstellt, ist das Entscheidende. Descartes lenkte den Blick vielmehr in eine Richtung, die die Rhetorik zur letzten großen Anstrengung zwingen sollte[2]. Denn mit der Thematisierung der Voraussetzungen des Erkenntnisprozesses ließ sich auch die Frage verbinden, wie Überzeugung zustandekommt, ja nach dem Ausschluß der Rhetorik als *Anleitung* zur Hervorbringung von Wahrheit wird eine *kritische Durchleuchtung* dieser Hervorbringung möglich. So sehr die Rhetorik als ernstzunehmende *Beschafferin* von Erkenntnis ausscheidet: als *Gegenstand* der Erkenntnis weckt sie gerade Neugier. Dabei hatte sich allerdings der Kontext gegenüber Aristoteles, der ja von einer ähnlichen Voraussetzung ausging, radikal gewandelt. Nach Descartes verbinden sich Fragen dieser Art zum einen mit dem Verständnishorizont der neuen Naturwissenschaften, in dem menschliches Handeln, insbesondere die dabei ins Spiel kommenden Leidenschaften, wie Erscheinungen der Physik behandelt werden. Zum andern erscheint die Sprache im scharfen Gegensatz zu den humanistischen Ideen als bloßes Instrument des Denkens, dem keinerlei eigene Leistung zuzubilligen ist, sondern das umgekehrt von einer nun als fehlleitend eingeschätzten ‚Bildlichkeit' gereinigt werden soll. Jeder Versuch einer Rettung der Rhetorik mußte auf diese Herausforderungen Antwort geben. Dazu aber eröffnete sich ein (überraschend einfacher) Weg: die Rhetorik habe immer nur dasjenige in Regeln gefaßt, was ohnehin in der Natur der Sache lag, wird die Devise. Befreie man die alte Lehre von ihren schmeichlerischen (ja erkenntniserschleichenden) Elementen, so stoße man auf blanke Notwendigkeit. Die (als Kunst) problema-

---

[1] Vgl. S. IJsseling 1985, S. 91ff.
[2] Vgl. R. Behrens 1982, bes. S. 30.

tisch gewordene Rhetorik rettet sich als Theorie eines auf Sprache angewiesenen Denkens[3].

Es bedarf kaum der Bemerkung, daß die Fragestellung in dieser Zuspitzung nicht sogleich und überall durchdrang. In Deutschland verbanden sich noch in der Mitte des 18. Jahrhunderts die neuen analytischen Ideen äußerlich ungebrochen mit den alten Vorstellungen einer Anleitung zur Beredsamkeit. In Frankreich waren die Auseinandersetzungen dagegen wesentlich kompromißloser, ja geriet die Rhetorik an den Rand des Untergangs. Zu den geistvollsten Angriffsschriften zählt die von Antoine Arnauld (zusammen mit dem nicht im Titel genannten Pierre Nicole) verfaßte *Logik oder die Kunst des Denkens*[4]. Sie entstammt dem Diskussionszirkel der in Port Royal versammelten (katholischen) Intellektuellen (deshalb auch bekannt als: *Logik von Port Royal*), der eine radikale augustinische Theologie (der Erbsünde) mit der ebenso radikalen Erkenntniskritik Descartes' verband. In dieser Logik sind alle Angebote der gedanklichen und darstellerischen ‚Mittel' entwertet:

Im Hinblick auf die Rhetorik haben wir zum Beispiel erwogen, daß ihre mögliche Hilfe beim Finden von Gedanken, Redewendungen und Ausschmückungen nicht so beträchtlich ist. Der Geist liefert nämlich genug Gedanken, der Gebrauch gibt die Redewendungen, und an Figuren und Ausschmückungen hat man immer nur zuviel zur Verfügung. Man könnte daher beinahe sagen, es komme nur darauf an, gewisse schlechte Arten des Schreibens und Sprechens, vor allem einen gekünstelten und rhetorischen Stil, gebildet aus falschen und hyperbolischen Gedanken und erzwungenen Figuren, der das größte Übel ist, fallenzulassen. (S. 17)

Entsprechend scharf fallen speziell die Attacken gegen die Topik aus, also gegen den gedanklich-argumentativen Teil der Rhetorik, der gerade auf völlig neue Grundlagen gestellt werden sollte. Der menschliche Geist bzw. der gesunde Menschenverstand liefere genug Inhalte, heißt es mit ausdrücklichem Seitenblick auf Augustinus (S. 223f.). Die Topik aber sei nicht nur überflüssig, sondern eine einzige Quelle von Übeln:

Denn alles, wozu man durch diese Methode behaupten kann befähigt worden zu sein, ist die Auffindung verschiedener allgemeiner, alltäglicher, abgelege-

---

[3] So die überzeugende These von R. Behrens 1982, auf den ich mich im folgenden stütze.

[4] A. Arnauld: Die Logik oder Die Kunst des Denkens. Darmstadt 1972.

ner Gedanken zu jedem Gegenstand... Nun ist die Beschaffung eines derartigen Überflusses nicht nur unnütz, sondern es gibt nichts, was das Urteilsvermögen mehr verdirbt als dieses Verfahren. Nichts erstickt eher die guten Samenkörner als der Überfluß an Unkraut: nichts macht den menschlichen Geist an richtigen, gerechtfertigten und wichtigen Gedanken unfruchtbarer als diese eitle Fruchtbarkeit im Hinblick auf allgemeine Denkschemata. (S. 226)

Welchen Schaden Gemeinplätze der alten Art anrichten, analysieren die Autoren vor allem anhand der augustinischen These von der (erbsündlich bedingten) Selbstliebe eines jeden (S. 252ff.). Hinter ‚logisch' klingenden Argumenten verberge sich nur die Ichbezogenheit bzw. persönliche Vorteilssuche des einzelnen, die jeder Wahrheit, vor allem derjenigen über sich selbst, feindlich gegenüberstehe. Die Rhetorik beute all dies aus und trage damit dazu bei, wahre Erkentnnis auf ewig zu ersticken. Zweckverfolgung, wie es die Rhetorik betreibt, sei letzlich nur Verfolgung von Eigensucht; zur Wahrheit gelange man allein aufgrund der Analyse der Winkelzüge des menschlichen Herzens, die eher bescheidene Zurückhaltung denn selbstbewußte Kunst lehre.

Unter den Reaktionen auf die cartesianische Erkenntniskritik und ihre Aneignung in Port Royal ragt aber auch eine weniger radikale Lösung hervor, die im übrigen nicht zuletzt in Deutschland eine beträchtliche Wirkung ausübte. Und zwar war es Bernard Lamy, der in seiner *Kunst zu reden*[5] das Programm einer Analyse des Überzeugungsprozesses auf eine Weise durchführte, die statt der Gefährdung der menschlichen Rede durch Eloquenz die Natürlichkeit eloquenter Rede zu beweisen suchte. Um von der Natur selbst zu lernen, was die menschliche Rede leiste, müsse man sich in einen „Haufen neuer Menschen" versetzen, heißt es in der Vorrede: man sähe dann, daß man die Wörter bzw. die sprachliche Darstellung der Gedanken insgesamt habe erfinden *müssen*, um eine menschliche Gesellschaft aufbauen zu können (S. 66f.). Lamy profitiert dabei von Erörterungen, die kurz zuvor Géraud de Cordemoy in seiner *Physikalischen Abhandlung über die Sprache* entwickelt hatte. Cordemoy war dabei wie Descartes im Falle seiner Untersuchung der Leidenschaften vom Versuch ausgegangen, das menschliche Redevermögen allein aus natürlichen Gegebenheiten abzuleiten, ja – wie es ausdrücklich heißt – die physikali-

---

[5] B. Lamy: De l'art de parler. Kunst zu reden. München 1980.

schen Gründe der Beredsamkeit aufzudecken[6]. Dabei spielte die Vereinbarung von Zeichen, aber auch die Vielfalt des Zeichenverhaltens (unter Einschluß etwa von körperlichen ‚Signalen') eine Rolle, und zwar immer im Hinblick auf den Austausch bzw. die Abstimmungsprobleme zwischen verschiedenen (einander ‚fremden') Partnern. Lamy setzt genau an diesem Punkt an: es geht nicht um eine Anleitung zum erfolgreichen Sprechen, sondern um die Beobachtung dessen, was zu diesem Erfolg führt. Die ‚neue Rhetorik' wolle nicht beredt machen, sondern biete (nur) einen Einblick in die menschliche Seele. Unter gezielter Berufung auf Augustinus stellt Lamy das Vergnügen, das der *Einsicht* in die Kunst entspringt, ausdrücklich über alle Erfolge bei ihrer *Anwendung* (S. 69). Im übrigen handle es sich nicht um die Betrachtung der Redekunst in der französischen, sondern um die in allen Sprachen (S. 70): auch die universelle Dimension soll offenkundig Flankenschutz gegen Angriffe bieten, die hinter diesem Programm nur die Fortschreibung der alten Lehre witterten.

Entsprechend zeigt schon der Aufbau von Lamys Werk[7] erhebliche Unterschiede gegenüber der Tradition. Im ersten Buch geht es um das sprachliche Zeichen als solches, womit die Debatte um die logischen Grundlagen der Grammatik eröffnet wird. Das Problem liegt in der Transformation der Gedanken (als ‚Bilder der Seele') in die Rede. In diesem Zusammenhang aber tauchen die Figuren auf, und es bedarf einer Rechtfertigung, welche Bedeutung sie angesichts des Wunsches nach einer möglichst ‚direkten' Umsetzung von Gedanken in Worte haben. Lamy beruft sich dazu auf die Leidenschaften, die zur Natur des Menschen gehören, und zwar genauso wie die logischen Kräfte auch (S. 88ff.). Die Rede *muß* also die „Bewegungen unserer Seele" wiedergeben – und sie tut dies eben mithilfe der Figuren. Auf diese Weise ist zwar ein Bereich eröffnet, der Gefahren in sich birgt, aber nur um den Preis mangelhafter bzw. verkürzter Verständigung aufgegeben werden kann. Im übrigen gebe es ein Richtmaß, das den Mißbrauch verhindere: die Ausrichtung am ‚guten' Gebrauch, der allerdings (mit Quintilian) ausdrücklich in die Hände der Gebildeten und eben (noch) nicht aller Beteiligten gelegt wird. Aber Lamy hat sich damit eben doch noch einmal den Weg zur Fortsetzung der Tradition gebahnt. Zwar

---

[6] Vgl. R. Behrens 1982, S. 87ff.
[7] Vgl. ebd., S. 115ff.

nicht als Anweisung zur Überredung, wohl aber als Analyse des notwendigen Reichtums der Sprache kommt es zu einer ausführlichen Lehre insbesondere von den Tropen und Figuren. Während die Arnauldsche *Logik* vor allem die Topik aufs Korn genommen hatte, um die Logik gegen die Rhetorik zu verteidigen, erweist sich ausgerechnet die Figürlichkeit der Sprache als Rettungsanker. Lamy hat diesem Thema das gesamte zweite Buch gewidmet.

Daß keine Sprache reich genug sei, um allein mit Hilfe der ‚eigentlichen' Rede allen Gedanken Ausdruck zu verleihen, bildet den Ausgangspunkt der Überlegungen:

Die Fruchtbarkeit der menschlichen Seele ist so groß, daß die unfruchtbaresten Sprachen die fruchtbaresten werden. Sie wendet die Sachen auf so viele Art, sie stellet sich dieselben unter so vielen Gestalten vor, daß es unmöglich ist, für alle die verschiedenen Arten ihrer Gedanken Worte finden zu können. Die ordentlichen Worte schicken sich nicht allemal, sie sind entweder zu stark oder zu schwach; seine Gedanken vollkommen auszudrücken, ist man schuldig, sich dieser Geschicklichkeit zu bedienen, welche man gebraucht, wenn man den eigentlichen Namen desjenigen, welches man anzeigen will, nicht weiß. Man thut es durch Zeichen und durch Umstände, welche dergestallt auf die Personen gerichtet sind, daß sie den Begriff erwecken, den man durch einen eigentlichen Namen nicht bezeichnen kann. (S. 98f.)

Interessanterweise wählt Lamy als erstes Beispiel unter den Tropen die Metonymie, also nicht die Metapher mit ihrer (verführerischen) Bildlichkeit. ‚Paris ist bestürzt': gemeint sind die Pariser – und nichts Unlogisches liegt vor, vielmehr wird lediglich Name für Name gesetzt (S. 99). Im übrigen kommen alte (z.B. quintilianische) Warnungen bzw. Empfehlungen zum Zuge, wenn Lamy Klarheit fordert oder die Wichtigkeit der sinnlichen Vergegenwärtigung hervorhebt. Die ganze Sympathie aber gilt den Figuren. Sie sind nichts anderes als das Korrelat der Bewegungen der Seele und damit die besondere, ja eigentliche Sprache der Leidenschaften. Nicht Schmuck ist ihr Charakteristikum, sondern – mit Augustinus-Zitat – ihre Funktion als Waffe im geistigen Kampf (S. 110f.). Genau wie Descartes in seiner Schrift *Die Leidenschaften der Seele* das Wirken dieser Leidenschaften (physikalisch) als die Aktivität von ‚Lebensgeistern' erläutert hatte, beschreibt Lamy nun die Vorgänge, die beim Zustandekommen einer Figur ablaufen, z.B. beim Ausruf:

Der Ausruf muß, meiner Meynung nach zuerst gesetzt werden, weil in der Rede die Leidenschafften durch ihn zu erst kenntlich werden. Der Ausruf ist

eine mit Nachdruck erhobene Stimme. Wenn die Seele von einer gewaltsa-
men Bewegung ist beunruhiget worden, so laufen die Lebensgeister durch
alle Theile des Leibes, treten in Uiberfluß (sic) in die Musceln, welche sich
gegen dem Gange der Stimme zu befinden, und sie auftreiben. Wenn nun
diese Gänge sich zusammen gezogen haben, so geht die Stimme mit vieler
Geschwindigkeit und Heftigkeit auf einmal der Leidenschafft nach, von
welcher derienige, welcher redet, gerührt wird. Ein iedes Wetter, das sich in
der Sele erhebet, wird mit einem Ausrufe begleitet. Die Rede einer Person in
ihren Leidenschafften ist voll von dergleichen Ausrufungen; Ach! mein Gott!
o Himmel! o Erde! (S. 111)

Berühmt aber wurde die Erklärung selbst, die Lamy in der auf
Quintilian zurückgehenden sog. Fechter-Parabel gibt. Quintilian
hatte sich auf einen Fechter bezogen, der *ohne* Kunst nur mit
Ungestüm kämpft, *mit* ihr aber erst über alle Finten verfügt, den
Gegner zu überwinden – genau wie im Falle der Redekunst. Lamy
aber kehrt die Verhältnisse glatt um: jeder Fechter in seiner (Todes)not greift gerade auf *natürliche Weise* zu all den Finten und
Stellungen, die ihn retten (S. 122f.) – genau wie die Figuren, die
die Natur selbst zur Verfügung stellt. Die Redekunst bemächtigt
sich lediglich der Möglichkeiten, dunkle Gedanken deutlich und die
Seele aufmerksam zu machen (S. 124). Gerade weil die Menschen
den Leidenschaften anheimfallen, ja weil sie die Wahrheit nicht
lieben, wie es ausdrücklich heißt, sei man ohne die Waffen der
Figürlichkeit machtlos (S. 125f.).
Lamy hat in einem dritten Buch gezeigt, daß auch der Klang der
Sprache, also die reine Lautseite, angesichts der Leidenschaften
von Bedeutung ist, ehe im vierten eine Stilistik entfaltet wird, die
letztlich in der Schönheit der Rede überhaupt eine Voraussetzung
ihrer Wirksamkeit sieht. Der abschließende exkursartige Beitrag
über die ‚Kunst zu überreden' trägt einige Anmerkungen zur
Erfindung und Gliederung der Gedanken nach, wobei die Pointe
darin liegt, daß es erlaubt sei, im Dienste der Wahrheit die menschliche Schwäche auszunutzen. Das Programm der Analyse endet so
doch bei traditionellen Thesen, aber die Verteidigung der Rhetorik
hatte insgesamt eine äußerst attraktive Form gefunden, auch wenn
sich nicht alle Descartes-Anhänger beeindrucken ließen. Vor allem
ein Namensvetter Lamys, der Benediktiner François Lamy, be-
harrte auf dem illusionsstiftenden und prinzipiell unzuverlässigen
Charakter einer auf den Leidenschaften aufbauenden Erkenntnis,
ja prangerte die Rhetorik mit effektvoller Ironie als die Kunst an,

nicht natürlich zu sein[8]. Statt die Kräfte der Rede zu analysieren und damit jede auf sie bezogene Kunst entschärfen zu wollen, verlangt er, diese Analyse *einzig* auf die Gefährlichkeit rhetorischer Rede zu beziehen. Einen großen Kreis von Aufklärern aber hat Bernard Lamys Konzept überzeugt. Bis in die Mitte des 18. Jahrhunderts konnte sich eine ‚vernünftige' Beredsamkeit ihrer Achtung sicher sein, ehe die Angriffe dann immer kompromißloser wurden.

5.2 Vernunftmäßige Redekunst

Nicolas Boileau-Despréaux (1636–1711)
   Poetik (1674)
Christian Wolff (1679–1754)
Johann Andreas Fabricius (1696–1769)
   Philosophische Oratorie (1724)
Johann Christoph Gottsched (1700–1766)
   Grundriß zu einer vernunfftmässigen Redekunst (1729)
   Versuch einer Critischen Dichtkunst (1730, 1751)
   Ausführliche Redekunst (1736)

Johann Christoph Gottsched, *Ausführliche Redekunst*
Allgemeiner Theil
        Historische Einleitung
  1. Hst. Was die Redekunst sey
  2. Hst. Von dem Character eines Redners
  3. Hst. Von der Eintheilung der Redekunst
  4. Hst. Von der Erfindung der Eingänge
  5. Hst. Von den Erklärungen in einer Rede
  6. Hst. Von den Beweisgründen
  7. Hst. Von der Wiederlegung der Einwürfe
  8. Hst. Von den Erläuterungen in einer Rede
  9. Hst. Von der Erregung und Dämpfung der Gemüthsbewegungen und dem Beschlusse
10. Hst. Von der Anordung oder Einrichtung einer Rede
11. Hst. Von den Chrien
12. Hst. Von der Ausarbeitung einer Rede
13. Hst. Von den Wörtern und Redensarten
14. Hst. Von den Perioden und den Figuren
15. Hst. Von der Schreibart

---

[8] ebd., S. 108.

Logische Rhetorik

Die Diskussion über die Rhetorik, die in Frankreich die letzten Jahrzehnte des 17. Jahrhunderts beherrschte, fand in Deutschland Widerhall, aber auch Einschränkungen. Die Forderung nach Natürlichkeit stand hier im Zeichen einer Mäßigung des barocken Schmuckbedürfnisses, an der Kunst selbst wurde nicht gerüttelt. Unter Anknüpfung an die französische Poetikdiskussion, wie sie besonders durch Boileau bestimmt war, bildete sich das Ideal des Galanten heraus, bei dem Ungezwungenheit bzw. Verdeckung alles Künstlichen zum entscheidenden Ziel wird: nicht Natürlichkeit, sondern künstliche Natürlichkeit ist die Forderung[9]. In der Rhetorik selbst verlagert sich der Schwerpunkt in der Richtung einer logischen Durchdringung des Überzeugungsprozesses. Wenn schon Weise die Stilistik in den Hintergrund und die Erfindung sowie Gliederung der Gedanken in den Vordergrund gerückt hatte, so geht man nun auch zu den Topoi, speziell in Verbindung mit den Schatzkammern, auf Distanz. Die Gedanken sollten mehr und mehr der Sache selbst entnommen werden, so daß die Topoi nun als „leere Fächer" erscheinen, die lediglich sagten, was jeder ohnehin wisse bzw. nur demjenigen weiterhülfen, der schon über genügend Sachkenntnis verfüge[10]. Statt der sammelnden Biene wird die

[9] Vgl. C. Henn 1974; V. Sinemus 1977, S. 191; R. Behrens 1982, S. 97ff.
[10] M. Beetz: Rhetorische Logik. Tübingen 1980, S. 158f.; G.E. Grimm: Von der ‚politischen' Oratorie zur ‚philosophischen' Redekunst. In: Rhetorik 3. 1983, S. 65–96, bes. S. 69f.

Spinne das Vorbild, die ihre Fäden aus sich selbst hervorbringt, wie es Gottsched formulieren sollte[11]. Das neue Schlagwort heißt entsprechend ‚Vernünftigkeit', wobei in Deutschland die durch Christian Wolff begründete Philosophie der Orientierung dient, in der mit ‚mathematischen' Methoden alle Bereiche des Wissens und Handelns durchforstet sind, um auf der Grundlage anerkannter Prinzipien dem Glück aller zu dienen[12].

Johann Andreas Fabricius hat in der Vorrede zu seiner *Philosophischen Oratorie*[13], die im Untertitel noch als eine *vernünftige Anleitung zur gelehrten und galanten (!) Beredsamkeit* ausgewiesen ist, das Grundprinzip direkt auf die Rhetorik übertragen:

Die Oratorie ist eine vernünftige anweisung zur beredsamkeit, das ist, zu der geschicklichkeit, solche wörter zu gebrauchen, welche mit unsern gedancken genau überein kommen, und in solcher ordnung mit solcher art seine gedancken fürzustellen, daß in denen die unsere worte hören oder lesen, eben die gedancken und regungen entstehen, die wir ihnen beybringen wollen, damit die glückseeligkeit des menschlichen geschlechts befördert und der umgang unter ihnen angenehm gemacht werde. (S. 2)

Die neue Tendenz liegt entsprechend in der Identifizierung der Rhetorik mit der Logik, ja in der Rettung der Rhetorik aufgrund dieser Identifizierung. Dennoch zeigt schon die Definition der Erfindung, daß die alten Positionen nicht völlig aufgegeben sind; Fabricius versteht die Rhetorik ausdrücklich als eine Argumentationslehre „nach beschaffenheit der sache und des zuhörers" (S. 53). Soweit die ‚Sache' betroffen ist, sind die logischen Überzeugungsgründe diskutiert, aber wie bei Lamy hat all dies seine Grenze an den Zuhörern bzw. den Bedingungen der Darstellung der Sachen „im gemeinen leben" (S. 79). Hier hilft nur psychologisches Wissen bzw. dessen Einsatz:

Denn wenn alle leute weise wären, oder auch nur nicht feinde der weißheit, dürffte man an keine andere beweißgründe gedencken, als welche die wahrhaffte beschaffenheit der sache an die hand giebt und daran die Logick gearbeitet. Da dieses aber nicht ist, muß man vielfältig wind machen, und der wahrheit zum besten denen vorurtheilen und affecten nachzugeben suchen, sie zu überwinden, und solches ist der rechte fucus oratorius. (S. 80)

Umso weniger überrascht es, wenn sich Fabricius beim „ausdruck der gedancken", also im Bereich der Stilistik, schon im ersten

---

[11] Vgl. M. Beetz 1980, S. 183f.
[12] G.E. Grimm 1983, bes. S. 79ff.; M. Beetz 1980, bes. S. 36 und 120ff.
[13] J.A. Fabricius: Philosophische Oratorie. Leipzig 1724.

Anlauf auf Lamys Lehre von den in der Natur des Menschen verankerten Möglichkeiten bzw. Notwendigkeiten leidenschaftlicher Rede stützt (S. 142). Ein „vernünftiger redner" ist ein „kluger redner", der sich von der Natur, und d.h.: von seinem Wissen um die Affekte leiten läßt (S. 153). In diesem Punkt macht sich freilich auch ein tiefgreifender Vorstellungswandel bemerkbar. Immer weniger dient (wie noch bei Weise) die *verderbte* menschliche Natur der Rechtfertigung rhetorischer Strategie; das menschliche Herz, das gerührt sein will, erscheint vielmehr nach und nach in seinen positiven Seiten. Nicht mehr der „büffelhirnige Pövel" oder der „rauhe, dumme Herr Omnis" bestimmt den Publikumsbezug, vielmehr geht es um Gebildete wie Ungebildete als Menschen im Prinzip gleicher, insbesondere auch durch Sinnlichkeit bestimmter Art, die entsprechend mit den Mitteln der Sinnlichkeit gewonnen werden wollen[14]. Die Mechanismen dieser Wirkung gilt es zu untersuchen, wobei nicht zufällig ein alter Leitbegriff eine neue Bedeutung gewinnt: die Tugend der Verständlichkeit. Intellektuelle Verständlichkeit für einen auch an die Sinne gebundenen Hörer ist das entscheidende Ziel. Die Frage lautete, wie die unterschiedlichen Ansprüche miteinander in Übereinstimmung zu bringen waren. In diesem Punkt sollten sich die Schwierigkeiten bald zuspitzen.

Dabei ragt ein Autor hervor, der das neue Programm nicht nur ebenfalls von Wolff übernahm, sondern es auch in der ganzen Breite der damaligen Fächer entfaltete und damit entsprechenden Einfluß gewann: Johann Christoph Gottsched. Im Zeichen der ‚kritischen Untersuchung', wie es nun hieß[15], mustert Gottsched nach einem ersten Anlauf in der Rhetorik – seinem *Grundriß zu einer vernunfftmässigen Redekunst* – die Dichtkunst, ehe er in der *Ausführlichen Redekunst* die Summe seiner Erfahrungen zog[16]. Dabei aber stellt sich dasselbe Problem, das schon Fabricius beschäftigte. Was Gottsched untersuchte, war das Zustandekommen von Wahrheit im Prozeß überzeugender Rede, wofür es eine ‚vernünftige' Begründung zu finden galt, und d.h.: eine Begründung

---

[14] A. Wetterer: Publikumsbezug und Wahrheitsanspruch. Tübingen 1981, S. 10f.

[15] ebd., S. 21ff.

[16] J.Chr. Gottsched: Ausführliche Redekunst. Leipzig 1736; Erläuterungen in der Ausgabe: Ausführliche Redekunst. Kommentar, hg. von P.M. Mitchell. Berlin, New York 1981.

allein nach den Grundsätzen der Vernunft bzw. der Logik. Aber Gottsched hielt ebenso daran fest, daß sich eine ‚vernünftige' Begründung (allein) nicht durchsetzt; die Begründung muß auch ‚wirksam' sein, sich also auch an andern Prinzipien als solchen der Logik orientieren. Der rhetorische Anspruch (auf Wirksamkeit) reibt sich mit anderen Worten am philosophischen Anspruch (auf Vernünftigkeit) – und dieses Problem sollte selbst wieder ‚vernünftig' gelöst werden[17]. Angesichts dieser Schwierigkeiten hat Gottsched auf etwas gesetzt, was ihn scharf von seinen unmittelbaren Vorgängern abhebt, nämlich auf das Vorbild der Antike. Speziell gegen Weise gewandt, der ihm mehr ein „Verderber, als Beförderer der Beredsamkeit in Deutschland" zu sein schien, werden Cicero, Qintilian und (mit Einschränkungen) Aristoteles als Garanten des ‚Vernünftigen' reklamiert bzw. deren Lehre als Formulierung ‚natürlicher' Prinzipien ausgegeben (S. 43). Unter den Neueren finden nur diejenigen Zustimmung, die selbst auf dem Boden dieser Tradition stehen, wobei vor allem Melanchthon und Lamy hervorgehoben sind. All dies macht den Klassizismus Gottscheds aus. Aber man muß auch sehen, daß Gottsched auf dieser Grundlage die Schwierigkeiten einer ‚vernünftigen' Redekunst bis zu dem Punkt trieb, an dem letztlich der Umschlag der Fragestellung möglich wurde. Dieser Umschlag ging von einer neuen Einschätzung des psychologisch-sinnlichen Elements bei der Wahrheitsfindung aus. Was Gottsched noch eher halbherzig in den Prozeß der Wahrheitsfindung einbezog, ja in ihm lediglich dulden zu müssen glaubte, wurde nach und nach in seiner *positiven* Bedeutung gesehen. Dies allerdings erfolgte weniger in der Rhetorik selbst als in der Poetik, die sich damit zur Ästhetik (als Lehre von den ‚sinnlichen' Grundlagen künstlerischer Wahrheit) wandelte und entsprechend den Charakter der ‚Herstellung' bzw. der ‚Kunst' endgültig ablegte.

Anleihen bei der Psychologie

In den einleitenden Äußerungen zur *Ausführlichen Redekunst* werden die Probleme des Programms gut deutlich. Gottsched

---

[17] R. Scholl: Die Rhetorik der Vernunft. In: Jahrbuch für Internationale Germanistik 2/3. 1976, S. 217–21.; A. Wetterer 1981, S. 37ff.; U. Möller: Rhetorische Überlieferung und Dichtungstheorie im frühen 18. Jahrhundert. München 1983.

unterscheidet zunächst die (theoretische) Redekunst von der (praktischen) Beredsamkeit und bringt zum Ausdruck, daß es um eine Anleitung zur Praxis geht, die auf festem Theorie-Fundament steht; bloße Wohlredenheit, auch wenn sie erfolgreich ist, verfällt dem Verdikt, ihre Vertreter seien lediglich „Worthelden" (S. 35). Andererseits will auch die Beredsamkeit den Erfolg, ja ihr einziger Zweck ist die „Überredung". Überredet aber werden Menschen, die über Verstand und Willen verfügen. Beide Seelenanteile müssen gewonnen werden, und zwar durch Gründe, ja „Bewegungsgründe". Ausdrücklich heißt es, daß auch „einfältige Leute" nichts ohne Gründe glauben (S. 36), und ebenso ausdrücklich wird gesagt, von welcher Beschaffenheit die Gründe zu sein haben: sie müssen „eine logische Prüfung aushalten" (S. 37). Daran scheitert sogleich ein wichtiger Lieferant von Gründen, und zwar „die rhetorische sogenannte Topica, davon Aristoteles ganze Bücher geschrieben" (S. 39). Hierbei handle es sich lediglich um Wahrscheinlichkeiten, lautet der Einwand. Aber Gottsched muß sehr bald Zugeständnisse machen. Weder verfügt ein Redner immer über volle Kenntnis der Sache, noch vertragen die Zuhörer immer volle Gründlichkeit. Also geht kein Weg vorbei an den (bloß) wahrscheinlichen Gründen:

Unsere Meynung geht nur dahin, daß er sich in seinem Vortrage nicht der allergrößten Schärfe im Erklären und Beweisen bedienen darf, die von den Weltweisen gefordert wird: Gesetzt daß seine vorhabende Materie solches zuliesse, und er selbst die Fähigkeit dazu hätte. Solche starke Speise schicket sich vor die gemeine Art der Zuhörer nicht. Diese haben soviel Aufmerksamkeit, Geduld und Fertigkeit im Schliessen nicht, als ein Schüler der höhern Wissenschaften haben muß. Er würde also entweder nichts von dem allen verstehen, was man ihm sagte; oder gar nicht einmal zuhören. Der Redner muß sich von seiner Höhe ein wenig herunter lassen, und auch von gelehrten Dingen ohne alle Kunstwörter, und so viel möglich in der gemeinen Sprache reden, die ein jeder versteht. Er muß in seinen Beweisen nur bis auf Sätze zurücke gehen, die ein jeder einräumet, ob sie gleich noch weiter erwiesen werden könnten. Er muß endlich nicht gar zu viel Vernunftschlüsse hintereinander machen, als wodurch er den Verstand seiner Zuhörer abmatten und überhäufen würde. (S. 41)

Die Rückendeckung für diese Wahrscheinlichkeit aber kommt letztlich aus der Moral: überredet wird nicht zu irgendwelchen Wahrheiten, sondern zu solchen, die den Zuhörern „nützlich und nötig, auch dem gemeinen Besten zuträglich" sind (42). Wahrscheinliche Gründe sind im übrigen „gute Gründe" (43), wenn sie der „unveränderlichen Natur des Menschen" entsprechen, und d.h.: wenn sie auf die (auch sinnlichen) Voraussetzungen und Bedürfnisse des Menschen aufbauen bzw. Rücksicht nehmen, statt sich z.b. an bloß Hergebrachtem oder auch bloß Ausgedachtem zu orientieren. Die Wendung an die Sinne steht also auf einem festen Fundament, wobei sehr bald deutlich wird, daß dieses auch benötigt wird: dank der beschränkten Auffassungskraft der Hörer bedarf es nämlich erheblicher Unterstützung aus der ‚Psychologie'. Selbst massive Eingriffe in den Überzeugungsprozeß werden gerechtfertigt:

Zum andern aber muß ein Redner nothwendig den Verstand und Willen seiner Zuhörer kennen und auf die gehörige Art anzugreifen wissen. Jener soll überredet, dieser aber gelenket werden: Wie wird nun dazu ein Mensch vermögend seyn, der sich die Kräfte der Seelen gar nicht bekannt gemacht; der die Quellen der Vorurtheile nicht entdecken; die irrigen Meynungen nicht in ihren Wurzeln ausrotten; die heimlichen Treibfedern der Begierden nicht auskundschaften, und die neuen Bewegungsgründe seinen Zuhörern nicht recht ans Herz legen kan. Daher gehört denn hauptsächlich die Vernunft- und Sittenlehre vor einen Redner: Und da beyde in der Psychologie, oder der Lehre von der menschlichen Seele ihren Grund haben: So gehört auch hauptsächlich diese dazu. Man kan unmöglich ein wildes Pferd recht regieren, wenn man seine Tücke nicht kennet. (S. 48f.)

Es versteht sich, daß die Probleme nirgends stärker hervortreten als bei der Behandlung der Erfindung der Gedanken, also beim argumentativen Teil der Redekunst. Was Gottsched letztlich sucht, ist eine Verankerung im sicheren Fundament der Logik, die mit Rücksicht auf Widrigkeiten (in der Sache und im Zuhörer) abgemildert bzw. attraktiv gemacht werden muß. In einer Formel, die eher nebenbei einfließt, ist dies auf eine besonders prägnante Weise formuliert: um „Wahrheit und Nachdruck" (S. 36) gehe es, womit letztlich gemeint ist, daß die Wahrheit (leider) des Nachdrucks bedarf. Dabei hat sich Gottsched in einem einleitenden Abschnitt besonders mit der Komplimentierrhetorik und speziell mit der für sie entwickelten Chrienkunst auseinandergesetzt. Das Fazit kann kaum überraschen: die Chrie argumentiere nicht, ja habe nicht einmal ein ‚Thema'. Was an ‚Argumenten' vorkomme, seien die schlichten Enthymeme, die letztlich sogar nur den Anlaß zu auf Brillanz angelegten Amplifikationen darstellten. In diesem Zusammenhang wird auch deutlich, welche Art von Topik Gottsched bei seiner vehementen Ablehnung vor Augen hatte:

Wir widerrathen aber dabey alles Ernstes alle die Erfindungsquellen, die man sonst nach der vormaligen Redekunst angewiesen, und die in den Wappen, in den öffentlichen Zeitungen, in den Namen, oder in allerley Sinnbildern, Münzen und Ehrenpforten gesuchet worden. Alles dieses wunderliche Zeug ist zum Schimpfe der wahren Beredsamkeit erfunden worden. (S. 76)

Wie im (noch schlimmeren) Falle allegorischer Darlegungen, die Gottsched als „Überbleibsel eines barbarischen Geschmacks" (S. 77) verachtet, trage nichts zur Überredung bei, was nicht die „Sache... weder deutlicher noch wahrscheinlicher" macht (ebd.). So sehr auch die Argumente der Fassungskraft des Zuhörers angepaßt werden müssen: an der Sache *vorbei* existiert *kein* Weg. Aber dieser Sache muß aufgeholfen werden. In jedem einzelnen Abschnitt der Erfindungslehre entwickelt Gottsched strategische Gedanken zur ‚Unterstützung' der Logik.

Dabei folgt er im großen und ganzen der Tradition. Das Charakteristische liegt darin, daß Gottsched die Ansprüche der Wahrheit und die der Wirksamkeit so nahe aneinanderzurücken sucht, wie es eben geht, ja dank des Vorrangs der Wahrheit die psychologisch-sinnlichen Elemente auf ihre Rolle als bloße Ergänzung zu beschränken sucht. Allerdings bleibt es meist beim (bloßen) Nebeneinander von logischen und psychologischen Beobachtungen. Die Einleitung der Rede etwa ist besonders stark unter psychologischen Gesichtspunkten zu gestalten; dem Wissenschaftsideal der Aufklärung entspricht es jedoch, wenn neben den üblichen Ratschlägen zur Erregung von Aufmerksamkeit eher zu einem ‚ruhigen' Beginn geraten wird. Wo es auf die Wahrheit ankommt, genügt es (und wirkt entsprechend), den Eingang als ‚notwendig' (sich von selbst ergebend) und als ‚neu' (der vorliegenden Sache angepaßt) erscheinen zu lassen (S. 89). Im Rahmen der *narratio*, die Gottsched als „Erklärung" bezeichnet, bedarf es – gut cartesianisch – klarer und deutlicher Begriffe (S. 93). Aber ganz auf die Erregung der Gemütsbewegungen, auf die „kleinen Kunstgriffe" zur Erregung von Schmerz oder Mitleid, braucht man deshalb nicht zu verzichten (S. 100). Die entscheidenden Probleme stellen sich natürlich bei der Behandlung der ‚Beweisgründe', also beim eigentlichen Kern der Rede, ein. Nichts fällt mehr in die Zuständigkeit der Logik, und Gottsched dringt darauf, deren Gesetze hier voll zur Anwendung zu bringen. Dazu gehört es, einen Satz mittels eines Grundes für wahr oder falsch zu erweisen, und zwar eines Grundes, der allein der Sache entstammen soll (S. 108f.). Im Falle praktischen Handelns (im Gegensatz zur theoretischen Erkenntnis) bedeutet dies: Nachweis seiner Vernünftigkeit, Billigkeit, Vorteilhaftigkeit bis hin zur Notwendigkeit (S. 116). Was nach dieser Ausführung folgt, sind aber keine Hinweise darauf, wie solcherlei Kriterien (gewöhnlich) gefunden werden – die Topik ist vielmehr auch hier abgewiesen –, sondern rein strategische Überlegungen zur Umsetzung:

> Es kommt alles auf die Klugheit eines Redner an, dadurch er die Meynung seiner Zuhörer geschickt zu errathen, und sich derselben zu seinen Absichten zu bedienen wissen muß. Man muß nemlich dieselben durch ihre eigenen Grundsätze, Vorurtheile und Neigungen zu lenken suchen, in soweit solches der Wahrheit und Tugend ohne Schaden geschehen kan. Die besten Bewegungsgründe sind freylich diejenigen, so von der Vernunft und Billigkeit hergenommen werden. Allein wenn diese kräftig in den Willen eines Menschen wirken sollen: So muß er schon tugendhaft seyn, und bereit seyn, alles ohne Wiederrede zu thun, was seine Pflicht mit sich bringet. Wo wird man aber jemals Gelegenheit finden, eine Rede vor lauter solchen Leuten zu halten? Werden nicht die meisten Zuhörer allezeit gewissen herrschenden Vorurtheilen zugethan, gewissen gewöhnlichen Lastern ergeben, und gewissen Neigungen nachzuhängen gewohnt seyn? Alle diese Dinge nun auszurotten, und sie ganz vernünftig und tugendhaft zu machen, das geht in einer Rede nicht an. Man muß sie also nehmen wie man sie findet, und sich ihre Gemüthsart zu Nutze machen, so gut man kan. Sind ja nicht alle Bewegungsgründe von einerley Kraft: So muß man allerley Arten derselben zusammen nehmen, damit man allerley Arten der Zuhörer dadurch gewinne und überrede. (S. 116f.)

Gottsched hat daran wiederum Ausführungen zu den wahrscheinlichen Gründen angeschlossen, wobei er deutlich macht, daß hier aufgrund der Lage der Dinge sogar die Hauptaufgabe des Redners liege. Aber über die Warnung vor einem „lahmen Gewäsche" (S. 120) ist er kaum hinausgekommen. Was dann in den Bemerkungen zu den Exkursen (,Erläuterungen') und zum Schluß der Rede folgt, hat ebenfalls mehr mit der Abwehr von (barockem) Traditionsgut zu tun, z.B. im Falle der Verwendung von Spitzfindigkeiten bei Maximen (S. 152ff.). Umso ausführlicher wird Gottsched bei der Behandlung der Affekte (,Gemütsbewegungen'). Bevor er die Hauptbeispiele durchgeht, erläutert er das Prinzip :

> Hieraus fliessen nun die beyden Hauptregeln zu Erregung und Dämpfung der Gemüths-Bewegungen. I) Will man einen angenehmen oder verdrüßlichen Affect erregen; so stelle man seinem Zuhörer alle das Gute, oder alle das Böse, in grosser Menge, und sehr geschwinde hinter einander vor die Augen, welches an einer Person oder Sache befindlich ist, oder doch zu seyn scheinet. Dieses nun recht zu bewerkstelligen, muß ein Redner sehr scharfsinnig seyn erst selbst viel an einem Dinge wahrzunehmen, was zu seinem Zwecke dient. Hernach muß er auch viel Witz haben, um durch einen Strom von

nachdrücklichen und lebhaften Worten seine Gedanken feurig vorzutragen. Denn wenn dergleichen Vorstellungen gar zu mager und schläfrig geschehen: So verlieren sie alle ihre Kraft. II) Will man einen Affect unterdrücken oder dämpfen; so muß man dem Zuhörer zeigen, daß entweder das Gute, oder das Böse, an der Sache nicht vorhanden sey, welches er daran zu sehen meynet; oder daß es wenigstens so groß, oder so zahlreich nicht sey, als es ihm bedünket. Auch hier kan er der obigen Eigenschaften nicht entbehren; wiewohl sonst noch mehr Einsicht dazu nöthig ist. (S. 165)

Wenn man bedenkt, daß Gottscheds Programm der Rhetorik auf ‚Vernunft‘ abgestellt ist und dies in erster Linie bedeutet, alle Überzeugung auf einsichtige Gründe zu stützen, bilden die gerade zitierten Ausführungen ein enormes Zugeständnis an die ‚Psychologie‘.

Sparsame Darstellung

Bei der Aufgabe, Wahrheit und Wirksamkeit in Balance zu halten, hat Gottsched interessanterweise im Bereich der Stilistik eher die Seite der ‚Wahrheit‘ betont, wobei offenbar die Zurückdrängung des barocken Schmuckbedürfnisses eine Rolle spielte. In einer Vorbesinnung (S. 217ff.) wird von der sprachlichen Darstellung die verständliche Wiedergabe der Gedanken erwartet, ja ausdrücklich gesagt, es komme bei der „Schreibart" mehr auf die Gedanken als auf die Worte an (S. 227). Allerdings sind die Grenzen darstellerischer Kunst dann doch nicht so eng gezogen, Tropen und Figuren finden vielmehr eine ausführliche Berücksichtigung. Dabei taucht (nicht immer mit entsprechendem Nachweis) Lamy auf, auch wenn sich die Gewichte leicht verschieben: nicht den Figuren, sondern den Tropen fällt die größte Bedeutung zu, nicht der Metonymie, sondern der Metapher – auch hier verfährt Gottsched klassizistisch. Aber die Rechtfertigung tropisch-figürlicher Rede insgesamt aufgrund der natürlichen Bedingungen leidenschaftlichen Gebarens ist bis ins Detail dem Vorbild nachgeschrieben, ja bis in die Übernahme der Fechterparabel (S. 241f., 273f.)[18]. Daß der Verstand (Witz und Einbildungskraft) auf besondere Weise zu beschäftigen ist, daß vielerlei zugleich ‚gedacht‘ werden muß und der Hörer sich für das Zutrauen in dieses ‚Mitdenken‘ geschmeichelt fühlt (S. 241), läßt alle Ängstlichkeiten hinsichtlich eines bloß ‚äußerlichen‘

---

[18] Die Unterschiede gegenüber B. Lamy arbeitet R. Behrens heraus (1982, S. 21ff.).

Schmucks zurücktreten. Der *gesteigerte* sprachliche Ausdruck erscheint nicht nur als natürlich und notwendig, sondern – wie seine Bedeutung für das ‚Denken' zeigt – auch als eine Bedingung der Wirksamkeit der Rede überhaupt. Allerdings schöpft Gottsched das damit gegebene argumentative Potential kaum voll aus. Wo es um das Grundsätzliche geht, erdrückt auch im Bereich der Stilistik der logische Anspruch den des wirksamen Ausdrucks, wie es etwa bei der Behandlung der Periode, d.h. des Satzes als ganzem, deutlich wird:

> Um nun alle dieses ungereimte und phantastische Zeug zu vermeiden, so merke man sich überhaupt die Regel an: Ein jeder Periodus muß einen deutlichen, vernünftigen und wahren Gedanken zum Grunde haben. Ein seltsames Mischmasch vieler Ideen macht einen Satz nicht schön, wenn keine Wahrheit, kein gegründeter Ausspruch darinnen enthalten ist. Was helfen in dem vorigen Exempel dem Scribenten alle die prächtigen Wörter, deren er sich bedienet, da er mit allen seinen Carfunkeln und Diamanten, Triumphen und Thronen etc. nichts gesundes zu verstehen giebt. Ein Satz kan unmöglich schön seyn, der noch nicht einmal vernünftig ist: So wenig ein menschlicher Körper schön werden kan, wenn er höckericht und gebrechlich ist, so sehr man ihn ausputzen und schminken möchte. Der innere Bau der Gebeine muß den wahren Grund zur äusserlichen Schönheit legen, obgleich hernach noch mehr dazu gehöret: Und die logische Richtigkeit eines Gedankens muß aller Perioden innerliche Schönheit ausmachen, die hernach durch den Ausdruck nur geputzet wird. (S. 270)

Wie kaum anders zu erwarten, hat Gottsched in der Stillehre das Konzept fortgeführt: es kommt auf die Gedanken an, aller Schmuck muß sich der Logik unterordnen. Die zu seiner Zeit chaotisch gewordene Differenzierung in hundert und mehr Einzelstile hat Gottsched durch die Wiederherstellung der klassischen Drei-Stil-Lehre rückgängig gemacht. Was der Stil dem Gedanken hinzufügen kann, wenn schon über die für die Logik notwendigen Elemente hinausgegangen sein soll, ist entweder eine gewisse Zuspitzung des Gemeinten oder eine an die Leidenschaften appellierende Darstellung: entsprechend bedarf es einer natürlichen (normalen), einer sinnreichen und einer bewegenden (pathetischen) Schreibart. Sinnreich bezieht sich dabei ausdrücklich auf die Gedanken, auf ihre „unerwartete" sowie vor allem pointierte Zusammenstellung (S. 340). Und Pathos soll als Folge ‚wirklicher' Erregtheit entstehen, die dann die Herzen bewegt, „als ob (der Redner) nicht geredet, sondern gedonnert, oder geblitzet hätte" (S. 341). Gesteigerter Ausdruck muß also sein; eine ‚vernünftige'

Redekunst kann aufgrund der nötigen Wirksamkeit nicht auf Kunst verzichten. Aber das sinnliche Element der Redekunst kommt nicht aus der Rolle einer Notlösung heraus, gewinnt kein wirkliches Vertrauen, keine selbständige Bedeutung. Auf diese Verselbständigung sollte es jedoch bald ankommen. Langfristig gesehen führte der Weg zur Aufwertung der Sinnlichkeit, die nun umgekehrt der ,bloßen' Vernunft Konkurrenz machte, allerdings auch jeglicher Kunst im Zeichen ,echter' Spontaneität eine Absage erteilte. Es ist charakteristisch, daß diese Entwicklung weniger von der Rhetorik als von einem ihrer Zweige befördert wurde, und zwar von der Poetik, in deren Bereich die Sinnlichkeit einen Ansatzpunkt besonderer Art findet: als Schönheit. Auch Gottsched selbst hat auf diesem Gebiet erste Schritte unternommen.

5.3 Der ästhetische Weg

> Jean-Baptiste Dubos (1670–1742)
>   *Kritische Reflexionen über Poesie, Malerei und Musik* (1719)
> Johann Christoph Gottsched
>   *Versuch einer Critischen Dichtkunst* (1740)
> Johann Jakob Breitinger (1701–1776)
>   *Critische Dichtkunst* (1740)
> Alexander Gottlieb Baumgarten (1714–1762)
>   *Aesthetik* (1750–58)
> Friedrich Schiller (1759–1805)
>   *Über Anmut und Würde* (1793)
>   *Über die ästhetische Erziehung des Menschen* (1795)

Seit der Spätantike läßt sich beobachten, daß das rhetorische Denken für die Dichtkunst Bedeutung gewinnt, ja in dem Maße an Bedeutung zu gewinnen scheint, wie es sie im politischen Bereich einbüßt. Auch im Mittelalter gingen wesentliche Kräfte der Erneuerung von den Poetiken aus. Im Zeitalter der Aufklärung aber schlägt das Pendel endgültig um: in der Auseinandersetzung um die Dichtkunst beginnen sich entscheidende Grundvoraussetzungen rhetorischen Denkens aufzulösen[19]. Was in der Rhetorik immer als Problem der Rede überhaupt gesehen wurde, spitzt sich angesichts

---

[19] A. Wetterer 1981; H.-J. Gabler 1982.

der dichterischen Rede plötzlich zu: bedarf es eigentlich der künstlichen (Wirkungs)mittel, um die Wahrheit hervorzubringen, oder
stören diese nur den entsprechenden Prozeß? Welche Rolle kommt
der Sinnlichkeit zu: ist die sinnliche bzw. an die Sinne appellierende
Darstellung ein *Werkzeug* der Vermittlung oder liegt in ihr *selbst*
eine Erkenntnisfunktion? Wie sich denken läßt, sind diese Fragen
zögernd und unter Eingehung von Kompromissen beantwortet
worden, wobei der Eindruck einer schrittweisen Loslösung vom
rhetorischen Modell entsteht. Schon Gottsched belegt in seinem
Versuch einer Critischen Dichtkunst[20], wie die Grundlagen der
Rhetorik ins Gleiten kommen, ohne daß er – als Verfasser der
Ausführlichen Redekunst – die Absicht gehabt hätte, den Rahmen
zu sprengen oder auch nur in Frage zu stellen. Und auch noch seine
Mitstreiter und Nachfolger, Johann Jacob Breitinger und vor allem
Alexander Gottlieb Baumgarten[21] bedienten sich weiter der rhetorischen Begrifflichkeit. Man kann allerdings sehen, daß die immer
noch benutzten Termini und Theoreme ihre Funktion änderten. In
der Klassik, bei Friedrich Schiller, ist der Punkt erreicht, an dem
das rhetorische Denken seiner Substanz nach endgültig ausgehöhlt
erscheint.

Gottscheds Grundproblem hinsichtlich der (Leistung der) Dichtung liegt in der Vermittlung der Wahrheit durch die sinnliche
Darstellung, rhetorisch gesprochen also in der traditionellen Vorstellung der ,Einkleidung' von ,Gedanken'. Dabei geht es nach
dem durch die Philosophie Wolffs geprägten Aufklärer darum,
Gedanken bestimmter Art, und zwar Lehrsätze der Moral, zur
Geltung zu bringen, ja die Aufgabe der Dichtung wird schlechter-
dings in der Vermittlung moralischer Gedanken zum Nutzen eines
jeden einzelnen gesehen. Das spezielle, d.h. durch die Dichtung ins
Spiel kommende Problem liegt im Substrat dieser Wahrheit: in der
sinnlichen Darstellung bzw. schlicht im (bloß) erfundenen Stoff.
Statt klarer Erkenntnis präsentiert der Dichter letztlich unklare
,Anschauungen', die sich nur unter einem einzigen Gesichtspunkt
rechtfertigen lassen: dem der Wirksamkeit. Der sinnlich, ja „hand-
greiflich" (S. 71) vorgetragene Gedanke macht der Erkenntnisfä-

---

[20] J.Chr. Gottsched: Versuch einer Critischen Dichtkunst, ⁴1751.

[21] Speziell zu A.G. Baumgarten vgl. H.R. Schweizer: Ästhetik als Philosophie der sinnlichen Erkenntnis. Basel, Stuttgart 1973; W. Bender: Rhetorische Tradition und Ästhetik im 18. Jahrhundert. In: ZfdPh 99. 1980,
S. 481–506.

higkeit gewissermaßen ein Angebot, erweist sich auf besondere (u.a. schnelle) Weise verarbeitbar und erreicht nicht zuletzt diejenigen, deren Fähigkeiten auf diesem Gebiet beschränkt sind. Wolff sprach von „anschauender Erkenntnis", Breitinger von der „unschuldigen List", mit der die Poesie zur „Dollmetscherin der Weisheit" werde[22]. Aber die Sinnlichkeit der Darstellung, die so ganz auf der Linie der klassischen Rhetorik als Mittel zum Zweck erscheint, macht im Zeichen der Aufklärung eben Schwierigkeiten. Die Sinnlichkeit, auch wenn sie letztlich dazu ausersehen ist, der sinnlichen Natur des Menschen eine Art Gegengewicht zu bieten, bleibt ein vernunftwidriges Element. Es ist entscheidend, daß sich Gottsched von dieser negativen Einschätzung nicht löst – dies geschieht erst einige Jahrzehnte später durch Baumgarten –, sondern eher nach Vorkehrungen sucht, die den Einfluß der Sinnlichkeit begrenzen oder kontrollieren sollen. Sie liegen insbesondere im Grundsatz der Naturnachahmung. So sehr die Sinnlichkeit im Dienst der Wirkung steht und damit das Publikum als Maßstab ins Spiel bringt, hat sie mit der Orientierung an der Natur ein publikumsunabhängiges (d.h. rein vernunftmäßiges) Kriterium[23]. Konkret kommt dies in der Forderung nach (natürlicher) Wahrscheinlichkeit als Grundlage der Wirkung zum Ausdruck. Der dichterische Stoff muß also nachvollziehbar sein, was z.B. nicht den Ausschluß des Wunderbaren bedeutet, ohne das der Dichtung allzu enge Grenzen gezogen würden, wohl aber das des Widersprüchlichen bzw. Unstimmigen (S. 116). Breitinger ging in diesem Punkt unter vergleichbaren Voraussetzungen mit der ausdrücklichen Propagierung des Wunderbaren noch einen Schritt weiter.

Es ist charakteristisch, daß in diesem Zusammenhang ein Problem auftaucht, an dem sich die Entfernung vom rhetorischen Denken geradezu kristallisiert hat: das Problem des Urteils über die Gelungenheit der Dichtung. Die Frage war nämlich, welcher Grad von Vernünftigkeit eines Urteils erreichbar ist, das sich in seinem Bezug auf ‚Sinnliches' (nur) als ‚Geschmack' darbietet. Gottsched hatte dabei die Antwort Jean-Baptiste Dubos' vor Augen, die er völlig verurteilte: daß nämlich dieses Urteil uneinholbar irrational, ja einem sechsten Sinn zuzuschreiben sei. Wie aber läßt sich das ästhetische (d.h. sinnliche) Urteil als (vernünftigen)

---

[22] A. Wetterer 1981, S. 60ff.
[23] ebd., S. 83ff.

Regeln unterworfen denken, der Geschmack also doch als rational ausweisen? Gottscheds Antwort lautet: das Wohlgefallen am Schönen kann zwar (durch falsche Beispiele oder gar Erziehung) fehlgeleitet sein, aber letztlich gründet es in einer Eigenschaft, die wiederum die ,Natur' selbst mitbringt: in Ordnung bzw. Proportion[24]. Schönheit *ist* letztlich Ordnung und (guter) Geschmack Kenntnis der *Regeln* für Ordnung. Nicht der subjektive Beifall (der ,Vielen') macht ein Kunstwerk schön – nicht in der Wirkung liegt der Maßstab –, sondern in einem objektiven Kriterium. Aber es wird auch deutlich, daß der Sinnlichkeit (dem sinnlich Schönen) neben der Rationalität ein Platz freigehalten, ja erobert wird: auch die Schönheit führt zur Wahrheit, auch dem Vergnügen an der schönen Kunst kommt eine Funktion für die Förderung der Sittlichkeit zu. Damit deutet sich der weitere Weg an: Noch ist die Sinnlichkeit eine (der Vernunft) nach- oder untergeordnete Größe, aber sie erweist sich bald als *eigenes* Territorium mit eigenen Regeln und vor allem mit gleichberechtigtem Anspruch. Noch ist die Schönheit Mittel (zum Zweck der Belehrung), aber es bedeutet nur einen Schritt, sie selbst als Zweck anzusehen. Die rhetorische Poetik verstand sich immer als ,Kunst', d.h. als Anleitung zur Darstellung eines Gedankens gemäß bestimmter Regeln. In dem Maße, wie die Wirkung des Kunstwerks als etwas völlig Eigenständiges begriffen wird, ja in den ehemaligen ,Mitteln' selber ,Zwecke' gesehen werden, verliert das rhetorische Modell einer Herstellungspoetik an Plausibilität. Alexander Baumgarten, der in seiner (nun auch so bezeichneten) *Aesthetik* zum erstenmal das eigene Recht der Sinnlichkeit (des Ästhetischen) vertrat, löste sich praktisch von der Rhetorik, wobei das Charakteristische darin liegt, daß er dies bis ins Detail unter Zuhilfenahme der alten rhetorischen (Beschreibungs)mittel tat[25].

Wie revolutionär der Gedanke einer sinnlichen Darstellung der Wahrheit war, zeigt sich allerdings deutlicher in einer noch späteren Phase, in der dann auch die rhetorischen Theoreme eine geringere Rolle spielen, und zwar bei Friedrich Schiller. In den Briefen *Über die ästhetische Erziehung des Menschen*[26] stellt sich das Pro-

---

[24] Vgl. ebd., S. 127ff.; U. Möller 1983, S. 22ff.

[25] Vgl. W. Bender 1980, S. 488ff.

[26] F. Schiller: Über die ästhetische Erziehung. In: Sämtliche Werke. Hg. von G. Fricke und H.G. Göpfert. München 1962, Bd 5, S. 570–669.

blem, in welchem Maße (sinnliche) Schönheit den Menschen berei-
chern, ja eine „notwendige Bedingung der Menschheit" werden
könne (S. 600). Dabei geht Schiller genauso wie Gottsched von der
Sinnlichkeit der Kunst aus, ja er stellt die These auf, es gelte den
sinnlichen Menschen dank der sinnlichen Kunst vernünftig, und
dies heißt inzwischen: frei bzw. autonom zu machen (S. 641). Aber
nun fallen alle Ängstlichkeiten angesichts der Sinnlichkeit weg.
Schiller sucht vielmehr zu zeigen, daß das Ziel der Selbstbestim-
mung (der Vernunftautonomie) als solches schwer erreichbar ist,
aber gerade in der Sinnlichkeit über eine Art Vorform verfügt: im
ästhetischen Spiel können wir (jenseits des Ernsts des Lebens)
Autonomie erfahren, uns der wahren Bestimmung des Menschen
vergewissern. Der ästhetische Schein – und hier zielt Schiller nur
noch mit einem Seitenhieb auf den alten rhetorischen Schein – ist
keine „betrügerische Schminke", „welche die Wahrheit verbirgt"
(S. 661). Der ästhetische Schein ist überhaupt kein Werkzeug zu
irgendwelchen Zwecken – dazu habe nur die „Ohnmacht" Zuflucht
genommen –, sondern Selbstzweck (S. 659f.). Das Kunstwerk will
nicht (auch nicht mit ‚unschuldiger List') Gefallen erregen, sondern
verdankt seine Wirkung einzig sich selbst, der Darstellung von
Freiheit bzw. dem Empfinden der Freiheit in dieser Darstellung[27].
All dies macht das aus, was man als Idealismus bezeichnet hat, in
dessen Zeichen die denkbar schärfste Abkehr vom rhetorischen
Denken formuliert wurde.

Wie radikal diese Abkehr war, erkennt man schließlich am
besten da, wo die alten Begriffe scheinbar weiterleben. Das Mu-
sterbeispiel dafür stellt Schillers Aufsatz *Über Anmut und Würde*
dar, in dem rein äußerlich das Thema von Ethos und Pathos aufgegriffen wird[28]. Aber Schiller hat alles dafür getan, den rhetorischen
Wirkungsbegriff fernzuhalten. Anmut und Würde sind für ihn
Ausdrucksformen der Schönheit, die im Sinnlichen wurzeln und der
Vernunft gefallen. Anmut zeigt sich in der spezifischen Leichtigkeit
des Handelns, in dem sich letztlich genauso eine Form der Freiheit
bekundet, wie sie in der Würde unter Voraussetzungen der Bedro-
hung zustandekommt. Anmut also läßt sich nicht durch Kunst
‚herstellen', ja sie wird eher durch Kunst „verschlungen" (S. 450).

---

[27] G. Ueding: Schillers Rhetorik. Tübingen 1971, S. 10ff.
[28] Unter einseitiger Betonung der ‚Fortsetzung': K. Dockhorn: Macht und
Wirkung der Rhetorik. Zürich 1968, S. 46–95.

Schon das Wissen um die (eigene) Anmut führt zu ihrer Aufhebung, so wie das Erkennen der Erkünstelung der (fremden) Anmut ihre Wirkung verhindert (S. 451). Anmut kann also auch nicht auf dem Wege der Verbergung der Bemühung um sie erzeugt werden, vielmehr ist ihr Hervortreten gerade an die Bedingung der Unabsichtlichkeit gebunden: nur so ‚wirkt' sie, weil nur so der Charakter der Freiheit gewahrt bleibt. Daß es überhaupt Anmut (und das gleiche gilt jeweils für die Würde) gibt, liegt an einer Art Gnade, die dem Menschen gewährt ist: daß nämlich die Vernunft in die Sinnenwelt gewissermaßen ‚hineinragt' (S. 459), daß sich die Freiheit in diesem Sinne ‚offenbaren' kann. Auch dies gehört zu den Grundlagen des Idealismus, die allerdings bald im Zeichen pessimistischerer (resignativerer) Konzepte hinsichtlich der Rolle von Sinnlichkeit und Vernunft erheblich modifiziert wurden.

6. Neue Rhetorik

6.1 Die moderne Kritik an der klassischen Rhetorik

Immanuel Kant (1724–1804)
  Kritik der Urteilskraft (1790)
Johann Gottfried Herder (1744–1803)
Jean Paul (1763–1825)
Friedrich Schleiermacher (1768–1834)
Friedrich Schlegel (1772–1829)
Friedrich Nietzsche (1844–1900)
  Rhetorik-Vorlesungen (1872–74)
  Über Wahrheit und Lüge im außermoralischen Sinne (1873)

Von der Repräsentation zur Konstitution

Die Wendung von der Erforschung der (Mittel zur) Erzielung von
Wirkung hin zur Erforschung (der Gründe) des Zustandekommens
von Wirkung hat der Rhetorik ihre letzte Entfaltung gebracht – und
zugleich den Weg gebahnt, das Modell zu verlassen[1]. Die intellek-
tuell bedeutenden Diskussionen fallen bereits ins 17. Jahrhundert,
wo sie jedoch eine Neuformierung durch die Aufklärungsrhetorik
auslösten. Die Aufklärungsrhetorik selbst aber ist kaum noch
‚widerlegt' worden. Als Schiller seine Gedanken zur Ästhetik
entwickelte, hat er die Rhetorik nur gestreift. Und auch eine Verurteilung wie die Kants im berühmten § 53 der *Kritik der Urteils-*
kraft[2] konzentriert sich mehr auf die Möglichkeiten der Pervertierung als auf die Ablehnung der Kunst als solche, der im übrigen
sogar ein gewisser Spielraum belassen bleibt:

---

[1] Unter den zahlreichen Interpretationen dieses Vorgangs ragt die von
  M. Cahn (Kunst der Überlistung. München 1986; Rezension: J. Kopperschmidt. In: Rhetorik 7. 1988, S. 187–90) heraus, wonach sich der Untergang lediglich dem von Anfang an verfehlten Programm der Rhetorik
  verdanke.

[2] I. Kant: Kritik der Urteilskraft. In: Werke. Hg. von W. Weischedel. Bd 5.
  O.O., o.J. Interpretationen bei: S. IJsseling 1985, S. 123ff.; M. Beetz
  1981, S. 186f.

Ich muß gestehen: daß ein schönes Gedicht mir immer ein reines Vergnügen gemacht hat, anstatt daß die Lesung der besten Rede eines römischen Volks- oder jetzigen Parlaments- oder Kanzelredners jederzeit mit dem unangenehmen Gefühl der Mißbilligung einer hinterlistigen Kunst vermengt war, welche die Menschen als Maschinen in wichtigen Dingen zu einem Urteile zu bewegen versteht, das im ruhigen Nachdenken alles Gewicht bei ihnen verlieren muß. Beredtheit und Wohlredenheit (zusammen Rhetorik) gehören zur schönen Kunst; aber Rednerkunst (*ars oratoria*) ist, als Kunst, sich der Schwächen der Menschen zu seinen Absichten zu bedienen (diese möge immer so gut gemeint, oder auch wirklich gut sein, als sie wollen), gar keiner Achtung würdig. Auch erhob sie sich nur, sowohl in Athen als in Rom, zur höchsten Stufe zu einer Zeit, da der Staat seinem Verderben zueilte und wahre patriotische Denkungsart erloschen war. Wer, bei klarer Einsicht in Sachen, die Sprache nach deren Reichtum und Reinigkeit in seiner Gewalt hat, und, bei einer fruchtbaren, zur Darstellung seiner Ideen tüchtigen Einbildungskraft, lebhaften Herzensanteil am wahren Guten nimmt, ist der *vir bonus dicendi peritus*, der Redner ohne Kunst, aber voll Nachdruck, wie ihn Cicero haben will, ohne doch diesem Ideal selbst immer treu geblieben zu sein. (S. 431)

Was Kant bei bemerkenswerter Fortschreibung vieler alter Termini (Bewegen, Sachen, Reichtum, Reinigkeit, Kunst, Nachdruck) kritisiert, ist letztlich die Trennung von Wahrheit und Wirkung. Die Wahrheit bedarf jedenfalls keiner ‚künstlich‘ erzeugten Wirkung: soweit es auf „Nachdruck" ankommt, reichen die natürlichen Kräfte und zur „Einsicht in Sachen" gehören andere Qualitäten. Allerdings hat Kant damit unterschlagen oder jedenfalls stillschweigend übergangen, daß er sich unter „Einsicht in Sachen" etwas völlig anderes vorstellt als jemals zuvor. Einsicht in Sachen hatte immer bedeutet: Aufdeckung ihres Wesens bzw. Annäherung daran. Die kantischen *Kritiken* aber lehren, daß Einsicht in Sachen nicht nur etwas mit den Sachen, sondern mit der Einsicht selbst zu tun hat. Wissen ist abhängig von den Möglichkeiten des Verstandesgebrauchs – und alles Interesse richtet sich entsprechend auf dessen Funktionsweise. Was sich seit Descartes und den cartesianisch argumentierenden Rhetorikgegnern angebahnt hatte, erlebt nun seinen völligen Durchbruch: das Modell der Kunst wird abgelöst von dem der Analyse.

Um diese Wende, die zu einem schlagartigen Abrücken von einer immerhin zweitausendjährigen Tradition führte, zu verstehen, empfiehlt sich ein Rückblick auf die Grundpositionen der Rhetorik. Von Aristoteles bis Gottsched galt: Überzeugung beruht auf der (wirkungsvollen) Darstellung von Gedanken. Dies eröffnete eine

Reihe von Alternativen. Man konnte (wie Aristoteles) die Tatsache betonen, daß die Rhetorik damit zur Partnerin der Wissenschaft für bestimmte Fälle wird: wo Wahrheit nicht erreichbar ist, soll auf kontrollierte Weise mit Wahrscheinlichkeit operiert werden. Die Sophisten waren skeptischer, hielten den Anspruch auf Wahrheit für grundsätzlich uneinlösbar und den rhetorischen Weg damit für den *einzig* gangbaren – mit der Konsequenz, daß ‚Meinungen‘ ausgetragen wurden, aber auch letztlich unentscheidbar nebeneinander standen. Bei Cicero und Quintilian zeichnet sich der Gedanke ab, daß Wahrheit als Einigung zustandekommt, die sich der Kompetenz und persönlichen Integrität des großen Redners verdankt. Wie auch immer die Gewichte ausgependelt wurden: stets lag die Vorstellung zugrunde, daß der Zugriff auf die ‚wahre‘ Wirklichkeit blockiert ist und daß diese Blockierung überwunden, fehlende Motivation zur Annahme von Gründen durch wirksame ‚Mittel‘ wettzumachen sei. Dabei hatte der Mangel im wesentlichen zwei Aspekte: die Leidenschaftsnatur des Menschen, die eine Konzentration auf die Wahrheit erschwert, sowie die Unerreichbarkeit von letzten Gründen angesichts einer instabilen ‚sinnlichen‘ Realität, die ihr Wesen nicht oder nur unvollkommen preisgibt. Unerreichbare letzte Wahrheit sollte durch eine Wahrscheinlichkeit ersetzt werden, der die wirkungsvolle ‚Einkleidung‘ zur Anerkennung verhilft. Im ‚System‘ der Rhetorik ist diese Ansicht fest verankert: als Unterscheidung von Gedanke und sprachlicher Darstellung. Über die Präsentation des Stoffs mit den Mitteln des adäquaten Ausdrucks sucht alle rhetorische (Überzeugungs)rede ihr Ziel zu erreichen. Daß die *verba* die *res* repräsentieren müssen und wie sie dies (unter bestimmten, nämlich ‚kunstgemäßen‘ Voraussetzungen) erreichen können, bestimmt den Ansatz der Rhetorik.

Man versteht nun, was es bedeuten mußte, als die Unterscheidung von *res* und *verba* selbst problematisch, ja aufgekündigt wurde. Eine Aufkündigung ist nicht gegeben, wenn die Verschmelzung beider Elemente gefordert wird – viele große Rhetoriken leben vielmehr von dieser Vorstellung. Aber die Unterscheidung löst sich auf, wenn man die Wahrheit statt von der *Annäherung* an die ‚Realität‘ von etwas anderem abhängig macht: vom *Konstruieren* der Realität. Statt in der Realität das prinzipiell *Gegebene* zu sehen, dem man mit entsprechenden Mitteln gerecht werden muß, kommt es zur Vorstellung, daß die Realität (lediglich) etwas von den einzelnen Subjekten *Erzeugtes* darstellt. Die Wahrheit liegt nicht *hinter* der (vordergründigen) Realität, sondern stellt sich allenfalls in jenem Auffassungsprozeß ein, in dem wir über diese Realität *verfügen*. Das Verhältnis des Denkens (und Sprechens) zur Realität verliert damit den Charakter der Repräsentation; Realität wird nicht länger (wirkungsvoll) *repräsentiert*, sondern (kontrolliert) *konstituiert*. Man sieht, wie auf diese Weise sämtliche grundlegenden rhetorischen Begriffe ihren Wert verlieren bzw. in andere Vorstellungen transformiert werden: an die Stelle von Kunst, Wirkung, Repräsentation, Objektivität treten Natur, Analyse, Konstitution, Subjektivität. In den rhetorischen Kategorien ließ sich auf diese Weise nicht nur nicht weiterdenken, sondern sie gestatteten nicht einmal mehr, das (neue) Problem zu *formulieren*. Der ‚rhetorische Weg' erschien damit weniger als falsch denn als hoffnungslos naiv. Es bedurfte offensichtlich einer gewissen Zeit, ehe es gelang, die klassische Lehre aus der Distanz erneut zu betrachten und auf dem Hintergrund der andersartigen Überzeugungen wieder fruchtbar zu machen.

Romantische Sprachkritik

Kants ‚Würdigung' der Rhetorik bietet dazu noch keinerlei Ansatz, ja erscheint in ihrem Zugeständnis bitterer als in ihrer Ablehnung: als Kunst, die sich *nicht* der Schwächen des Menschen bedient, darf Rhetorik bestehen – weil sie dann völlig harmlos ist. Erst bei Kants Nachfolgern zeichnet sich eine neue Einschätzung ab. Schon Johann Gottfried Herder legte seiner neuen Sprachtheorie zwar die (für die Rhetorik vernichtende) Vorstellung zugrunde, daß es Gedanken jenseits von Sprache nicht gibt, vielmehr jedes Weltergreifen sprachlich angelegt ist. Aber Herder hebt damit gegenüber der idealistischen Philosophie die Rolle der Sprache für den Prozeß der Erkenntnis hervor und fordert damit immerhin zum Vergleich mit rhetorischen Positionen heraus. Daß beispielsweise Gedanken in der Mitteilung *entstehen*, wie es Herder betont, kehrt das Verhältnis von *res* und *verba* letztlich (nur) um[3]. In der ersten Generation der Kant-Rezipienten wurde die neue Bewußtseins-(statt: Repräsentations)philosophie ebenfalls mit der These verbunden, daß dieses Bewußtsein wesentlich sprachlich operiert. Friedrich Schleiermacher machte dies durch eine Analyse des Verstehens

---

[3] Vgl. M. Beetz 1981, S. 187.

deutlich, die zur Erneuerung der (alten) Hermeneutik führte[4]. Die Ausgangsposition ist einfach genug: wenn wir über ‚Wirklichkeit' nicht direkt verfügen können, sondern nur auf dem Wege der ‚Vermittlung', dann fällt der Sprache eine Hauptrolle zu, denn aller Wirklichkeitszugriff verdankt sich ihr. Entsprechend bedarf die Sprache selbst der kritischen Durchleuchtung, man kann auch sagen: es bedarf einer Anwendung des kantischen Grundgedankens auf die Sprache. Schleiermacher hat dies in einer Musterung des Verständigungsprozesses versucht, in dem die Probleme des Verstehens und (in Umkehrung) des Formulierens immer wieder in Bahnen erörtert werden, die der Rhetorik vertraut sind; die Idee des Konsenses oder auch der Rückgriff auf die welterschließende bzw. gemeinschaftsstiftende Funktion der Sprache stellen entsprechende Beispiele dar. Aber man muß auch beachten, daß sich der Kontext entscheidend verändert hat. Die rhetorische Qualität der Sprache wird gewissermaßen eine grundsätzliche, d.h. vor allem: sie wird es nicht vor dem Hintergrund einer (nur) verschleierten ‚wahren' Realität, sondern vor dem von Subjekten, die alle ‚Wirklichkeit' selber ‚schaffen', ja im rhetorischen Akt schöpferisch wirken (müssen). Gegenüber rhetorischen Positionen wie etwa dem Sprachhumanismus eines Cicero oder auch Lorenzo Valla ist die Vorstellung einer (nur) ‚konstruierten' Realität entscheidend, geht es nicht um einen notwendig subjektiven Zugang zur (als solcher unzugänglichen objektiven) Realität, sondern um die Preisgabe des Gedankens einer ‚objektiven' Realität überhaupt.

Auch diese Problemstellung, die der Philosophiegeschichte des frühen 19. Jahrhunderts den Stempel aufprägt, hatte ihre Alternativen, ihre Einschränkungen und Zuspitzungen. Der Rückgriff auf die Rhetorik spielt dabei alles in allem eine geringe Rolle. Wenn es nicht zu bloßen Abqualifizierungen kam, ist eine gewisse Verallgemeinerung des alten Konzepts das Charakteristische. Friedrich Schlegel, Freund und Weggenosse Schleiermachers in seiner frühen Lebensphase, sprach von einer „absoluten" oder „unendlichen" Rhetorik und bezog sich damit auf die sprachliche Kreativität als höchsten Ausdruck des geistigen Vermögens[5]. Aber Schlegel betonte die Individualität und Autonomie des Sprechers, ja grenzt diese vehement von jener Form der ‚Kunst' ab, die auf Wirkung

---

[4] Vgl. M. Frank: Das individuelle Allgemeine. Frankfurt 1985, bes. S. 160ff.
[5] Vgl. H. Schanze: Romantik und Aufklärung. Nürnberg 1966, S. 95ff.; Kurzfassung in: ders. (Hg.) 1974, S. 126ff.

ausgeht. Das (klassisch-rhetorische) „Prinzip..., auf alle beliebige
Weise wirken können zu wollen", erscheint abschätzig als „Effekto-
latrie"; der alten Rhetorik, zu der ausdrücklich auch noch die
Rhetorik der Aufklärung gerechnet ist, wird „Willkühr" vorgehal-
ten[6]. In positivem Sinne spricht Schlegel demgegenüber von einer
Rhetorik, die auf dem *kreativen* Umgang mit poetischen ‚Mitteln'
beruht und damit „allein frey ist, und das als ihr erstes Gesetz
anerkennt, daß die Willkühr des Dichters kein Gesetz über sich
leide"[7]. Unter den romantischen Dichtern hat in Deutschland vor
allem Jean Paul an dieses Konzept angeschlossen bzw. es weiterentwickelt[8]. Auch ihm wird die Auflösung der alten Zuordnung von
Gedanke und Darstellung, von Zeichen und Bezeichnetem, zum
Ausgangspunkt einer „Geistesfreiheit", die sich der Sprache als
eines Erkenntnismittels bedient. Dabei kehrt sich nicht nur (wiederum) der Blick von den Sachen zu den Zeichen um, sondern die
Zeichen erleben eine Emanzipation, die eine neue *Art* von ‚Sinn'
ermöglicht: eine ‚Bilderschrift' jenseits jeglichen Realitätsbezugs[9].
Bildlichkeit steht nicht mehr für etwas sonst Unerreichbares ein,
sondern begründet eine *eigene* Welt, in der die ‚Operationen' des
Verstandes als solche beobachtbar, ja ‚genießbar' werden. Nicht
zufällig hat dabei der Traum als Vorbild gedient.

Friedrich Nietzsche

Einen Endpunkt dieser Überlegungen zumindestens im 19. Jahrhundert markiert Friedrich Nietzsche[10]. Für ihn ist auch der Versuch der Romantik, in den (individuellen) Prozessen der sprachlichen Welterschließung auf Wahrheit zu stoßen, abzulehnen. Auch
in der Sprachphilosophie sieht er das Programm einer (metaphysischen) Wesenserkenntnis verwirklicht, selbst wenn diese statt an
der Aufdeckung der Natur der Dinge an den Bewußtseinsleistun-
gen der Subjekte ansetzt. Für Nietzsche aber liegt der Schlüssel zur
Wahrheit *überhaupt* nicht mehr in der Richtung einer Wesens-
schau, sondern in der Anerkennung des Veränderlichen und Indivi-

---

[6] H. Schanze 1966, S. 103f.
[7] Nach H. Schanze 1966, S. 104 (Athenäums-Frgt. Nr. 116).
[8] Vgl. B. Allert: Die Metapher und ihre Krise. New York u.a. 1987.
[9] ebd., S. 12.
[10] Orientierung bei J. Goth: Nietzsche und die Rhetorik. Tübingen 1970;
S. IJsseling 1985, S. 150ff.; J. Villwock 1989.

duellen, ja des Scheins, in dem sich der Mensch produktiv einrichtet. Wahrheit im Sinne des Beständigen erweist sich demgegenüber als ‚Lüge‘, ja als die Lüge, mit deren Hilfe sich die Menschen jene falsche ‚Wirklichkeit‘ schaffen, die das Leben ‚beherrschbar‘, ‚berechenbar‘ macht. Genau in diesem Punkt aber greift Nietzsche auf die Rhetorik zurück. Schon in den Vorlesungen zu deren antiker Geschichte, die er als Altphilologe 1872–74 in Basel hielt[11], sucht er vor allem an den (von der Rhetorik immer schon beobachteten) Prozeß der Wirklichkeitserfassung durch Sprache anzuknüpfen:

Es ist aber nicht schwer zu beweisen, dass was man als Mittel bewußter Kunst ‚rhetorisch‘ nennt, als Mittel unbewußter Kunst in der Sprache und deren Werden thätig waren, ja, dass die *Rhetorik eine Fortbildung der in der Sprache gelegenen Kunstmittel* ist, am hellen Lichte des Verstandes. Es giebt gar keine unrhetorische ‚Natürlichkeit‘ der Sprache, an die man appellieren könnte: die Sprache selbst ist das Resultat von lauter rhetorischen Künsten. Die Kraft, welche Aristoteles Rhetorik nennt, an jedem Dinge das heraus zu finden und geltend zu machen, was wirkt und Eindruck macht, ist zugleich das Wesen der Sprache: diese bezieht sich ebensowenig wie die Rhetorik auf das Wahre, auf das Wesen der Dinge, will nicht belehren, sondern eine subjektive Erregung und Annahme auf andere übertragen... Nicht die Dinge treten ins Bewußtsein, sondern die Art, wie wir zu ihnen stehen, das *pithanón.* Das volle Wesen der Dinge wird nie erfaßt. Unsere Lautäußerungen warten keineswegs ab, bis unsere Wahrnehmung und Erfahrung uns zu einer vielseitigen, irgendwie respektablen Erkenntnis der Dinge verholfen hat: sie erfolgen sofort, wenn der Reiz empfunden ist. Statt der Dinge nimmt die Empfindung nur ein *Merkmal* auf. Das ist der erste Gesichtspunkt: die Sprache ist Rhetorik, denn sie will nur eine *dóxa,* keine *epistéme* übertragen. (S. 298)

Man sieht anhand dieser Thesen sogleich, daß Nietzsche um alles andere denn eine Wiederherstellung der Rhetorik bemüht ist. Es geht eher um die Frage, welche Konsequenzen sich daraus ergeben, daß alles Formulieren letztlich unkontrollierbar bleibt, weil es eben keinen festen Punkt der ‚Wirklichkeit‘ gibt, auf die es sich beziehen könnte. Nietzsche hat dieses Problem gerade anhand jener Tropen und Figuren zu verdeutlichen gesucht, die auch von der Rhetorik immer als Abweichungen vom ‚Eigentlichen‘ hingestellt wurden. Sie stellen für Nietzsche nun die Kronzeugen eines Wirklichkeitsbe-

---

[11] F.Nietzsche: Rhetorik (Vorlesung Sommer 1874). In: Gesammelte Werke (Musarion Ausgabe). Bd 5 . München 1922, S. 285–319.

zugs dar, der auf Adäquatheit *überhaupt* verzichten muß. Wenn es
statt Tatsachen ohnehin nur Interpretationen gibt, stellen die
Tropen und Figuren den einzig ‚ehrlichen' Wirklichkeitsbezug dar,
sofern sie (im Gegensatz zur Begriffssprache) den Charakter des
(bloßen) Konstruierens nicht leugnen. Wenn die Wahrheit nicht
‚feststellbar' ist, wenn sie – wie es in *Über Wahrheit und Lüge im
außermoralischen Sinne* heißt – (lediglich) als „ein Heer von Metaphern und Metonymien" angesehen werden muß[12], bilden diese das
einzig sinnvolle Modell des Erkennens überhaupt. Wirkung als
Ersatz der Wahrheit verfolgt Nietzsche dagegen mit der gleichen
Unnachsichtigkeit wie den Glauben an einen wie auch immer
begründeten ‚logischen' Erkenntnisprozeß selbst. An der barocken
bzw. manieristischen Kunst, die er in allen Zeitaltern als eine Form
der Entartung diagnostiziert, wird kritisiert, sie suche „Gewalt zu
gewinnen", statt „auf ebenem Pfad" voranzuschreiten[13]. Richard
Wagner ist der Prototyp des bloßen Rhetors, der sich darauf spezialisiert habe, die „Nerven (zu) reizen", ja das „Eingeweide (zu)
überreden"[14]. Die moderne Kunst und nicht zuletzt das moderne
Literatentum erscheinen gerade mit ihrer Versessenheit auf Wirkung als „originalitätswütig" und „tyrannisierend"[15]. Nicht Ausnut-
zen der Wirkung wiederum im Zeichen einer sonst ‚unfaßbaren'
Wahrheit, sondern souveräner Umgang mit den (notwendigen)
Konventionen, Herrschaft über die Form (besonders etwa im
Bereich des Rhythmischen), der man als solcher nicht entrinnen
kann, erscheinen als die Voraussetzungen, angesichts mangelnder
Sicherheit dennoch Souveränität zu gewinnen.

6.2 Probleme der Argumentation

Sachhaltiges Argumentieren

Nietzsches Rückgriff auf die Rhetorik blieb zu seiner Zeit eine
Ausnahmeerscheinung. Erst im 20. Jahrhundert setzt wiederum ein
breiteres Interesse ein, das sich nun im Zeichen der Entdeckung

---

[12] F. Nietzsche: Werke in drei Bänden. Hg. von K. Schlechta. Bd 3. München 1966, S. 314.
[13] Nach J. Goth 1970, S. 38.
[14] ebd., S. 57.
[15] ebd., S.64ff.

vollzieht und unter den Titel einer ‚Neuen Rhetorik' stellt. Den
Ausgangspunkt markiert dabei die Rückwendung zur ‚Sprache',
wie sie in der Philosophie als *linguistic turn* bekannt geworden ist[16].
Entgegen einer verödenden Bewußtseinsphilosophie, aber auch in
Frontstellung zu einer naturwissenschaftlich inspirierten Exaktheits-
ideologie, empfahl sich die Analyse der Sprache als Weg zu einem
Erkenntnisbegriff, der sich statt an der ‚Welt' und ihrer ‚Repräsentation' (im Bewußtsein) an den (sprachlichen) Prozessen der Anei-
gung und Verarbeitung von ‚Tatsachen' orientierte. Wenn in diesem Zusammenhang die Rhetorik als eine Art Vorgängerdisziplin
in den Blick kam[17], handelte es sich in den bedeutenden Fällen um
kritische Inanspruchnahmen bzw. Umarbeitungen, die letztlich aus
der Kunst der (wirkungsvollen) Rede eine erkenntnistheoretische
(epistemologische) Disziplin machten. Dies geschah im übrigen in
einer typischen Aufspaltung des alten Modells, und zwar nach der
gedanklich-argumentativen sowie der sprachlich-darstellerischen
Seite hin. Die Neue Rhetorik präsentierte sich entweder als eine
Theorie der Argumentation oder als eine Theorie der Figürlichkeit,
die allerdings im entscheidenden Punkt völlig übereinstimmen: in
der Ablehnung der Kunst und Hinwendung zur Analyse.

Den ersten bedeutenden Versuch, die Rhetorik im angedeuteten
Sinne für das Problem der Argumentation fruchtbar zu machen, hat
Chaim Perelman vorgelegt[18]. Perelman grenzt sich dabei gegen die
Tradition der cartesianischen Logik ab, die formal-analytisch verfährt und entsprechend die Kriterien des Wissens im kontext- und
hörerunabhängigen deduktiven Verfahren fundiert sieht. Dagegen
wird geltend gemacht, daß Wissen in materialen Weltbildern fundiert ist, auf die sich Sprecher in Dialogen stützen und auf deren
Hintergrund sie einzelne Thesen wie in einem Gerichtsprozeß
verteidigen. Sofern ‚Wirklichkeit' als Konstruktion begriffen werden muß, kann Wahrheit nur in der stets revidierbaren Zustimmung zu Konstruktionen liegen:

Vgl. M. Frank: Was ist Neostrukturalismus? Frankfurt 1984, S. 279ff.
Überblicke bei B. Stolt: Klassische Rhetorik in modernem Gewand. In:
   Dichtung – Sprache – Gesellschaft. Frankfurt 1971, S. 483–91; H. Kalver-
   kämper: Antike Rhetorik und Textlinguistik. In: M. Faust (Hg.) 1983,
   S. 349–72; J. Fafner: Wege der Rhetorikgeschichte. In: Rhetorica 1/2.
   1983, S. 75–91; A. Haverkamp: Einleitung in die Theorie der Metapher.
   In: ders. (Hg.) 1983, S. 3ff.
Ch. Perelman and L. Olbrechts-Tyteca 1971; Kurzfassung in: Ch. Perel-
   man: Das Reich der Rhetorik. München 1980.

Bei den formalen Logikern besteht eine Tendenz, alles deduktive Folgern auf eine Beweisführung zu reduzieren, die dann als korrekt gilt, wenn sämtliche Schritte einem vorgegebenen Schema entsprechen, und als inkorrekt dann, wenn dies nicht der Fall ist. Für jede innerhalb eines Systems durchgeführte Beweisführung, deren Kohärenz bewiesen oder angenommen wird und deren Axiome für wahr gehalten werden, gilt die Wahrheit der aufgewiesenen Schlußfolgerung oder doch zumindest ihre berechenbare Wahrscheinlichkeit als ohne weitere Diskussion gegeben.

Dies kann bei einer Argumentation aus den in den vorhergehenden Kapiteln angeführten Gründen nicht der Fall sein.

Da sich die Argumentation auf Thesen richtet, denen unterschiedliche Öffentlichkeiten mit jeweils unterschiedlicher Intensität zustimmen, kann der Status der in eine Argumentation eingehenden Elemente nicht wie in einem formalen System unveränderlich sein, da er ja von der effektiven oder angenommenen Übereinstimmung des Auditoriums abhängt. Nicht nur können Tatsachen und Wahrheiten immer wieder in Frage gestellt werden, selbst die Bestimmung des Gegebenen kann nur aus einer möglichen Diskussion über seine Interpretation und insbesondere über Bedeutung und Reichweite der verwendeten Begriffe hervorgehen. Soweit ein und dieselbe Gegebenheit durch Einbringen in Kategorien ohne einen vorhandenen Konsens unterschiedlich bezeichnet werden kann, solange rührt eine sie betreffende Aussage aus einer Wahl, die sich wohl diskutieren läßt. (1980, S. 55)

Auf dem Feld des Wahrscheinlichen ist angesichts niemals völlig klärbarer Voraussetzungen eine ‚letzte' Gültigkeit unerreichbar, jedoch eine ‚relative' möglich: sie beruht auf der (revidierbaren) Zustimmung zu diesen Voraussetzungen. Dies aber macht eine Kenntnis der Voraussetzungen unabdingbar, und Perelman entfaltet seine Argumentationstheorie als eine Ausdifferenzierung im Prinzip sämtlicher für das moderne ‚Denken' charakteristischen Prämissen, man kann auch sagen: als eine moderne Topik, die letztlich die alte aristotelische erneuert.

Einen im Prinzip ähnlichen Weg hat Stephen Toulmin eingeschlagen[19]. Auch er weist das analytische Denken zurück, weil es mit den formalen Verfahren die (in den verwendeten Prämissen liegenden) Inhalte ausklammere. Lediglich formal gültige Schlüsse aber fördern kein neues Wissen zutage, sind nicht ‚substantiell' ergiebig. Die Ebene wirklichen Wissens erreiche man erst, wenn man sich auf die Sachhaltigkeit der Prämissen einläßt. Toulmin hat in diesem Zusammenhang von einer ‚Feldabhängigkeit' des Argu-

---

[19] St. Toulmin: Der Gebrauch von Argumenten. Kronberg 1975.

mentierens gesprochen und den Versuch unternommen, dessen
Möglichkeiten auszuloten. Dabei geht es letztlich um die Stan-
dards, die in den spezifischen Wissensbereichen ausgebildet sind
und das Urteil auf den betreffenden ‚Feldern' immer schon anleiten. Auch hier liegt ein Begriff der Wahrheit zugrunde, der sich
von ‚letzten' Kriterien entfernt und stattdessen im Konsens aller
(dialogbereiten) Beteiligten die Grundlage des Wissens verficht.
Wahrheit ergibt sich demnach im Zuge eines Abschleifungsprozes-
ses, ist Ergebnis nicht *effektvoller* Rede, sondern eher von *unpartei-
licher*. Und auch hier hängt die Geltung von Argumenten vom
‚Gebrauch' ab, nur verfolgt Toulmin diesen Gebrauch nicht (wie
Perelman) auf dem Hintergrund des ‚abstrakten' (für alle Bereiche
des Wissens gleichermaßen geltenden) Topik-Modells, sondern auf
dem von ‚konkreten' Fachsprachen. Weniger die Relativierung
durch Prämissen überhaupt als die Relativierung durch *bereichs*spezifische Prämissen, wie sie für Recht, Moral, Wissenschaft, Mana-
gement und Kunstkritik charakteristisch sind, bildet den Ansatz der
Überlegungen.

Geltungsansprüche

Dabei bleibt allerdings das Problem offen, wieweit die Wahl der
‚Felder', auf denen eine Argumentation erfolgt, selbst begründet
werden kann. Jürgen Habermas hat dies als Einwand gegen Toulmin formuliert und sich zugleich darum bemüht, das Problem der
Geltung (von Argumenten) auch noch bis in die Frage der Angemessenheit der Problemerschließung selbst zu verfolgen[20]. Was bei
Toulmin als bereichsspezifische und damit letztlich nicht mehr
hinterfragbare Voraussetzung des Argumentierens ins Spiel
kommt, soll selbst der rationalen Kontrolle zugänglich sein. Habermas unterstreicht mit anderen Worten die These, daß Wahrheit
nicht im Sinne ‚objektiven' Wissens zugänglich ist, möchte aber die
‚Felder' des Argumentierens abstrakter fassen. Dazu dient die
Deutung dieser Felder als ‚Wert'- oder ‚Geltungssphären', innerhalb derer Argumentierende je *eigene* Bedingungen von Rationalität vorfinden, aber eben auch *rationale*, d.h. der Verteidigung und
Kritik zugängliche Bedingungen. Als diese Geltungssphären erwei-

---

[20] J. Habermas: Theorie des kommunikativen Handelns.2 Bde. Frankfurt
1981. Rhetorische Einordnung bei K.-H. Göttert 1988b und J. Kopperschmidt 1989a, S. 105ff.

sen sich vereinfacht gesagt die Wissenschaft, die Moral und die Ästhetik. In der Welt der Natur lassen sich Wahrheitsansprüche stellen, in der Welt des Sozialen hat man es mit einregulierten Normen zu tun, in der inneren Welt geht es um Wahrhaftigkeit oder Authentizität. Anders ausgedrückt: im ästhetischen Bereich gelten nicht die *gleichen* Kriterien der Rationalität (wie im wissenschaftlichen oder moralischen), aber es gibt einen rationalen Zugang zu ästhetischen Phänomenen. Dieser Zugang beruht nach Habermas wie in allen andern Fällen auch auf der Fähigkeit von miteinander kommunizierenden Sprechern, Geltungsansprüche zu verteidigen oder zu kritisieren und auf diesem Wege (des sog. kommunikativen Handelns) Verständigung herbeizuführen. Zwar läßt sich nicht alles Wissen, das in der ‚Lebenswelt‘ benutzt wird, kontrollieren, nicht jede Voraussetzung überprüfen, aber bei Bedarf jeder einzelne Fall. Normen *müssen* benutzt, *können* aber auch thematisiert und entsprechend erneuert werden, ja sind bei ihrem Gebrauch einem „Dauertest" bzw. einer „Dauerrevision" ausgesetzt (Bd 2, S. 211 und 219)[21]. Eine Auffassung der Kultur als *unbefragbarer* Lieferant von Deutungen, wie es vor allem in der modernen Hermeneutik vertreten wurde, erscheint demgegenüber als ‚Kulturalismus‘:

Die Einseitigkeit des kulturalistischen Lebensweltbegriffs wird klar, sobald wir berücksichtigen, daß kommunikatives Handeln nicht nur ein Verständigungsprozeß ist, daß die Aktoren, indem sie sich über etwas in einer Welt verständigen, zugleich an Interaktionen teilnehmen, wodurch sie ihre Zugehörigkeit zu sozialen Gruppen sowie ihre eigene Identität ausbilden, bestätigen und erneuern. Kommunikative Handlungen sind nicht nur Interpretationsvorgänge, bei denen kulturelles Wissen einem ‚Test an der Welt‘ ausgesetzt wird; sie bedeuten zugleich Vorgänge der sozialen Integration und der Vergesellschaftung. Dabei wird die Lebenswelt in einer ganz anderen Weise ‚getestet‘: diese Prüfungen bemessen sich nicht *unmittelbar* an Geltungsansprüchen, die kritisiert werden können, nicht an Rationalitätsmaßstäben also, sondern an Maßstäben für die Solidarität der Angehörigen und für die Identität des vergesellschafteten Individuums. Während die Interaktionsteilnehmer, ‚der Welt‘ zugewendet, das kulturelle Wissen, aus dem sie schöpfen, durch ihre Verständigungsleistungen hindurch reproduzieren, reproduzieren sie zugleich ihre Zugehörigkeit zu Kollektiven und ihre eigene Identität. Sobald einer dieser beiden Aspekte in den Vordergrund rückt, erhält der

---

[21] Habermas antwortet damit auf Erneuerungen der Rhetorik im Lager der Hermeneutik; zur Diskussion (mit H.-G. Gadamer) vgl. J. Habermas u.a. (Hgg.): Hermeneutik und Ideologiekritik. Frankfurt 1971.

Lebensweltbegriff wiederum eine einseitige, nämlich entweder *institutionalistisch* oder *sozialisationstheoretisch verengte* Fassung. (Bd 2, S. 211)

Es bedarf entsprechend auch angesichts der Lebenswelt selbst, die letztlich Kommunikation so reibungsarm wie möglich machen muß, einer „Dauerrevision verflüssigter, reflexiv gewordener Traditionen" (Bd 2, S. 219). Dies aber gilt noch mehr für den zweiten Lieferanten von ,Deutungsmustern' bzw. Wissen, der gerade für die Moderne typisch ist. Habermas meint hiermit jenes in den Wissenschaften produzierte (Spezial)wissen, das auf der Ebene des konkreten Handelns losgelöst von allen Geltungsfragen nur noch ,eingesetzt' wird. Auch dieses sog. ,systemische' Wissen, das einerseits zur Bearbeitung hochkomplexer Probleme unabdingbar ist, soll andererseits (im Bedarfsfall) auf seine jeweilige Geltung hin befragbar sein (Bd 2, S. 229ff.). Wenn sich die Systeme von der Lebenswelt ,losreißen', bestehe die Gefahr einer unkontrollierbaren und damit irrationalen Entwicklung gesellschaftlichen Handelns.

Dieses Konzept, das auch unter dem Begriff einer Diskursethik bekannt geworden ist, hat eine breite Rezeption gerade dort gefunden, wo nach Möglichkeiten gesucht wurde, die rhetorische Tradition auf dem Niveau eines nach-metaphysischen (nicht mehr an Letztbegründbarkeit orientierten) Denkens fortzusetzen bzw. fruchtbar zu machen. Von Josef Kopperschmidt stammt der Nachweis, in welchem Sinne eine von Habermas selbst nicht ins Auge gefaßte Verbindung der diskursethischen Thesen mit rhetorischen Vorstellungen möglich ist[22]. Auf der Grundlage einer an Habermas orientierten „Rekonstruktion der argumentativen Problembewältigung" werden die Voraussetzungen der Konsensstiftung abgetastet und gegen alle Versuche einer monologischen ,Verwissenschaftlichung' des Argumentierens verteidigt:

Die Leistung der argumentativen Rede, in der solche Wahrheitsansprüche rational einzulösen versucht werden, nennen wir entsprechend *rechtfertigen* bzw. legitimieren... Die Möglichkeit, Geltungsansprüche zu bestreiten, verweist zugleich auf eine Instanz, die allein solche Berechtigung bzw. Rechtfertigungsfähigkeit von Geltungsansprüchen ratifizieren und damit Gültigkeit garantieren kann: diese Instanz sind nicht monologische Subjekte,

---

[22] J. Kopperschmidt: Allgemeine Rhetorik. Stuttgart ²1976; vgl. auch ders.: Das Prinzip vernünftiger Rede. Stuttgart 1978; ders.. Argumentation. Stuttgart 1980; ders. 1989a.

sondern der zwischen kommunizierenden Subjekten argumentativ erzielte *Konsens* über die Berechtigung von Geltungsansprüchen... Im Begriff ‚berechtigt' als Qualifikation anerkannter Geltungsansprüche klingt wortgeschichtlich – ebenso wie im Begriff ‚rechtfertigen' – die juristische Analogie bzw. das forensische Paradigma an, das zur Explikation des spezifischen Sinns von Geltungsansprüchen sowohl in der Erkenntnistheorie wie in der allgemeinen Geltungs- und Argumentationstheorie einen vergleichbar zentralen Stellenwert einnimmt wie in der antiken Rhetorik. (1989, S. 24f.)

Konjekturale Vernunft

Daneben hat es auch Versuche gegeben, das Problem der Argumentation jenseits des geltungstheoretischen Ansatzes habermasscher Prägung anzugehen. Dazu kann man etwa den Versuch von Lothar Bornscheuer rechnen, im Topikbegriff (des Aristoteles) eine Form von Rationalität aufzudecken, die sich statt auf eine individuelle bzw. individualistische Begründung auf die in den Topoi zum Ausdruck kommende ‚gesellschaftliche Einbildungskraft' stützt[23]. Gegen Habermas gewandt liegt die Pointe in einer *„realen* ‚Hermeneutik der Alltäglichkeit'"* (S. 182), wie sie in den Topoi immer schon vorliegt und damit den Prozeß des Erkennens zu einer Art Kombinatorik auf der Grundlage von (revidierbaren) ‚Vorurteilen' macht. Eine Orientierung am kulturellen ‚Erbe' wie am Konsens wirke demgegenüber eher wie eine (schlechte) Utopie, die letztlich auf Umwegen doch noch dem Traum eines „überparteilich-idealen ‚Wahrheitsanspruchs'" anhänge (S. 194).

Die Absage an Konsensustheorien der Wahrheit, wie sie auf so unterschiedliche Weise für die Ansätze von Perelman bis Habermas kennzeichnet sind, hat mittlerweile eine Hauptstütze im Strukturalismus und vor allem Poststrukturalismus erhalten. Daß eine an die Rhetorik anknüpfende Argumentationstheorie auch in diesen Bahnen begründbar ist, führt etwa Gonsalv K. Mainberger vor[24]. Und zwar sucht Mainberger im Anschluß an den aristotelischen Begriff des Wahrscheinlichen ein Vernunftkonzept zu entwickeln, das sich die *prinzipielle* Unerreichbarkeit von Wissen eigesteht. Was Aristoteles selbst noch *neben* einem (für die Möglichkeiten eines ‚reinen' Wissens geltenden) Absolutheitsanspruch der Wahrheit entwickelt hatte, erscheint als der Typus des ‚Wissens', der in

---

[23] L. Bornscheuer 1976.
[24] G.K. Mainberger 1987 und 1988; zur methodischen Einstellung vgl. auch ders.: Jacques Derridas Rhetorik. In: Rhetorik 9. 1990, S. 23–37.

einem nach-metaphysischen Zeitalter als der einzig mögliche übrig-
bleibt. Von Nietzsche (aber auch schon von Kant) über die ‚Sach‘-
ferne einer Vernunft belehrt, die immer letztlich (nur) bei sich
selbst bleibt (Bd 2, S. 264f. und 285), spricht Mainberger von einer
„konjekturalen Rationalität" als einer Rationalität der Vorläufigkeit, der bloß versuchsweisen Ergänzung (Konjektur), der Nichtex-
aktheit, die sich – positiv formuliert – ans Glaubliche hält, sich
„Augenmaß fürs Mögliche" (Bd 1, S. 88) bewahrt, „Wahres für den
Menschen" (Bd 1, S. 170) beschaffe. Eine Vernunft, die statt der
‚reinen‘ Logik der Topik folgt, denke dem „Erwartungsmäßigen"
entlang und bringe damit Sprecher und Hörer zusammen (Bd 1, S.
195ff.), setze auf bewährte „Bausteine", die angesichts des Unüber-
schaubaren eine „vorsortierende" Wirkung haben und damit statt
zu unerreichbar verläßlichen Schlüssen zu einem „schlüssigen
Vermuten" (Bd 1, S. 233ff.) anleiten.

Mainberger hat diesen Thesen vor allem dadurch Spannung
verliehen, daß er eine derartige ‚Rhetorik‘ nicht nur in der Geschichte immer wieder (in Gegnerschaft zur Philosophie) auftreten,
sondern gerade nach dem Untergang der (Schul)rhetorik in „Resi-
duen" bzw. in „Latenz" weiterleben sieht, um sich letztlich als die
wahre ‚Philosophie‘ der Moderne zu erweisen. Dazu dient eine
Interpretation der Mythenanalyse von Claude Lévi-Strauss als
Hauptbeispiel. Mainberger glaubt in den Mythen der amerikani-
schen Indianer (so wie Lévi-Strauss sie interpretiert) jene Art des
Denkens fassen zu können, das sich statt auf Welterschließung auf
die bloße Bewältigung des Faktischen als unaufhebbar ‚Gegebenen‘
spezialisiert habe:

Der Mythos ist Erinnerung daran, daß es kein eigentlich Gemeintes gibt. Im
Mythos ist bereits alles künstlich. Der Logos beansprucht, dank seiner
welterschließenden Kraft, universale, von den Umständen der Sprechenden
unabhängige Einsicht in die Sache selbst. Die Rhetorik vermittelt zwischen
Mythos und Logos. Vom Mythos hat sie ihre unbewußte Seite, aber auch
Künstlichkeit und ‚Uneigentlichkeit‘. Zugleich sucht sie nach Mitteln und
Wegen, diese ihr immanente Schwäche zu überwinden. Die Rhetorik ist die
unablässige Anstrengung, die Grenzen der Vernunft zu erweitern; denn
schon an den Worten kommt die Vernunft an ihr Ende, wenn es so sein
sollte, daß es keine *eigentlichen* Worte gibt. (Bd 2, S. 256)

Der Mythos wird auf diese Weise zum Paradigma eines „geordneten Rückzug des Denkens vom Objekt", bei dem jene Orte
„entsetzt (werden), die das Subjekt bislang okkupiert hatte" (Bd 2,
S. 259). Statt die Vernunftautonomie zu bekräftigen, wie sie in der

frühen Moderne einmal das Signal zur Verachtung der Rhetorik abgegeben hatte, belege der Mythos die „Zeichenautonomie" und verwandle damit eine an ihm orientierte Rhetorik in eine Semiologie (Bd 2, S. 260), d.h. in eine Lehre, die sich auf den *Gebrauch* der Zeichen bezieht, statt in ihnen nach Deutungen der ‚Welt' zu suchen. Mainberger möchte damit allerdings gerade das „Freiheitsmoment" an der Wahrheit verteidigen, ja in der rhetorischen Wahrheit „den zwar zerbrochene(n), aber nicht blinde(n) Spiegel jenes Wahrheitsverständnisses" sehen, „das die Freiheit der Zustimmung zur Wahrheit zum Moment der Affirmation und Argumentation macht" (Bd 2, S. 315). Im Klartext bedeutet dies, daß die Wahrheit zwar durch Zustimmung ersetzt wird, wie es alle konsenstheoretischen Ansätze behaupten, daß aber diese Zustimmung eben auf dem Hintergrund von genereller Unbegreiflichkeit erfolgt. Die ‚rhetorische' Theorie des Wissens versteht sich geradezu als kontrollierten Umgang mit dem ‚Unbegreiflichen'.

6.3 Probleme der Figürlichkeit

Die ‚Arbeit' der Sprache

Dieser Umgang mit dem ‚Unbegreiflichen' aber ist auch das Stichwort für die Erneuerung eines andern rhetorischen Kernbereichs geworden: für den der Figürlichkeit. Hier war es die Literaturwissenschaft, die die Konsequenzen aus der Verabschiedung inhaltlich-interpretativer Methoden zog und stattdessen ihr Interesse den ‚Verfahren' der Textproduktion als solchen zuwendete. In diesem Zusammenhang aber erwiesen sich die Tropen und Figuren als interessant, die selbst auf nichts anderem als auf ‚Konstruktion' beruhen und damit im Kleinformat Textbildungsprozesse beleuchten. Zu den herausragenden Vorkämpfern dieses Denkens gehört Ivor Armstrong Richards, einer der Begründer des *New Criticism*, der speziell in der Metapher eine Form der ‚Steuerung' des literarischen Diskurses fassen zu können glaubte[25]. Mit der These von der Metapher als „allgegenwärtige(m) Prinzip der Sprache" (S. 33) wendet sich Richards strikt ab von der alten Idee, die Metapher erfülle auf eine irgendwie ‚besondere' Weise – als „Verschiebung

---

[25] I.A. Richards: Die Metapher (1936). In: A. Haverkamp (Hg.) 1983, S. 31–54.

und Verdrängung von Wörtern" (S. 35) – die Abbildfunktion.
Stattdessen sucht er die Metapher als ein Phänomen des produktiven Austauschs von Vorstellungen selbst zu deuten. Der Verstand
arbeite im Falle des metaphorischen Sprachgebrauchs auf eine
besondere Art, und zwar auf die Art des Verknüpfens von ‚Tenor'
und ‚Vehikel', wie Richards sagt (um die irreführenden Begriffe
des ‚Eigentlichen' und ‚Verglichenen' zu vermeiden), wobei es
nicht auf Bildlichkeit oder Veranschaulichung ankomme, sondern
auf die Freiheit oder Kreativität bei der Verknüpfung der Glieder.
Die Wirkung kann im Gegensatz zur früher so sehr geschätzten
Ähnlichkeit sogar direkt auf der *Un*ähnlichkeit des Verknüpften
beruhen:

> Wenn Hamlet das Wort *kriechen* gebraucht, so überzeugt es nicht nur
> aufgrund der dabei implizierten möglichen Ähnlichkeiten mit Gewürm,
> sondern mindestens ebensosehr aufgrund der Verschiedenheiten, die diesen
> Ähnlichkeiten entgegenstehen und sie kontrollieren. Die Implikation ist hier,
> daß ein Mensch so nicht kriechen sollte. Demgemäß ist alles Reden über die
> Identifikation oder Verschmelzung, die eine Metapher bewirkt, fast immer
> irreführend und wirkt sich nachteilig aus. Im allgemeinen gibt es nur sehr
> wenige Metaphern, in denen Disparitäten zwischen Tenor und Vehikel nicht
> genauso wirksam sind wie die Ähnlichkeiten. (S. 50)

In der Metaphernbildung – darauf kommt es letztlich an – wird
nicht die Welt (nur anders) ‚begriffen', sondern in ihr bezeugt sich
eine Geistestätigkeit, deren Qualität in der virtuosen Verknüpfung
des (als solchen) ‚Unbegreiflichen' liegt.

Wenn bei derartigen Überlegungen immer wieder die Metapher
selbst bzw. das Doppelgespann von Metapher und Metonymie im
Zentrum stand, um letztlich an einem Paradebeispiel des figürlichen Sprachgebrauchs die ‚Arbeit' der Sprache jenseits von ‚Repräsentation' zu dokumentieren[26], so wandte sich das Interesse daneben den Möglichkeiten umfassender Differenzierung bzw. Systematisierung der Tropen und Figuren zu. Auch hier gehört die
Absage an die klassische Rhetorik zum Ausgangspunkt. Allerdings
griffen die Entwürfe, wie sie vom sog. Lütticher Kreis und – darauf
aufbauend – von Heinrich F. Plett[27] vorgelegt wurden, beim Ver-

---

[26] R. Jacobson und M. Halle: Die Grundlagen der Sprache. Berlin 1960,
    S. 49–70. Weiterführung des Ansatzes etwa bei R. Drux: Metapher und
    Metonymie. In: B. Sandig (Hg.) 1988, S. 63–74.

[27] J. Dubois u.a.: Allgemeine Rhetorik. München 1974; H. F. Plett: Einfüh-
    rung in die rhetorische Textanalyse. Hamburg 1979a; ders.: Textwissen-
    schaft und Textanalyse. Heidelberg 1979b.

ständnis der Figürlichkeit selbst eher auf klassische Vorstellungen
zurück, und zwar auf die Auffassung der Figürlichkeit als Abweichung von einer Norm, ja einer „Nullstufe" sprachlicher ‚Direkt-
heit'. Die Abweichung selbst wird dann nach bestimmten Verfahren (Transformationsverfahren) bzw. Ebenen der Sprachanalyse
(Morphemebene, Ebene der Syntax usf.), auf der die Verfahren
operieren, beschrieben. Das Ziel ist die Entwicklung sämtlicher
Figuren aus grundlegenden Prinzipien und ihre Anordnung zu
einem kohärenten System, ja Algorithmus. Das Grundgerüst dieses
Algorithmus wird bei der Lütticher Gruppe[28] aus einer vierfachen
Einteilung der ‚Abweichung' gewonnen, und zwar aus zwei auf den
Ausdruck und zwei auf den Inhalt bezogenen: auf dieser Grundlage
ergeben sich die morphologischen Metaplasmen (z.B. die Syn-
kope), die syntaktischen Metataxen (z.B. die Ellipse), die semantischen Metasememe (z.B. die Metapher) sowie die logischen Meta-
logismen (z.B. die Litotes). Alle diese Möglichkeiten können
wiederum vier verschiedenen Operationen unterliegen: der Til-
gung, der Hinzufügung, der Vertauschung, der Umstellung. Die
Metapher taucht entsprechend unter den semantischen Metaseme-
men auf, die nach dem Prinzip der Ersetzung arbeiten. Die Einwände gegen eine solche Art der Theorie liegen insbesondere in
der Richtung der (bei diesem Verfahren notwendigen) Kontext-
ferne und damit der mangelnden Funktionsorientierung[29]. ‚Abweichung' läßt sich – so die Gegenthese – nicht ‚definieren', sondern
stellt sich allenfalls in ‚Graden' ein. Eine ‚Vermessung' der Figürlichkeit jenseits des wirklichen ‚Gebrauchs' könne entsprechend
nur abstrakte Kriterien der Einteilung entwickeln, deren Erkennt-
niswert verhältnismäßig begrenzt ist.

Metaphorische Steuerung des Denkens

Solchen Einwänden entzieht sich eine Problemstellung, die nach
der spezifischen ‚Leistung' figürlicher Sprache fragt. Auf diesem
Feld hat Hans Blumenberg mit seinem Programm einer Metaphorologie eindrucksvolle Anregungen gegeben[30]. Blumenberg wendet
sich ausdrücklich gegen das klassische Verständnis der Metapher,
wonach die Kapazität einer Aussage nur ‚bereichert' wird, ja

---

[28] J. Dubois 1974, S. 78f.; vgl. dazu H.F. Plett 1979b, S. 144ff.
[29] H.G. Coenen 1988, S. 53ff.
[30] H. Blumenberg 1960; Auszug in: A. Haverkamp (Hg.) 1983, S. 285–315.

„Mittel der *Wirkung* der Aussage" ist, die im allgemeinen auf ein
„‚Gefallen' an der mitzuteilenden Wahrheit" zielt (S. 8f.). Demgegenüber geht es um die These, daß (‚absolute') Metaphern gerade
nicht (in Begrifflichkeit) ‚auflösbar' sind, sondern dem Denken
eine sonst nicht gewährte Möglichkeit anbieten, die im übrigen der
geschichtlichen Entfaltung unterliegt. Mit einem Studium der
Metaphorik unter diesen Voraussetzungen komme man an die
„Substruktur des Denkens" heran, an den „Untergrund", ja die
„Nährlösung der systematischen Kristallisationen" (S. 11). Am
ersten breit ausgeführten Beispiel, der Metapher von der ‚mächtigen' Wahrheit, zeigt sich, daß gerade das für die Philosophie zentrale Problem (der Wahrheit) weniger theoretisch ‚begriffen' als
eben in bestimmten Bildern ‚gefaßt' wurde – in Bildern, die den
Verwendern selbst kaum immer in ihrer Bedeutung klar gewesen
sein konnten. Blumenberg spricht in bezug auf diese ‚Bilder' von
einer „untergründigen Schicht des Denkens", die die Antworten
mehr zu steuern als zu begründen helfe (S. 13). Der Wandel von
einer Auffassung der Wahrheit als ‚Erleuchtung' zu einer solchen,
in der sich die Wahrheit mit ‚Macht' durchsetzt, belegt die nachhal-
tige (untergründige) Steuerung unserer Auffassung durch Metaphern dieser Art:

Interessant ist nun, wie sich die Verbindung von ‚Wahrheit' und ‚Kraft' bei
einem Skeptiker vom Schlage David Humes transformiert, ja pervertiert.
Während die traditionelle Fassung der Metapher die ‚Kraft' als ein legitimes
Attribut der Wahrheit vorstellt, das Sich-durchsetzen eines metaphysischen
Urrechts aktuierend, ist bei Hume die Kraft zur alleinigen ‚Substanz' der
Wahrheit geworden. ‚Wahrheit' ist nur der Name für das Faktum, daß
bestimmte Vorstellungen durch das ihnen anhaftende Energiequantum sich
gegenüber anderen Vorstellungen im menschlichen Bewußtsein ‚durchsetzen'
und so den Status des *belief* konstituieren; so ist das Kriterium der Unterscheidung zwischen wahren und falschen Ideen die *superior force* der wahren,
besser: der einen Klasse von Ideen, die dadurch als die ‚wahren' benannt
werden. *When I am convinc'd of any principle, 'tis only an idea, which strikes
more strongly upon me.* Nicht mehr die Wahrheit *hat* hier eine Macht,
sondern, was Macht über uns hat, legitimieren wir theoretisch als das Wahre.
Freilich, so positivistisch wie es sich anhört, ist das nicht, und zwar deshalb,
weil eine heimliche teleologische Implikation als Vorbehalt hinter dieser
Konzeption steht: in dem Machthaben über uns, das wir als ‚Wahrheit'
interpretieren, bezeugt sich ‚die Natur' als uns hegende Instanz, deren
‚praktische' Fürsorge wir freilich unter dem Titel der Wahrheit ‚theoretisch'
umdeuten. Hier hat die Metapher aufgehört, Metapher zu sein; sie ist ‚beim
Wort genommen', naturalisiert, ununterscheidbar von einer physikalischen
Aussage geworden. (S. 18)

Blumenberg benutzt in diesem Zusammenhang auch den Begriff der „Hintergrundmetaphorik" und zeigt im einzelnen auf, welche Rolle etwa organische im Gegensatz zu mechanischen Metaphern bei der Vorstellung von ‚Welt' spielen. Dabei geht es um die unterschiedlichen Leitvorstellungen, wie sie als „grundsätzliche Metapherntypen" unterschiedliche ‚Weltbilder' erzeugen und damit unser Denken prägen, ja im einzelnen bestimmen, „was überhaupt sich uns zu zeigen vermag und was wir in Erfahrung bringen können" (S. 69). Nur von einer ‚mechanischen' Sicht her ist beispielsweise die Welt als Produkt bzw. Gebrauchsgegenstand ‚aufzufassen' oder nötigt eben zu einer solchen Auffassung (S. 70ff.). Es ist schließlich spannend zu verfolgen, wie Metaphern nach und nach begriffliche Qualität annehmen können. Am gerade für die Rhetorik so bedeutsamen Fall der ‚Wahrscheinlichkeit' zeigt sich, daß es in der Neuzeit zu einer „Logisierung der ‚Wahrscheinlichkeit'" kommt, in der die alte (metaphorische) Vorstellung von der Wahr-*ähnlichkeit* ganz und gar durch eine bestimmte Form der (statistischen) Berechenbarkeit ersetzt wird (S. 88ff.). Umgekehrt – z.B. im Fall kosmologischer Vorstellungen wie etwa der ‚Mittelpunktstellung' des Menschen in der Welt – haben sich alte ‚Begriffe' in Metaphern ‚aufgelöst' (S. 106ff.).

Blumenberg spricht selbst in diesem Zusammenhang von einer „Theorie der Unbegrifflichkeit", zu deren Pointen es gehört, das scheinbar ‚Destruktive' der Figürlichkeit gegenüber der zu Unrecht verabsolutierten Begrifflichkeit aufzuwerten[31]. Dabei dient der Blick in die Geschichte der Rückendeckung eines Weltbegreifens, das sich in jedem *einzelnen* Begreifen die prinzipielle ‚Haltlosigkeit' eingestehen muß. Unter Berufung auf die Phänomenologie wird der ‚Anschauung' bzw. dem ‚Zuschauen' eine Art Ersatz für das verlorene Zutrauen zu jeder der ‚Sache' selbst gewachsenen ‚Beschreibung' zugetraut, ja ausdrücklich den gerade in den Metaphern zutage tretenden ‚Ansichten' gegenüber allen (vorgeblichen) ‚Einsichten' der Rücken gestärkt[32].

Dekonstruktion

Mittlerweile zeichnen sich Radikalisierungen ab, die auch in der geschichtlichen Vergewisserung von Sinn eher ein (weiteres) Sich-

---

[31] H. Blumenberg: Ausblick auf eine Theorie der Unbegrifflichkeit. In: Haverkamp (Hg.) 1983, S. 438–54, bes. S. 439f.
[32] H. Blumenberg: Die Lesbarkeit der Welt. Frankfurt 1986, Vorbemerkung.

verfangen in den Fallen der Sprache statt ein Entrinnen aus ihnen diagnostizieren. Daß die (notwendig) figürliche Sprache *prinzipiell* undurchdringlich bleiben muß, oder anders gesagt: daß es statt der Vergewisserung von Sinn nur eine Art Zuschauen bei seinem Zustandekommen gibt, macht den Ansatz einer Theorie aus, die sich selbst unter den Titel ‚Dekonstruktion‘ stellt[33]. Damit ist gemeint, daß das (den Sinn) konstruierende Denken auf seine Konstruktionsmittel hin durchleuchtet wird, und zwar mit der Maßgabe, gewissermaßen dessen (inneres) Traggerüst niederzulegen. Aber die Pointe liegt nicht mehr in der Herauspräparierung eines quasi gerüstfreien ‚eigentlichen‘ Sinns. Das dekonstruktive Verfahren läßt sich vielmehr auf die Tatsache ein, daß der ‚Bau‘ des Sinns *nicht* ohne Gerüste zu errichten ist. Abstrakter formuliert: Sinn kommt nur in einem Modell des Sinnes zustande, und jede ‚Aussage‘ über diesen Sinn kann sich ebenfalls nur in einem solchen Modell ‚bewegen‘. Es gibt dementsprechend nicht nur keinen direkten Zugriff auf den Sinn, sondern auch noch den Zwang zur Wahl eines Modells, dessen Inadäquatheit von vornherein feststeht. Selbst die Niederlegung oder Dementierung des Modells zwingt zu seiner Übernahme. Dekonstruktion basiert mit anderen Worten auf einer unausweichlichen Paradoxie (oder Aporie) in bezug auf die Sinnfrage – und sucht nach Wegen eines Umgangs mit dieser Paradoxie.

Dafür aber gibt die figürliche Sprache die entscheidende Anregung, und zwar dann, wenn man (mit Nietzsche) *jede* Rede als im Prinzip figürlich betrachtet. Denn daraus folgt die Vorstellung von einem (Zwang zum) Denken in Figuren, das man nur mithilfe neuer Figuren ‚erhellen‘, jedenfalls grundsätzlich nicht in ‚Eigentlichkeit‘ auflösen kann. Eigentlichkeit wird zur Fiktion, deren Notwendigkeit allenfalls einzusehen ist, so wie man die Fiktion eines ‚Selbst‘ als Metapher begreifen, aber nicht auf sie verzichten kann. Die Dekonstruktion betont entsprechend das (unfaßbare) Gleiten des Sinns, wie es Jaques Derrida mit der These einer unaufhörlichen ‚Dissemination‘ (Ausstreuung, Zerstreuung) im Gegensatz zu einer (hermeneutischen Vorstellungen zugrundelie-

---

[33] Überblick bei P. Valesio: Novantiqua. Bloomington 1980; M. Frank 1984, S. 116ff.; J. Hörisch: Wunderlicher Bruch. In: Merkur 42. 1988, S. 988–92; O. Pöggeler: Gadamers philosophische Hermeneutik. In: H. Schanze und J. Kopperschmidt (Hgg.) 1989, S. 201–16; N. Bolz: Strukturen – Diskurse – Medien. In: Rhetorik 9. 1990, S. 1–10.

genden) ‚Verschmelzung‘ des Heterogenen verficht[34]. Für Derrida
stellt die Metapher ein Transportmittel dar, dessen wir uns bedienen, ohne auf ihm wirklich Steuermann zu sein[35], womit nicht nur
die These verbunden ist, daß wir das (metaphorische) Denken nicht
kontrollieren können. Die Pointe liegt wiederum erst darin, daß die
mythisch-metaphorische Verheißung (der Wahrheit), die wir ‚be-
grifflich‘ zu überwinden versuchen, gerade *in* der (scheinbaren)
Überwindung auf besonders undurchsichtige Weise weiterwirkt –
wie die berühmte weiße (Geheim)tinte auf einem Blatt Papier[36].

Das an den Grenzen der Nachvollziehbarkeit operierende dekonstruktive Verfahren hat in Paul de Man einen Vertreter gefunden,
der seine Vorstellungen in einer ‚Lektüre‘ philosophischer und
literarischer Texte entwickelt, bei der es ihm darauf ankommt, den
‚Eigensinn‘ der (literarischen) Sprache wider alle Versuche der
Aufdeckung eines ‚eigentlich‘ Gemeinten herauszuarbeiten. In
einem seiner Werke wählt de Man für diese Untersuchungen den
Titel ‚Allegorien des Lesens‘[37], womit das normale Allegoriever-
ständnis (natürlich) auf den Kopf gestellt ist: es geht beim Lesen
nicht um eine ‚Aufdeckung‘ des ‚dahinter‘ stehenden ‚Sinns‘,
sondern um die Erfahrung, daß ‚Zeichen‘ nur auf andere ‚Zeichen‘
verweisen, womit jeder Text zur Allegorie eines prinzipiell *nicht*
erreichbaren Sinns wird, den die (dekonstruktive) Interpretation in
dieser Unerreichbarkeit gerade hervorhebt. Gegen eine *auf*dek-
kende Interpretation steht also eine in gewissem Sinne *ver*dek-
kende, jedenfalls eine solche, die die Unzugänglichkeit eines ‚letzten‘ Sinns bis hin zur Konstatierung von (grundsätzlicher) ‚Unlesbarkeit‘ vertritt[38]. Allerdings liegt darin auch ein (‚positives‘)
Angebot, das nur aus der (traditionellen) Sicht einer ‚Teilhabe‘ am
‚Sein‘ so minimalistisch wirkt: nämlich Anteilnahme an einem

---

[34] Vgl. A. Haverkamp 1983, S. 25.

[35] J. Derrida: Der Entzug der Metapher. In: V. Bohn (Hg.) 1987. S. 317–55,
S. 317f.

[36] Darauf geht der Titel eines der Hauptwerke von J. Derrida zurück: La
Mythologie blanche.

[37] P. De Man: Allegorien des Lesens. Frankfurt 1988. Orientierung bei: W.
Hamacher: Unlesbarkeit (Vorwort zur Ausgabe von P. de Man: Allegorien des Lesens, S. 7–26); L. Ellrich und N. Wegmann: Theorie als
Verteidigung der Literatur? Eine Fallgeschichte: Paul de Man. In: DVjs
64. 1990, S. 467–513.

[38] W. Hamacher 1988, S. 22ff.

unabschließbaren Prozeß der ‚Interpretation', der zur Letztbegrün-
dung eine ironische Haltung bezieht und auf diese Weise eine
Gegenposition zu jeder Form einer Fixierung von ‚Geltung' vertritt[39].

De Man hat diese Ideen mit den (aus seiner Sicht) traditionellen
Vorstellungen konfrontiert und somit Fingerzeige gegeben, worauf
die Eigenart seines Ansatzes beruht. Das traditionelle Modell der
(semantischen) Sinnfrage gleiche danach einem Kasten, dessen
Deckel man öffne. Dagegen sei die Frage nach dem Wie (statt nach
dem Was) zu stellen:

Insbesondere aber sprengt sie den Mythos von der semantischen Korrespon-
denz zwischen Zeichen und Referent, die treuherzige Hoffnung, man könnte
es so und zugleich anders haben, man könnte, um Marxens *Deutsche Ideologie* zu paraphrasieren, ein formalistischer Kritiker am Morgen und ein
gesellschaftlicher Moralist am Nachmittag sein, und derart sowohl die
Technik der Form wie auch die Substanz der Bedeutung bedienen. (S. 34)

Solange man in der Figur die ‚Abbiegung' von der (wahren) Wirklichkeit sieht, kommt die rhetorische Basis der Sprache nur im
Sinne einer Art ‚Störung' der Verbindung von Zeichen und Bedeutung in den Blick – mit der Konsequenz, daß es letztlich bei einem
‚Sinn' *neben* der ‚Sprache' bleibt (S. 37). Demgegenüber sucht de
Man am Beispiel der rhetorischen Frage zu zeigen, daß sich ‚eigentliche' und ‚figürliche' Bedeutung nicht nur nicht trennen lassen,
sondern sich gegenseitig „widerrufen" können:

Ich entnehme das erste Beispiel der Sub-Literatur der Massenmedien: Von
seiner Frau gefragt, ob er seine Bowling-Schuhe drüber oder drunter ge-
schnürt haben will, antwortet Archie Bunker mit einer Frage: ‚Was is' der
Unterschied?' Als eine Leserin von erhabener Einfalt erklärt ihm daraufhin
seine Frau mit größter Geduld den Unterschied zwischen drüber Schnüren
und drunter Schnüren, worin auch immer der liegen mag, aber ruft dadurch
nur einen Wutausbruch hervor. ‚Was is' der Unterschied?' fragte nicht nach
dem Unterschied, sondern meinte statt dessen: ‚Ich pfeif' auf den Unterschied.' Dasselbe grammatikalische Muster erzeugt zwei einander wechselseitig ausschließende Bedeutungen: die buchstäbliche Bedeutung fragt nach
dem Begriff (des Unterschieds), dessen Existenz von der figurativen Bedeutung in Abrede gestellt wird. (S. 38f.)

Die Pointe des Beispiels liegt darin, daß es keine ‚letzte' Ebene
gibt, von der aus unterscheidbar wäre, welche ‚Bedeutung' ‚gemeint' ist. Die Grammatik (oder Logik) ist eben nicht das Funda-

---

[39] L. Ellrich und N. Wegmann 1990, S. 473ff.

ment der Rhetorik, womit diese zwangsläufig auf die Bereitstellung
von (auch verzichtbarem) ‚Schmuck‘ reduziert wird. Auch die
‚grammatische‘, d.h. buchstäbliche Rede stellt (nur) ein ‚Modell‘
dar, das sich im (harmlosen) Beispiel des Schuheschnürens entsprechend (nur) als eine ‚Figur‘ neben einer andern erweist.

Wie wenig Eigentlichkeit und Uneigentlichkeit in ein Verhältnis
der Ableitbarkeit oder Auflösung des einen aus bzw. durch das
andere überführt werden können, zeigt ein anderes Beispiel, und
zwar die Interpretation von Niezsches (früher) *Geburt der Tragödie*. Nietzsche hat dort die Entwicklung des menschlichen Geistes
als Weg vom Apollinischen zum Dionysischen hingestellt, als Weg
von der (geistbetonten) Wissenschaft zur (gefühlsbetonten) Kunst.
Aus dem Kontext moderner Fragestellungen heraus liest sich dies
wie eine Bewegung von apollinischer ‚Eigentlichkeit‘ zu dionysi-
scher ‚Figürlichkeit‘ (S. 130f.). Aber de Man versucht zu zeigen,
daß Nietzsche selbst diese (zu einfache) Interpretation dementiert
hat, daß jedenfalls das Dionysische keinen Endpunkt, keine Auflösung der Probleme darstellt. Denn die „dionysische Einsicht“ in die
„Notwendigkeit metaphorischer Erscheinungen“ ist von Tragik
umgeben (S. 133). Das Dionysische ist ebenso (nur) eine „Illusions-
stufe unter anderen“, wenn Nietzsche vom „metaphysische(n)
Trost“ sprach, „dass unter dem Wirbel der Erscheinungen das
ewige Leben unzerstörbar weiterfliesst“ (S. 141). Statt einer klaren
Antwort gibt der Text (zusammen mit damals noch nicht veröffent-
lichten Fragmenten) Hinweise auf eine ‚Dissonanz‘, die sich allerdings gerade dadurch eröffnet, daß sich die (verfehlte) ‚genetische‘
Version in ihrer ganzen trügerischen Substanz zuerst einmal darstellen kann (S. 143). Nietzsche selbst also entspricht der Vorstellung, daß sich die Unerreichbarkeit von Sinn nur mit den Mitteln
des Sinns und deshalb notwendig paradox ausdrücken läßt. Die
(Erkenntis einer) Nötigung zur Figürlichkeit ist also (auch) keine
‚Lösung‘ des Sinnproblems, sondern erlaubt (nur) eine distanzier-
tere, genauer gesagt: eine ironisch distanzierte ‚Lösung‘. Dies aber
entspricht nach de Man dem Lernprozeß, den (an Sprache gebundene) Subjekte vollziehen können (und nach seiner Meinung
müssen): die Einsicht in die (unhintergehbare) rhetorische Basis
der Sprache. Diese ‚Einsicht‘ in ‚Blindheit‘, von der de Man in
einem weiteren Werk programmatisch spricht[40], hat in ihrer Illu-

---

[40] P. de Man: Blindness and Insight. Minneapolis 1983; zum Folgenden
vgl. L. Ellrich und N. Wegmann 1990, S. 509ff.

sionslosigkeit dennoch eine überraschend ,klassische' Dimension. Gerade weil in Sprache gefaßte Gehalte keine ,letzte' Bedeutung haben können, entsteht das (ethische) Problem der Verantwortung, des verantwortungsbewußten Umgangs mit dem Wort auf der Grundlage einer Anerkennung des ,Vermittelten'. Nicht Sinnansprüche sind es, die zurückgewiesen werden, sondern (nur) ihre autoritativen Versionen. Gedanken dieser Art begegnen in den allerersten Begründungsversuchen der Rhetorik.

Literaturverzeichnis

1. Texte

Aristoteles: Rhetorik. Übers., mit einer Bibliographie, erläutert und einem Nachwort von Franz G. Sieveke. München 1980.
Ders.: Topik. Hg. und übers. von Eduard Rolfes. Hamburg 1968.

[Aristoteles:] Rhetorik an Alexander. Die Lehrschriften. Hg., übers. und erläutert von Paul Gohlke. Paderborn 1959.
Arnauld, Antoine: Die Logik oder die Kunst des Denkens. Übers. von Christos Axelos. Darmstadt 1972.
Augustinus, Aurelius: Dreizehn Bücher Bekenntnisse. Übers. von Carl Johann Perl. Paderborn 1964.
Ders.: Vier Bücher über die christliche Lehre. Des Heiligen Kirchenvaters Aurelius Augustinus Ausgewählte Schriften. Aus dem Lat. übers. und mit Einl. vers. von P. Sigisbert Mitterer. Bibliothek der Kirchenväter. Bd 49. München 1925.

Cicero, Marcus Tullius: Brutus. Lat. und dt., ed. Bernhard Kytzler. München, Zürich 1986.
Ders.: Rhetorik oder Von der rhetorischen Erfindungskunst (De inventione rhetorica). Übers. von Wilhelm Binder. Stuttgart o.J.
Ders.: Orator. Lat. und dt. Hg. von Bernhard Kytzler. Zürich und München 1988.
Ders.: Über den Redner. De oratore. Lat. und dt. Übers. und hg. von Harald Merklin. 2. Aufl. Stuttgart 1981.
[Cicero, Marcus Tullius:] Ad C. Herennium de ratione dicendi. (Rhetorica ad Herenium). With an English Translation by Harry Caplan. Cambridge (Mass.), London 1954.
[Cicero, Marcus Tullius:] Rhetorik an Herennius. In: Cicero, Marcus Tullius: Werke. Bd 26. Übers. von Christian Walz. Stuttgart 1842.

Erasmus von Rotterdam: Das Lob der Torheit. Encomium moriae. Übers. und hg. von Anton J. Gail. Stuttgart 1977.
Ders.: Dialogus cui Ciceronianus sive De optimo dicendi genere (Der Ciceronianer oder Der beste Stil. Ein Dialog). Übers., eingel. und mit Anm. vers. von Theresia Payr. Darmstadt 1972.
Ders.: De Conscribendis Epistolis (Anleitung zum Briefschreiben). Auswahl. Übers., eingel. und mit Anm. vers. von Kurt Smolak. Darmstadt 1980.

Fabricius, Johann Andreas: Philosophische Oratorie, Das ist: Vernünftige Anleitung zur gelehrten und galanten Beredsamkeit. Leipzig 1724. Nachdruck: Kronberg/Ts. 1974.

Geoffrey of Vinsauf: The New Poetics (ca. 1210). In: Murphy, James J. (Ed.): Three Medieval Rhetoric Arts. Berkeley, Los Angeles, London 1971.

Gottsched, Johann Christoph: Ausführliche Redekunst, Nach Anleitung der alten Griechen und Römer, wie auch der neuern Ausländer; Geistlichen und weltlichen Rednern zu gut, in zween Theilen verfasset und mit Exempeln erläutert. Leipzig 1736. Nachdruck: Hildesheim, New York 1973.

Ders.: Ausführliche Redekunst. Kommentar, hg. von P. M. Mitchell, Berlin, New York 1981.

Ders.: Versuch einer Critischen Dichtkunst. Vierte, sehr verm. Aufl. Leipzig 1751. Nachdruck: Darmstadt 1982.

Hugo of St. Victor: The Didascalicon. A medieval guide to the arts. Transl. from the Latin with an introduction and notes by Jerome Taylor. New York, London 1961.

John of Garland: The Parisiana Poetria. Ed. with Introduction, Translation, and Notes by Traugott Laler. New Haven, London 1974.

Kant, Immanuel: Werke in sechs Bänden. Hg. von Wilhelm Weischedel, o.O., o.J.

Lamy, Bernard: De l'art de parler. Kunst zu reden. Hg. von Ernstpeter Ruhe. München 1980.

Matthew of Vendôme: Introductory treatise on the art of poetry. Übers. von Ernest Gallo. In: Proceedings of the American Philosophical Society. 118. 1974, S. 51–92.

Montaigne, Michel de: Essais. Ausgew. und übers. von Herbert Lüthy. Zürich 1984.

Nietzsche, Friedrich: Werke in drei Bänden. Hg. von Karl Schlechta. München 1966.

Ders.: Rhetorik (Vorlesung Sommer 1874). Gesammelte Werke (Musarion Ausgabe). Bd 5. München 1922, S. 285–319.

Platon: Sämtliche Werke. In der Übers. von Friedrich Schleiermacher. Hg. von Walter F. Otto, Ernesto Grassi und Gert Plamböck. 6 Bde. Hamburg 1957–59.

Pseudo-Longinos: Vom Erhabenen. Griech. und dt. Übers. und hg. von Reinhard Brandt. Darmstadt 1966.

Quintilianus, Marcus Fabius: Ausbildung des Redners. Lat. und dt. Hg. und übers. von Helmut Rahn. 2 Bde. Darmstadt 1972 und 1975.

Schiller, Friedrich: Sämtliche Werke. Hg. von Gerhard Fricke und Herbert G. Göpfert. 5 Bde. München 1962.
Seneca, L. Annaeus: Ad Lucilium epistolae. An Lucilius Briefe über Ethik. Übers., eingel. und mit Anm. vers. von Manfred Rosenbach. Darmstadt 1980.

Tacitus: Das Gespräch über die Redner. Lat. und dt. hg. von Hans Volkmer. 3., erw. und ber. Aufl. Zürich, München 1979.

Vossius, Gerhard Johannes: Commentariorum Rhetoricorum, sive Oratorium Institutionum libri sex. Leiden 1630 (^{1}1606). Nachdruck: Kronberg/Ts. 1974.
Ders.: Rhetorices contractae sive partionum oratoriarum libri quinque. Leipzig 1621.

Weise, Christian: Neu-Erleuterter Politischer Redner/Das ist: Unterschiedene Kunstgriffe welche in gedachten Buche entweder gar nicht oder nicht so deutlich vorkommen (...). Leipzig 1684. Nachdruck: Kronberg/Ts. 1974.
Ders.: Politischer Redner/Das ist: Kurtze und eigentliche Nachricht/wie ein sorgfältiger Hofemeister seine Untergebene zu der Wolredenheit anführen sol (...). Leipzig 1683. Nachdruck: Kronberg/Ts. 1974.
Ders.: Gelehrter Redner/Das ist: Ausführliche und getreue Nachricht/Wie sich ein junger Mensch Jn seinen Reden klug und complaisant aufführen soll (...). Leipzig 1692.
Ders.: Freymüthiger und höfflicher Redner/das ist ausführliche Gedancken von der PRONUNCIATION und ACTION... O.O. 1693.
Ders.: Curiöse Gedancken Von Deutschen Brieffen/Wie ein junger Mensch/sonderlich ein zukünfftiger Politicus, Die galante Welt wohl vergnügen soll... Erster und Andrer Theil. Dreßden 1691.
Wieland, Christoph Martin: Geschichte der Abderiten. In: Ders.: Werke. Hg. von Fritz Martini und Hans Werner Seiffert. Bd 2. München 1966. S. 307–387.

2. Darstellungen

Allert, Beate, 1987: Die Metapher und ihre Krise. Die Dynamik der „Bilderschrift" Jean Pauls. New York, Bern, Frankfurt/M., Paris.

Apel, Karl-Otto, 1963: Die Idee der Sprache in der Tradition des Humanismus von Dante bis Vico. Bonn.

Arbusow, Leonid, 1963: Colores Rhetorici. Eine Auswahl rhetorischer Figuren und Gemeinplätze als Hilfsmittel für akademische Übungen an mittelalterlichen Texten. Hg. von Helmut Peters. 2., durges. und verm. Aufl. Göttingen.

Ariès, Philippe und Georges Duby (Hgg.), 1989: Geschichte des privaten Lebens. Bd 1: Vom römischen Imperium zum byzantinischen Reich. Frankfurt/M.

Baeumer, Max L. (Hg.), 1973: Toposforschung. Darmstadt.

Barner, Wilfried, 1970: Barockrhetorik. Untersuchungen zu ihren geschichtlichen Grundlagen. Tübingen.

Barthes, Roland, 1988: Die alte Rhetorik. In: Ders.: Das semiologische Abenteuer. Frankfurt/M., S. 15–101.

Bauer, Barbara, 1986: Jesuitische ‚ars rhetorica‘ im Zeitalter der Glaubenskämpfe. Frankfurt/M., Bern, New York.

Baumhauer, Otto A., 1986: Die sophistische Rhetorik – Eine Theorie sprachlicher Kommunikation. Stuttgart.

Beetz, Manfred, 1980: Rhetorische Logik. Prämissen der deutschen Lyrik im Übergang vom 17. zum 18. Jahrhundert. Tübingen.

Ders., 1981a: Rhetorisches Textherstellen als Problemlösen. Ansätze zu einer linguistisch orientierten Rekonstruktion von Rhetoriken des 17. und 18. Jahrhunderts. In: Zeitschrift für Literaturwissenschaft und Linguistik 11. H. 43/44, S. 164–191.

Ders., 1981b: Komplimentierverhalten im Barock. Aspekte linguistischer Pragmatik an einem literarhistorischen Gegenstandsbereich. In: Amsterdamer Beiträge zur neueren Germanistik 13, S. 135–81.

Behrens, Rudolf, 1982: Problematische Rhetorik: Studien zur französischen Theoriebildung der Affektrhetorik zwischen Cartesianismus und Frühaufklärung. München.

Bender, Wolfgang, 1980: Rhetorische Tradition und Ästhetik im 18. Jahrhundert: Baumgarten, Meier und Breitinger. In: Zeitschrift für deutsche Philologie 99, S. 481–506.

Blum, Hervig, 1969: Die antike Mnemotechnik. Hildesheim.

Blumenberg, Hans, 1960: Paradigmen zu einer Metaphorologie. In: Archiv für Begriffsgeschichte. Bd 6. Bonn, S. 7–142.

Ders., 1981: Anthropologische Annäherung an die Aktualität der Rhetorik. In: Ders.: Wirklichkeiten, in denen wir leben. Stuttgart, S. 104–136.

Ders., 1986: Die Lesbarkeit der Welt. Frankfurt/M.

Ders., 1989: Höhlenausgänge. Frankfurt/M.

Bolz, Norbert, 1990: Strukturen – Diskurse – Medien. In: Rhetorik 9, S. 1–10.

Bornscheuer, Lothar, 1976: Topik. Zur Struktur der gesellschaftlichen Einbildungskraft. Frankfurt/M.

Ders., 1977: Zehn Thesen zur Ambivalenz der Rhetorik und zum Spannungsgefüge des Topos-Begriffs. In: Heinrich F. Plett (Hg.): Rhetorik. München, S. 204–212.

Braungart, Georg Kilian, 1986: Hofberedsamkeit. Studien zur Praxis höfischpolitischer Rede im deutschen Territorialabsolutismus. Tübingen.

Breuer, Dieter und Helmut Schanze (Hgg.), 1981: Topik. Beiträge zur interdisziplinären Diskussion. München.

Brinkmann, Hennig, 1980: Mittelalterliche Hermeneutik. Darmstadt.

Buck, August und Martin Bircher (Hgg.), 1987: Beiträge zur Renaissance- und Barockforschung. Amsterdam.

Buck, August, 1968: Die humanistische Tradition in der Romania. Bad Homburg v.d.H., Berlin, Zürich.

Cahn, Michael, 1986: Kunst der Überlistung. Studien zur Wissenschaftsgeschichte der Rhetorik. München.

Classen, Carl Joachim (Hg), 1976: Sophistik. Darmstadt.

Ders., 1985: Recht – Rhetorik – Politik. Untersuchungen zu Ciceros rhetorischer Strategie. Darmstadt.

Coenen, Hans Georg, 1988: Literarische Rhetorik. In: Rhetorik 7, S. 43–62.

Curtius, Ernst Robert, [5]1967: Europäische Literatur und lateinisches Mittelalter. Bern.

Damblemont, Gerhard, 1988: Rhetorik und Textanalyse im französischen Sprachraum. In: Rhetorik 7, S. 109–131.

Derrida, Jaques, 1987: Der Entzug der Metapher. In: Volker Bohn (Hg.): Romantik, Literatur und Philosophie. Internationale Beiträge zur Poetik. Frankfurt/M., S. 317–355.

Dockhorn, Klaus, 1968: Macht und Wirkung der Rhetorik. Vier Aufsätze zur Ideengeschichte der Vormoderne. Bad Homburg, Berlin, Zürich.

Drux, Rudolf, 1988: Metapher und Metonymie. Zur Brauchbarkeit rhetorischer Kategorien für die Analyse literarischer Texte. In: Sandig, Barbara (Hg.): Stilistisch-rhetorische Diskursanalyse. Tübingen, S. 63–74.

Dubois, Jaques u.a., 1974: Allgemeine Rhetorik. München.

Dyck, Joachim, [2]1969: Ticht-Kunst. Barockpoetik und rhetorische Tradition. Bad Homburg.

Ders., 1979: Bibliographie der deutschsprachigen Rhetorikforschung 1945–75. In: Wolfenbütteler Barock-Nachrichten 6, S. 262–63.

Eggs, Ekkehard, 1984: Die Rhetorik des Aristoteles. Ein Beitrag zur Theorie der Alltagsargumentation und zur Syntax von komplexen Sätzen im Französischen. Frankfurt/M., Bern, New York.

Eisenhut, Werner, [3]1982: Einführung in die antike Rhetorik und ihre Geschichte. Darmstadt.

Ellrich, Lutz und Nikolaus Wegmann, 1990: Theorie als Verteidigung der Literatur? Eine Fallgeschichte: Paul de Man. In: DVjs 64, S. 467–513.

Eucken, Christoph, 1983: Isokrates. Seine Positionen in der Auseinandersetzung mit den zeitgenössischen Philosophen. Berlin.

Fafner, Jorgen, 1983: Wege der Rhetorikgeschichte. In: Rhetorica 1,2, S. 75–91.

Faral, Edmond: Les Arts poétiques du XIIe et du XIIIe siècle. Paris 1924. Nachdruck: Genf, Paris 1982.

Fischer, Ludwig, 1968: Gebundene Rede. Dichtung und Rhetorik in der literarischen Theorie des Barock in Deutschland. Tübingen.

Förster, Uwe, 1982: Moderne Werbung und antike Rhetorik. In: Sprache im technischen Zeitalter 81, S. 59–73.

Frank, Manfred, 1984: Was ist Neostrukturalismus? Frankfurt/M.

Ders., 1985: Das individuelle Allgemeine. Textstrukturierung und Textinterpretation nach Schleiermacher. Frankfurt/M.

Frühsorge, Gotthart, 1974: Der politische Körper. Zum Begriff des Politischen im 17. Jahrhundert und in den Romanen Christian Weises. Stuttgart.

Fuhrmann, Manfred, 1984: Die antike Rhetorik. Eine Einführung. München, Zürich.

Fumaroli, Marc, 1980: L'Age de l'Eloquence. Rhétorique et „res litteraria" de la Renaissance au seuil de l'époque classique. Genève.

Gabler, Hans-Jürgen, 1982: Geschmack und Gesellschaft. Rhetorische und sozialgeschichtliche Aspekte der frühaufklärerischen Geschmackskategorie. Frankfurt/M., Berlin.

Gerl, Hanna-Barbara, 1989: Rhetorik und Philosophie im Mittelalter. In: Helmut Schanze und Josef Kopperschmidt (Hgg.), S. 99–120.

Dies., 1974: Rhetorik als Philosophie. München.

Göttert, Karl-Heinz, 1986: Rhetorik und Musiktheorie im frühen 18. Jahrhundert. Ein Beitrag zu Johann Mattheson. In: Poetica 18. H. 3–4, S. 274–287.

Ders., 1987: Legitimationen für das Kompliment. Zu den Aufgaben einer historischen Kommunikationsbetrachtung. In: DVjs. 61, S. 189–205.

Ders., 1988a: Kommunikationsideale. Untersuchungen zur europäischen Konversationstheorie. München.

Ders., 1988b: Rhetorik und Kommunikationstheorie. In: Rhetorik 7, S. 79–91.

Ders., 1991: Ringen um Verständlichkeit (ersch. in: DVjs.).

Gomperz, Heinrich, 1912: Sophistik und Rhetorik. Das Bildungsideal des *eu légein* in seinem Verhältnis zur Philosophie des V. Jahrhunderts. Leipzig, Berlin. Nachdruck: Darmstadt 1964.

Goth, Joachim, 1970: Nietzsche und die Rhetorik. Tübingen.

Grassi, Ernesto, 1970: Macht des Bildes: Ohnmacht der rationalen Sprache. Zur Rettung des Rhetorischen. Köln.

Grimm, Gunther E., 1983: Von der ‚politischen‘ Oratorie zur ‚philosophi-schen‘ Redekunst. Wandlungen der deutschen Rhetorik in der Frühauf-klärung. In: Rhetorik 3, S. 65–96.

Habermas, Jürgen, 1981: Theorie des kommunikativen Handelns. 2 Bde. Frankfurt/M.

Ders., Dieter Henrich und Jacob Taubes (Hgg.), 1971: Hermeneutik und Ideologiekritik. Frankfurt/M.

Hamacher, Werner, 1979: Unlesbarkeit (Vorwort zur Ausgabe von Paul de Man: Allegorien des Lesens. Frankfurt, S. 7–26).

Harth, Dietrich, 1970: Philologie und praktische Philosophie. Untersuchun-gen zum Sprach- und Traditionsverständnis des Erasmus von Rotterdam. München.

Haverkamp, Anselm (Hg.), 1983: Theorie der Metapher. Darmstadt.

Ders., 1983: Einleitung in die Theorie der Metapher. In: Ders. (Hg.), S. 1–27.

Heldmann, Konrad, 1982: Antike Theorien über Entwicklung und Verfall der Redekunst. München.

Henn, Claudia, 1974: Simplizität, Naivetät, Einfalt. Studien zur ästhetischen Terminologie in Frankreich und in Deutschland. 1674–1771. Zürich.

Hörisch, Jochen, 1988: Wunderlicher Bruch. Dekonstruktion, de Man, Derrida und ihre deutsche Aufarbeitung. In: Merkur 42, S. 988–92.

Huizinga, Johan, [11]1975: Herbst des Mittelalters. Studien über Lebens- und Geistesformen des 14. und 15. Jahrhunderts in Frankreich und in den Niederlanden. Hg. von Kurt Köster. Stuttgart.

IJsseling, Samuel, 1985: Rhetorik und Philosophie. Eine historisch-systemati-sche Einführung. Suttgart, Bad Cannstatt.

Jakobson, Roman u. Morris Halle, 1960: Die Grundlagen der Sprache. Berlin.

Jamison, Robert u. Joachim Dyck, 1983: Rhetorik – Topik – Argumentation. Bibliographie zur Redelehre und Rhetorikforschung im deutschsprachi-gen Raum von 1945 – 1979/80. Stuttgart, Bad Cannstatt.

Jens, Walter, [2]1972: Rhetorik. In: Paul Merker und Wolfgang Stammler (Hgg.): Reallexikon der deutschen Literaturgeschichte. Bd 3. Berlin, New York, S. 432–456.

Kalverkämper, Hartwig, 1983: Antike Rhetorik und Textlinguistik. Die Wissenschaft vom Text in altehrwürdiger Modernität. In: Manfred Faust (Hg.): Allgemeine Sprachwissenschaft, Sprachtypologie und Textlingui-stik. Tübingen, S. 349–372.

Kapp, Volker, 1988: Rhetorik in Frankreich – die neuere französische Rhetorikforschung. In: Rhetorik 7, S. 93–108.

Kennedy, George, 1963: The Art of Persuasion in Greece. Princeton.

Ders., 1969: Quintilian. New York.

Ders., 1972: The Art of Rhetoric in the Roman World. Princeton.

Ders., 1980: Classical Rhetoric and Its Christian and Secular Tradition from Ancient to Modern Times. London and Raleigh, N.C.

Kibédi-Varga, Aron, 1970: Rhétorique et littérature. Paris.

Klein, Josef, 1989: Der Syllogismus als Bindeglied zwischen Philosophie und Rhetorik bei Aristoteles – Anmerkungen aus sprechhandlungstheoretischer Perspektive. In: Helmut Schanze und Josef Kopperschmidt (Hgg.), S. 35–54.

Klopsch, Paul, 1980: Einführung in die Dichtungslehren des lateinischen Mittelalters. Darmstadt.

Kopperschmidt, Josef, ²1976: Allgemeine Rhetorik. Einführung in die Theorie der persuasiven Kommunikation. Stuttgart.

Ders., 1978: Das Prinzip vernünftiger Rede. Stuttgart.

Ders., 1980: Argumentation. Stuttgart.

Ders., 1985: Die Eloquenz der Dinge: Rhetorikgeschichtliche Anmerkungen und Ergänzungen zu Hans Blumenbergs ‚Die Lesbarkeit der Welt'. In: Rhetorica 3. H. 2, S. 105–36.

Ders., 1989a: Methodik der Argumentationsanalyse. Stuttgart, Bad Cannstatt.

Ders., 1989b: Philosophie und Rhetorik – das Ende einer Konfliktbeziehung? In: Helmut Schanze und Josef Kopperschmidt (Hgg.), S. 341–64.

Krewitt, Ulrich, 1971: Metapher und tropische Rede in der Auffassung des Mittelalters. Beihefte zum ‚Mittellateinischen Jahrbuch' 7. Ratingen, Kastellaun, Wuppertal.

Kristeller, Paul Oscar, 1981: Studien zur Geschichte der Rhetorik und zum Begriff des Menschen in der Renaissance. Übers. v. Renate Jochum. Göttingen.

Lachmann, Renate, 1977: Rhetorik und kultureller Kontext. In: Heinrich F. Plett (Hg.), S. 167–86.

Lausberg, Heinrich, ²1973: Handbuch der literarischen Rhetorik. Eine Grundlegung der Literaturwissenschaft. München.

Leeman, Anton D. und Harm Pinkster, 1981, 1985, 1989: Kommentar zu: M. Tullius Cicero, De Oratore libri tres. 3 Bde. Heidelberg.

Lindhardt, Jan, 1979: Rhetor, Poeta, Historicus. Studien über rhetorische Erkenntnis und Lebensanschauung im italienischen Renaissancehumanismus. Leiden.

Lutz, Eckart Conrad, 1984: Rhetorica divina. Mittelhocheutsche Prologgebete und die rhetorische Kultur des Mittelalters. Berlin, New York.

Mainberger, Gonsalv K., 1987: Rhetorica I: Reden mit Vernunft. Aristoteles. Cicero. Augustinus. Stuttgart.

Ders., 1988: Rhetorica II: Spiegelungen des Geistes. Sprachfiguren bei Vico und Lévi-Strauss. Stuttgart.

Ders., 1989: Die Rhetorik in der Philosophie. In: Helmut Schanze und Josef Kopperschmidt (Hgg.), S. 319–40.

Ders., 1990: Jacques Derridas Rhetorik. In: Rhetorik 9, S. 23–37.

Man, Paul de, 1983a: Epistemologie der Metapher. In: Anselm Haverkamp (Hg.), S. 414–37.

Ders., 1983b: Blindness and Insight. Essays in the Rhetoric of Contemporary Criticism. Zweite, überarb. Aufl. Minneapolis.

Ders., 1988: Allegorien des Lesens. Frankfurt/M.

Martin, Josef, 1974: Antike Rhetorik. Technik und Methode. München.

Möller, Uwe, 1983: Rhetorische Überlieferung und Dichtungstheorie im frühen 18. Jahrhundert: Studien zu Gottsched, Breitinger und G. Fr. Meier. München.

Moos, Peter von, 1988: Geschichte als Topik. Das rhetorische Exemplum von der Antike zur Neuzeit und die *historiae* im ‚Policraticus‘ Johanns von Salisbury. Hildesheim, Zürich, New York.

Murphy, James J., 1974: Rhetoric in the Middle Ages. A History of Rhetorical Theory from Saint Augustine to the Renaissance. Berkeley, Los Angeles, London.

Ders. (Hg.), 1978: Medieval Eloquence. Studies in the Theory and Practice of Medieval Rhetoric. Berkeley, Los Angeles, London.

Niehues-Pröbsting, Heinrich, 1987: Überredung zur Einsicht. Der Zusammenhang von Philosophie und Rhetorik bei Platon und in der Phänomenologie. Frankfurt/M.

Perelman, Chaim and Lucie Olbrechts-Tyteca, 1971: The New Rhetoric. A Treatise on Argumentation. Notre Dame (Ind.), London.

Ders., 1980: Das Reich der Rhetorik. Rhetorik und Argumentation. München.

Plett, Heinrich F. (Hg.), 1977: Rhetorik. Kritische Positionen zum Stand der Forschung. München.

Ders., ⁴1979a: Einführung in die rhetorische Textanalyse. Hamburg.

Ders., ²1979b: Textwissenschaft und Textanalyse. Semiotik, Linguistik, Rhetorik. Heidelberg.

Ders., 1981: Topik und Memoria. Strukturen mnemonischer Bildlichkeit in der englischen Literatur des 17. Jahrhunderts. In: Dieter Breuer und Helmut Schanze (Hgg.), S. 307–34.

Podlewski, Regina, 1982: Rhetorik als pragmatisches System. Hildesheim, New York.

Pöggeler, Otto, 1989: Gadamers philosophische Hermeneutik und die Rhetorik. In: Helmut Schanze und Josef Kopperschmidt (Hgg.), S. 201–16.

Pohlenz, Max, ⁶1984: Die Stoa. Geschichte einer geistigen Bewegung. Göttingen.

Rahn, Helmut, 1989: Bemerkungen zur philosophischen Rhetorik in der Antike. In: Helmut Schanze und Josef Kopperschmidt (Hgg.), S. 15–22.
Rhetorica. Bd 1ff. 1977ff.
Rhetorik. Ein internationales Jahrbuch. Bd 1ff. 1980ff.

Rhetorik und Literaturwissenschaft, 1976/77. In: Jahrbuch für internationale Germanistik. H.8/2, S. 8–76 u. H.9/1, S. 8–89.
Richards, Ivor Armstrong, 1936: The Philosophy of Rhetoric. New York. Auszug (Die Metapher) in: Anselm Haverkamp (Hg.), S. 31–54.
Rüegg, Walter, 1982: Cicero – orator noster. In: Entrentiens sur l'Antiquité classique 28, S. 275–319.

Schanze, Helmut und Josef Kopperschmidt (Hgg.), 1989: Rhetorik und Philosophie. München.
Schanze, Helmut, 1966: Romantik und Aufklärung. Untersuchungen zu Friedrich Schlegel und Novalis. Nürnberg.
Ders., 1981: Probleme zu einer „Geschichte der Rhetorik". In: LiLi 11. H. 43/44, S. 13–23.
Ders. (Hg.), 1974: Rhetorik. Beiträge zu ihrer Geschichte in Deutschland vom 16.-20. Jahrhundert. Frankfurt/M.
Ders., 1974: Romantik und Rhetorik. Rhetorische Komponenten der Literaturprogrammatik um 1800. In: Ders. (Hg.), S. 126–44.
Ders. und Josef Kopperschmidt (Hgg.), 1989: Rhetorik und Philosophie. München.
Schmidt-Biggemann, Wilhelm, 1983: Topica universalis. Eine Modellgeschichte humanistischer und barocker Wissenschaft. Hamburg.
Scholl, Rosemary, 1976: Die Rhetorik der Vernunft. Gottsched und die Rhetorik im frühen 18. Jahrhundert. In: Jahrbuch für Internationale Germanistik. Reihe A. Bd 2,3, S. 217–21.
Schweinfurth-Walla, Sigrid, 1986: Studien zu den rhetorischen Überzeugungsmitteln bei Cicero und Aristoteles. Tübingen.
Schweizer, Hans Rudolf, 1973: Ästhetik als Philosophie der sinnlichen Erkenntnis. Eine Interpretation der ‚Aesthetica' A.G. Baumgartens mit teilweiser Wiedergabe des lateinischen Textes und deutscher Übersetzung. Basel, Stuttgart.
Seel, Otto, 1977: Quintilian oder die Kunst des Redens und Schweigens. Stuttgart.
Ders., 1953: Cicero. Wort, Staat, Welt. Stuttgart.
Sinemus, Volker, 1977: Poetik und Rhetorik im frühmodernen Staat. Sozialgeschichtliche Bedingungen des Normenwandels im 17. Jahrhundert. Göttingen.

Sprute, Jürgen, 1982: Die Enthymemtheorie der aristotelischen Rhetorik. Göttingen.

Steffen, Christel, 1964: Augustins Schrift ‚De doctrina christiana'. Untersuchungen zum Aufbau, Begriffsgehalt und zur Bedeutung der Beredsamkeit. Kiel.

Steinbrink, Bernd, o.J.: Actio (Vorabdruck des Forschungsartikels im Historischen Wörterbuch der Rhetorik).

Steinfeld, Thomas, 1990: Die melodramatische Wissenschaft. Paul de Man, Dekonstruktion (amerikanisch) und Rhetorik. In: Rhetorik 9, S. 11–22.

Stolt, Birgit, 1971: Klassische Rhetorik in modernem Gewand. In: Dichtung – Sprache – Gesellschaft. Akten des IV. Internationalen Germanisten-Kongresses 1970 in Princeton. Frankfurt/M., S. 483–91.

Tenbruck, Friedrich Heinrich, 1976: Zur Soziologie der Sophistik. In: Neue Hefte für Philosophie 10, S. 51–77.

Toulmin, Stephen, 1975: Der Gebrauch von Argumenten. Kronberg.

Ders., 1986: Die Verleumdung der Rhetorik. In: Neue Hefte für Philosophie 26, S. 55–68.

Ueding, Gert, 1975: Schillers Rhetorik. Idealistische Wirkungsästhetik und rhetorische Tradition. Tübingen.

Ders. und Walter Jens (Hgg.): Historisches Wörterbuch der Rhetorik. (In Vorbereitung).

Ders. und Bernd Steinbrink, ²1986: Grundriß der Rhetorik. Geschichte, Technik, Methode. Stuttgart.

Valesio, Paolo, 1980: Novantiqua. Rhetorics as a Contemporary Theory. Bloomington.

Vickers, Brian, 1988: In Defence of Rhetoric. Oxford.

Ders., 1989: Rhetorik und Philosophie in der Renaissance. In: Helmut Schanze und Josef Kopperschmidt (Hgg.), S. 121–58.

Villwock, Jörg, 1989: Rhetorik und Philosophie im Hellenismus. In: Helmut Schanze und Josef Kopperschmidt (Hgg.), S. 55–73.

Wetterer, Angelika, 1981: Publikumsbezug und Wahrheitsanspruch. Der Widerstreit zwischen rhetorischem Ansatz und philosophischem Anspruch bei Gottsched und den Schweizern. Tübingen.

Wörner, Markus H., 1990: Das Ethische in der Rhetorik des Aristoteles. Freiburg, München.

Yates, Frances A., 1990: Gedächtnis und Erinnern. Mnemonik von Aristoteles bis Shakespeare. Weinheim.

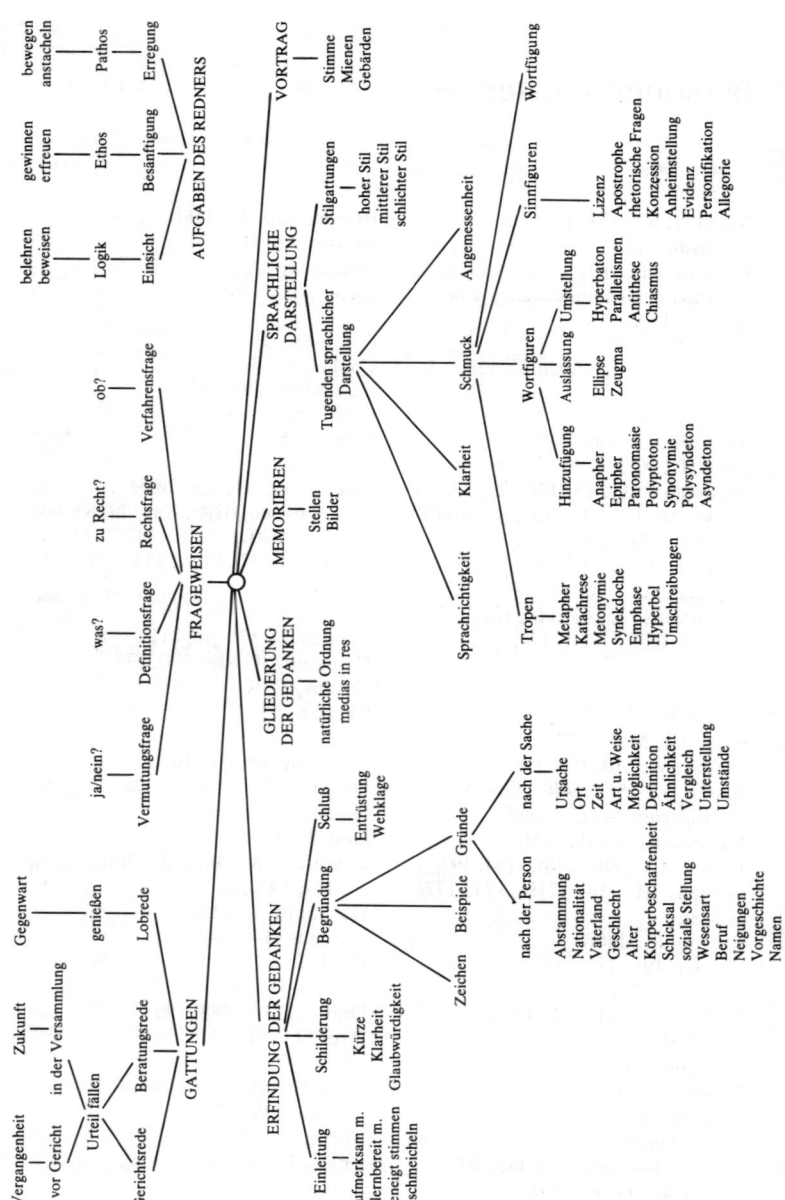

Personenregister

Sachregister

UTB FÜR WISSEN SCHAFT

Auswahl Fachbereich
Literaturwissenschaft

Daemmrich/Daemmrich:
Themen und Motive in der Literatur
UTB-GROSSE REIHE
(Francke). 1987. DM 48,--

40 Striedter (Hrsg.):
Russischer Formalismus
(W. Fink). 4. Aufl. 1988. DM 22,80

73 Dithmar: Die Fabel
(Schöningh). 7. Aufl. 1988. DM 24,80

81/82 Vogt (Hrsg.):
Der Kriminalroman 1/2
(W. Fink). 1980/81, je DM 14,80

103 Lotmann: Die Struktur
literarischer Texte
(W. Fink). 3. Aufl. 1989. DM 28,80

121 Maren-Grisebach: Methoden der
Literaturwissenschaft
(Francke). 9. Aufl. 1985. DM 12,80

303 Warning (Hrsg.):
Rezeptionsästhetik
(W. Fink). 3. Aufl. 1988. DM 22,80

305 Link: Literaturwissenschaftliche
Grundbegriffe
(W. Fink). 4. Aufl. 1990. DM 26,80

580 Pfister: Das Drama
(W. Fink). 5. Aufl. 1988. DM 24,80

582 Titzmann:
Strukturale Textanalyse
(W. Fink). 2. Aufl. 1989. DM 25,80

636 Iser: Der Akt des Lesens
(W. Fink). 2. Aufl. 1984. DM 19,80

640 Schulte-Sasse/Werner:
Einführung in die Literatur-
wissenschaft
(W. Fink). 6. Aufl. 1990. DM 20,80

904 Stanzel: Theorie des Erzählens
(Vandenhoeck). 4. Aufl. 1989.
DM 29,80

1034 Weimar: Enzyklopädie der
Literaturwissenschaft
(Francke). 1980. DM 19,80

1208 Breuer: Geschichte der literarischen Zensur in Deutschland
(Quelle & Meyer). 1982. DM 29,80

1407 Keller/Hafner:
Arbeitsbuch zur Textanalyse
(W. Fink). 2. Aufl. 1990. DM 26,80

1456 Tzermias:
Die neugriechische Literatur
(Francke). 1987. DM 29,80

1482 Schwarz/Michel/Linke/
Williams: Alte Texte lesen
(Paul Haupt). 1988. DM 26,80

1487 Albrecht: Europäischer
Strukturalismus
(Francke). 1988. DM 29,80

1508 Strelka: Einführung in die
literarische Textanalyse
(Francke). 1989. DM 19,80

1519 Durzak: Die Kunst der
Kurzgeschichte
(W. Fink). 1989. DM 26,80

Preisänderungen vorbehalten.

Das UTB-Gesamtverzeichnis erhalten Sie bei Ihrem Buchhändler oder
direkt von UTB, 7000 Stuttgart 80,
Postfach 80 11 24.

UTB
FÜR WISSEN
SCHAFT

Auswahl Fachbereich
Germanistik

135 Mennemeier:
Modernes Deutsches Drama 1
(W. Fink). 2. Aufl. 1979. DM 19,80

167 Walther von der Vogelweide:
Sämtliche Lieder
(W. Fink). 4. Aufl. 1984. DM 19,80

362 Vietta/Kemper: Expressionismus
(W. Fink). 4. Aufl. 1990. DM 26,80

822 Philipp: Einführung ins
Frühneuhochdeutsche
(Quelle & Meyer). 1980. DM 29,80

974 Emmerich: Heinrich Mann:
„Der Untertan"
(W. Fink). 3. Aufl. 1984. DM 15,80

975 Meier: Georg Büchner:
„Woyzeck"
(W. Fink). 2. Aufl. 1986. DM 12,80

1074 Vogt: Thomas Mann:
„Buddenbrooks"
(W. Fink). 1983. DM 15,80

1341 Wührl: Das deutsche
Kunstmärchen
(Quelle & Meyer). 1984. DM 29,80

1351 Schmitz: Max Frisch:
Das Spätwerk (1962–1982)
(Francke). 1985. DM 17,80

1368 Götze: Heinrich Böll:
„Ansichten eines Clowns"
(W. Fink). 1985. DM 12,80

1387 Schütz: Romane der
Weimarer Republik
(W. Fink). 1986. DM 25,80

1404 Sagarra: Theodor Fontane:
„Der Stechlin"
(W. Fink). 1986. DM 16,80

1433 Bauer: G. E. Lessing:
„Emilia Galotti"
(W. Fink). 1987. DM 15,80

1435 Steinecke: Romanpoetik
von Goethe bis Thomas Mann
(W. Fink). 1987. DM 24,80

1457 Mauser: Christa Wolf:
„Nachdenken über Christa T."
(W. Fink). 1987. DM 17,80

1463/1464/1465 Bahr (Hrsg.):
Geschichte der deutschen Literatur.
Band 1–3
(Francke). 1987/1988.
Je Band DM 34,80

1470 Lermen/Loewen:
Lyrik aus der DDR
(Schöningh). 1987. DM 32,80

1498 Freund (Hrsg.):
Deutsche Komödien
(W. Fink). 1988. DM 29,80

1499 Stedje: Deutsche Sprache
gestern und heute
(W. Fink). 1989. DM 24,80

1519 Durzak: Die Kunst der
Kurzgeschichte
(W. Fink). 1989. DM 26,80

1581 Wolff:
Deutsche Sprachgeschichte
(Francke). 1990. DM 26,80

Preisänderungen vorbehalten.

Das UTB-Gesamtverzeichnis erhalten Sie bei Ihrem Buchhändler oder
direkt von UTB, 7000 Stuttgart 80,
Postfach 80 11 24.